KB152012

법의
지도

세상의 질서를
찾아가는
합의의 발견

The Geography of Law

법의
지도

최승필 지음

헤이북스

프롤로그

'법대로 하자.'

일상에서 쉽게 들을 수 있는 이야기다. 법은 오류가 없으며, 심오하고, 정의롭다는 믿음이 있기 때문이다. 과연 그럴까? 오랫동안 인간의 삶 속에서 잘 다듬어져 온 규칙은 큰 문제가 없다. 사람을 해쳐서는 안 되고, 신의를 지켜야 하고, 여자와 아이를 보호해야 하고, 빌린 것을 되돌려 줘야 한다는 것 등이다. 이러한 규칙은 사회 공동체의 지속을 위해서 반드시 지켜져야 하는 것이고 그래서 도덕과 겹치는 부분이 많다. '법은 도덕의 최소한'이라는 말은 여기에서 연유한다. 그런데 그 이외의 법은 조금 성격을 달리한다. 어느 위대한 철학자가 번민의 밤을 지새워 사상과 혼을 불어넣은 것이 아니다. 오히려 정확한 본질은 대립되는 수많은 이해관계 때문에 서로가 가져가야 할 이익을 적정한 선에서 조정하고 타협한 산물이라고 보는 것이 맞다. 그 규칙들은 때로는 오류를 간직한 채 한동안 법으로 남아 있기도 한다. 우리는 법의 이러한 불완전성을 숙명으로 받아들여야 하는가? 아니면 우리에게 필요한 법을 찾아내야 하는가? 오늘날 민주주의 국가에서 시민은 당연히 올바른 법을 요구할 권리가 있다. 법이 잘못 해석되고, 잘못 집행되고 있다면 제대로 된 해석과 집행을 요구할 권리가 있다.

　시민의 권리를 주장하기 위해서는 세상의 법을 이해하여야 한다. 법을 경외시할 필요는 없다. 법을 만드는 사람과 해석하는 사람 그리고 집행하는 사람이 모두 정의롭고 훌륭할 것 같다는 생각도 버려야 한다. 그들도 역시 직무가 주는 공정성의 의무와 다양한 사적 이해관계 속에서 끊임없이 싸우고 고뇌하는 사람들이다. 고대로부터 오늘에 이르기까지 법은 사회 공동체의 필요에 따라 혹은 힘 있는 사람들의 의지에 따라 변해 왔다. 힘 있는 사람들의 법은 힘이 기울고 새로운 힘이 솟아나는 파동을 거치면서 운명을 같이했다. 그러나 필요에 따른 사회 공동체의 법은 훨씬 현명하고 합리적이어서 지금까지 이어져 오고 있다. 그 이유는 경험에 기반을 두고 있기 때문이다. 사람들이 가지는 공통의 경험칙이 변해가면서 자연스럽게 법도 달라져 왔다. 없어지면 큰일 날 것 같은 간통죄도 사라지고, 환자의 고통 앞에서 산소호흡기를 떼지 못했던 딜레마도 이제는 의사와 가족의 손에 맡겨져 있다. 그래서 법은 살아 있는 생물과도 같다. 살아 있음은 성장과 변화를 의미하기 때문이다.

　좋은 법을 만들기 위해서는 축적된 경험을 바탕으로 한 합의가 필요하다. 합의는 시민의 합의다. 제대로 된 합의를 이끌어내기 위해서는 시민이 법을 이해해야 한다. '무슨 법 몇 조에 무엇이 있다.'는 단편적 지식이 아닌 법의 본질을 이해해야 한다. 과거 중세의 마녀사냥과 드레퓌스Dreyfus 판결 그리고 근·현대사에서 접할 수 있는 수많은 사법 오류를 비춰볼 때, 법의 해석과 집행이 항상 정의의 편에 서 있다고 보기 어렵다. 법이 곧 정의라는 등식도 버려야 한다. 물론 좋은 법은 잘 만들어진 합의이고, 합의는 서로 간에 이익의 일부를 양보한 분쟁이 없는 상태라는 점에서 정의가 추구하는 궁극적 상태와 가깝다. 이렇게 생각하면 시민이 법을 대하는 모습이 훨씬 유연해질 수 있으며, 시민을 위한 법을 요구하는 데 보다 당당할 수 있을 것이다.

일상에서 혹은 눈부신 기술의 진보에서도 법의 역할은 다양하고 중요하다. 우리는 법을 떠올릴 때 흔히 계약서를 쓰거나 형벌을 받는 일을 생각한다. 이러한 제한적 생각들이 법은 멀리 있는 것이고, 특정인만이 다룰 수 있는 것으로 인식하게 만들었다. 하지만 법의 역할은 그것이 전부가 아니다. 우리가 쓰고 있는 에너지, 먹고 있는 음식, 보다 많은 편익을 제공해주는 모든 문명의 이기들의 뒤에는 살아 움직이는 법이 있다. 우리가 맞닥뜨리는 모든 현상 속에서 법을 어떻게 적용할 것인가 혹은 그 법을 어떻게 사용할 것인가를 알아야 한다. 그래야 보다 많은 이기를 향유할 수 있으며, 보다 많은 사람들이 그 이익을 함께 누릴 수 있는 좋은 법을 만들어나갈 수 있다.

피츠제럴드F. Scott Fitzgerald가 쓴 《위대한 개츠비The great Gatsby》에 이러한 구절이 있다.

'그리하여 우리는 조류를 거스르는 배처럼 끊임없이 과거로 떠

밀려가면서도 앞으로 앞으로 계속하여 전진하는 것이다.'

　　좋은 법이든, 좋지 않은 법이든 우리는 늘 함께했으며 더 나은 법들과 더 좋은 날들을 기대해 왔다. 때로는 후퇴하였고 오랜 시간 암흑에 멈춰서 있기도 했지만, 우리의 역사는 대체로 앞으로 한발 한발 내디뎌 왔다. 그리고 과거보다 더 많은 자유와 권리를 누리는 오늘을 만들었다. 세상을 이끌어나가는 이들은 법 없이도 살아갈 수 있는 위대한 시민들이다. 오늘도 성실하고 정직하게 자신의 삶을 사는 이들과 지식을 나누며, 우리 모두가 위대한 시민이 되어 보다 살만한 사회를 만들어나가기를 고대한다.

차 례

1부

약속의
길을
찾다

1장

법,
질서를
담다

서양,
경제 권리의
약속

로마의 신탁제도와
게르만족의 점유권

우리가 일상에서 사회제도의 일부분으로 인식하고 있는 많은 것들이 고대 로마에서 그리고 게르만족의 삶에서 왔다고 한다면 놀랄 것이다. 법과 제도에 소질이 있던 로마는 살아가는 데 필요한 규칙을 법전法典이라는 형태로 정리해 왔고, 이러한 전통이 이어져 오면서 오늘날과 같은 법제法制의 체계적인 구조가 만들어졌다. 그리고 근대 이후 제국주의를 타고 서구 문명이 동양에 이식되면서 로마와 게르만의 전통 그리고 중세 서양의 제도가 우리 삶의 기저에 자리 잡게 된 것이다.

로마는 속주屬州로부터 들어오는 조공과 무역을 통해 경제를 유지했다. 그래서 끊임없이 전쟁이 이어졌고 시민들은 로마 군단의 일원으로 참전했다. 로마의 자유 시민들은 재산의 형성과 상업을 할 수 있는 권리ius commercii, 결혼을 할 수 있는 권리ius connubii, 급여를 청구할 수 있는 권리ius stipendii를 누리는 동시에 이같은 의무를 지켜야 했다. 그들은 몇 년씩 전쟁에 나가 있어야 했으며, 고향에 남겨둔 재산과 식솔들을 잘 관리해주도록 친구에게 부탁을 하고 전장으로 떠났다. 이것은 일종의 품앗이었다.

친구가 재산을 처분해버리면 어쩌나 하는 걱정을 할 수도 있다. 그러나 당시 로마에서도 전장에 나간 친구의 재산을 관리할 뿐, 재산이 늘어난 부분을 제외한 원본을 처분할 수는 없었다. 로마 귀족 사이에서 명예는 가장 큰 덕목이었고, 약속을 어기는 일은 명예를 버리는 일이었다. 이는 로마의 가장 유명한 법언法諺이 바로 '약속은 지켜져야 한다 Pacta sunt servanda'라는 점에서 잘 드러난다. 자신의 재산을 잘 관리해달라고 부탁을 하고 가는 제도는 신탁信託이라는 제도로 남아 있다. 오늘날에도 신탁 관리인의 역할은 원칙적으로 관리이지 처분에 있지 않다.

로마는 사회를 유지하는 룰을 남길 때 함축적이고 간결한 문장으로 기술했다. 로마의 변방에 살면서 야만인[1]이라고 불렸던 게르만족은 로마만큼 문화적으로 발달하지 못한 터라 소박한 내용의 문장에 그들의 규칙을 담았다. 예를 들면, 게르만의 표현 중에서 '권리는 창에서 방추로'라는 것이 있다. 이미 골동품화된 상속순위에 관한 것으로 상속의 우선순위는 아들이 먼저이고, 부인과 딸은 나중이라는 의미다. '돈을 갚을 때는 곰이 습지에 나타날 때'라는 것은 돈을 갚아야 할 때가 내년 봄이라는 이야기다. 즉, 곰은 겨울잠을 자기 때문에

습지에 돌아다니는 때는 봄이 된다.[2]

　게르만족은 소유권보다 점유권占有權(사용할 수 있는 권리)이 발달한 민족이었다. 초기 게르만은 유목민이었다. 그러다 보니 언제 어디서든 적을 만날 수 있었다. 좋은 초지를 다른 씨족도 찾기는 마찬가지였고, 먹을 것이 떨어진 경우에는 다른 씨족을 약탈하기도 했다. 따라서 씨족사회는 생활공동체이자 전투부대였다. 전투를 위한 조직은 가재도구를 많이 가지고 다닐 수 없다. 그래서 혼자만 사용하는 물건의 개념보다 모두가 사용하는 물건의 개념이 발달했다. 자연스럽게 공동체적 규칙도 발달했다. 어떤 사람은 이동할 때 솥을 들고 다니고, 어떤 사람은 천막을 지고 다니고, 어떤 사람은 식량을 메고 다닌다. 같은 솥으로 밥을 해 먹고, 같은 천막에서 잠을 잔다. 게르만족의 대이동이 마무리되고 정착해서 농사를 짓기 시작한 때서야 비로소 소유권이 발달한다.

　게르만족의 씨족 전통에서는 공동체의 질서를 어지럽히는 자를 처벌하는 규칙 또한 발전한다. 전투를 수행하는 집단 내에서 불화가 발생하면 그 전투부대의 결속력은 급격히 사그라진다. 따라서 씨족사회 내에서 타인을 살해하거나 고의로 크게 다치게 하는 일이 발생할 경우, 범죄를 저지른 자는 모든 권리를 박탈당한 채 추방된다. 추방된 자를 부르는 말이 '울프Wolf'다. 이러한 권리 박탈과 추방을 당시 용어로 '평화 상실'이라고 한다.[3] 추방된 자에게는 씨족사회에서 향유하던 어떠한 권리도 주어지지 않으며 광야에서 헤매다 들짐승의 먹이가 되기도 한다. 또한 함무라비Hammurabi 법전에 나온 '이에는 이, 눈에는 눈'의 원칙은 그대로 살아 있어 피해자의 가족들은 그를 광야에서 찾아내어 복수를 하기도 했다.[4] 울프를 죽이는 일은 죄가 되지 않았다.

울프가 아니더라도 혼자서 광야를 떠돌다 억울하게 죽임을 당하는 일도 발생했다. 그래서 생각해낸 것이 인근 씨족들이 모여 상업적 목적의 여행 혹은 다른 목적의 여행을 하는 사람에게는 표식을 주도록 하고 이를 보여줄 경우 울프가 아니므로 해를 가하여서는 안 된다는 약속을 하게 된다. 이동이 빈번해지면서 때로는 서로 잘 보살펴달라는 이야기를 덧붙이기도 한다. 오늘날의 여권과 비슷한 기능이다.

중세 영국의
보통법

보통법Common law이 등장한 시기는 12세기 영국의 헨리 2세 때다. 선왕이었던 헨리 1세는 정복 전쟁을 통해 형성된 강력한 왕권을 기반으로 전국적인 순회재판제도를 처음 실시한다. 하지만 영주들의 반발도 있어 모든 지역에 왕의 사법권이 미친 것은 아니다. 영주의 사법권을 왕의 사법권으로 대체하려는 과정은 왕권 강화의 핵심적인 요소 중 하나였다.

이어서 왕이 된 헨리 2세는 진정한 '커먼로'를 완성했다. 그는 아버지가 추진하던 순회재판제도를 전국으로 확대하고, 재판의 전범典

範이 되는 기준을 제정하여 전국을 순회하는 왕의 재판관이 이를 지키도록 했다. 당시 봉건영주의 재판권도 있었지만 재판제도의 개혁으로 봉건영주의 법원에서 내린 판결에 불복할 경우 왕의 법원에 상소할 수 있었다. 따라서 최종 결론은 왕의 법원에서의 판단 기준이 적용될 수밖에 없었다. 결국 영주의 법원도 스스로 알아서 왕의 법원에서의 판단 기준을 채택하게 된다. 전국적으로 하나의 법이 적용된다는 의미로 이를 '보통법'이라고 부르는 것이다. 물론 이 보통법은 섬이라는 특수한 지리적 환경 때문에 유럽 대륙에서의 법의 발달 과정과는 다르게 독자적인 발전을 해나간다.

국민 참여 재판이라는 형태로 우리나라에도 영미법상의 배심제도가 채택되어 있다. 앞서 말한 헨리 2세 때 도입한 제도다. 원래 유럽 대륙에서 시작된 배심제는 영국에서 그 꽃이 피었다. 초기 배심제의 탄생을 살펴보자. 재판을 담당하는 관리는 각 마을의 사정을 소상히 알 수 없기에 재판 과정에서 마을의 원로 그리고 학식과 덕망이 있는 자를 재판정에 불러다가 그들의 의견을 묻기 시작했다. 이러한 역할은 오늘날 재판에서의 증인 역할에 가까웠다. 이러한 재판의 긍정적 역할이 인정되자 더 나아가 사실관계를 명확히 밝히되 마을의 명망 있는 사람들 스스로가 상황을 종합적으로 판단하여 유·무죄를 결정하는 데까지 발전하게 된다. 그러나 이러한 배심제도가 진행되면서 직접 당사자가 아닌 명망 있는 주민의 역할은 평결에 그치게 된다. 이는 오늘날의 배심원jury과 같은 역할이다.

당시와 오늘날의 배심제도는 큰 차이가 있다. 과거의 배심제도는 법정에 선 사람, 즉 피고인을 아는 사람들이었지만 현대의 배심제도는 피고인을 알지 못하는 사람들로 구성된다. 과거에는 피고인의 특별한 사정을 듣고 싶어했지만, 오늘날에는 보통 사람의 시각으로 피고인의 행동을 평가하려는 측면에서 배심이 이루어지고 있기 때문이다. 쉽게 말해서 제삼자이어야 객관적일 수 있다고 본 것이다.

중세에 법이 정비되고, 전문 법관들이 양성되고, 재판의 절차도 정교해지지만 어처구니없는 판결들은 부지기수였다. 그 대표적인 것이 '마녀사냥'이다. 당시 마녀로 낙인이 찍혀 화형을 당한 사람들은 수천에 이르렀다. 물론 그들도 재판을 받았다. 하지만 마녀들은 죽는 것보다 더 참기 힘든 고문에 의해 스스로 마녀라고 진술했다. 하늘을 날고 악마들과 떡갈나무 밑에서 춤을 추었다고 자백했다.

재판 절차 역시 실망스럽기는 마찬가지였다. 마녀사냥의 시작은 대체로 밀고로 시작되었는데, 법정에서 유죄를 인정하는 주요한 증인이 바로 밀고자였다. 밀고자의 위증은 무제한적인 고문으로 인한 자백과 결합하여 마녀를 탄생시켰다.[5] 부패한 재판관이 재산을 차지하기 위해 혹은 귀족들이 정적을 제거하기 위해 밀고자 방식을 사용하기도 했다.[6] 마녀들은 거의 화형을 당했다.

근대 미국의
소유권

　미국은 점유권보다 소유권의 개념이 발달한 나라다. 이는 신대륙 개척과도 연관이 있다. 척박한 땅을 개발하는 가장 좋은 방법은 무엇일까? 공동으로 개발할 경우에는 무임승차자가 많아지고 동기부여가 되지 않는 경우가 많다. 전쟁사를 보다 보면 공통적으로 보이는 현상이 있다. 중요한 지역이어서 횡으로 한 부대의 끝과 다른 부대의 시작이 서로 중첩하게 만들어놓고 공동으로 방어하도록 한 지역이 항상 적에게 가장 먼저 뚫리는 지점이었다. 거의 예외 없이 서로에게 책임을 미루거나 '누군가가 해주겠지'라는 안일한 생각을 하기 때문이다. 협업이 갖는 위험성이다. 그래서 협업과 공동의 일이라는 개념에는 책임과 권한의 분할이 있어야 한다.

　신대륙의 개발 과정은 미국 법에서 소유권의 개념이 중시되는 요인 중 하나다. 자신의 성과가 정확히 평가받고 노력에 대한 대가가 비례적으로 주어지는 것보다 인간 본성에 부합한 것도 없다. 강력한 동기부여가 되기 때문이다. 척박한 신대륙 개척 시대를 배경으로 한 영화 〈파 앤드 어웨이Far and Away〉에 아일랜드계 이민자 조셉 도넬리가 말을 타고 엄청난 속도로 대지를 질주하는 내용이 나온다. 이를 'Land Run'이라 한다. 말을 달려 자기가 원하는 곳에 먼저 도착해서 깃발을 꽂으면 약 5년 동안 그 땅을 경작해 먹고살게 하고, 잘 경작한 경우 매우 낮은 가격에 우선적으로 그 땅을 살 수 있는 권리를 부여하는 방법이다.

농경 사회에서 가장 중요한 것은 바로 땅이다. 그래서 자기 소유의 땅임을 명확히 하려는 제도들이 나타났다. 대표적으로 우리에게 가장 가까운 등기 제도를 살펴보자. 등기부 등본이라는 것을 들어본 적이 있을 것이다. 전세 계약 혹은 월세 계약만 하려고 해도 그 집의 권리관계를 알아보기 위해 등기부 등본을 떼어 살펴봐야 한다. 등기 제도는 사람들에게 그 집과 땅의 권리관계가 어떻게 되어 있는지를 알리기 위한 것이 목적이다.

등기 제도가 발달하기 전에는 일종의 의식을 통해 다른 사람들에게 자기 땅임을 알려야 했다. 아주 오래전 게르만족이 사용하던 방식이 있다. 마을 사람들 앞에 두 사람이 선다. 한 사람은 땅을 파는 사람이고 다른 한 사람은 땅을 사는 사람이다. 파는 사람이 나뭇가지에 팔 땅의 흙덩이를 뭉쳐 꽂는다. 그리고 마을 사람들이 보는 앞에서 사는 사람 앞으로 던진다. 이제 그 땅과 땅에서 나는 나무와 작물은 새로운 사람에게 이전되고 이 모든 사실을 마을 사람들은 알게 되는 것이다.[7] 이러한 방식은 17세기까지 미국 남부 지역에서 찾아볼 수 있었다. 로렌스 M. 프리드먼이 쓴 《미국 법의 역사》를 보면 1685년에 어떤 사람이 자신의 딸에게 섬의 절반에 대한 권리를 이전하는 방법을 그려 놓고 있는데, 그때도 잔디와 나뭇가지였다.[8]

제도는 하루아침에 생기는 것이 아니다. 인간 생활의 필요에 의해서 만들어지고 다음 세대를 이어가며 존속의 가치가 있는 것들이 새로운 모습으로 변용되고 정착되어 온 것이다. 시민법(오늘날의 대륙법계)과 보통법(오늘날의 영미법계) 모두에 적용되는 '무기 평등의 원칙'

도 중세부터 현재까지 이어져 오고 있다. 중세에는 국가적으로 축하할 일이 생기면 기사들이 실력을 겨루는 대회를 열었다. 주요한 경기 종목이 마상 창 대결과 검술 대결이다. 마상 창 대결은 멀리서 갑옷을 입은 기사들이 장창을 겨누면서 말을 타고 달려오다가 중간 지점에서 서로의 창을 피하면서 공격을 하는 경기다. 한 명이 창을 맞고 말에서 떨어지면 경기가 끝난다. 창도 놓치고 말에서 떨어진 상대에게 창을 겨누는 것은 기사의 도리가 아니었기에 새롭게 검술 경기가 시작될 때는 각자 동일한 조건에서 칼을 뽑는다. 이것에서 '창에는 창, 칼에는 칼'이라는 제도가 만들어졌고, 오늘날의 재판제도에 이어지고 있다. 형사소송에서 검사의 상대방으로서 국선변호인을 선임하도록 하는 제도다. 소송 전문가인 공판부 검사를 피고인 혼자서 방어한다는 것은 칼로 장창을 방어하라는 것으로 무기 평등의 원칙에 맞지 않기 때문이다.

동양,
근대화의
강력한
수단

일본의 독일식 제도와
중국의 회심공해

　일본에서는 개항 이후 수많은 외국 사절과 무역 상인들이 왕래했다. 나가사키長崎에는 외국인을 위한 마을까지 생기기도 했다. 문물 교류를 통해 당시 서양의 실용주의적 제도와 기술력, 군사력에 감동한 일본의 지식층은 법과 제도를 고쳐야 일본이 부강해질 수 있다고 생각했다. 이전까지만 해도 일본의 교육 수준은 매우 낮았다. 일본의 지배층이었던 사무라이의 문맹률은 매우 높았으며, 우리의 서당 같은 제대로 된 교육기관도 없었다. 새로운 문물을 접하고 커다란 충격을 받은 일본의 지배층은 지식의 습득에 굉장한 열정을 보인다. 이때 과거 막부幕府 시대의 세력과 신진 세력 간 충돌이 빚어진다. 그러나 이미 대세는 새로운 문물을 받아들여 개혁을 해야 한다는 쪽으로 기울어졌다. 이 시기를 그린 영화가 톰 크루즈가 주연한 〈라스트 사무라이The Last Samurai〉다. 주인공인 알그렌 대위는 미국 장교로 일본 신식 군대의 교관이 된다. 그는 신식 군대를 이끌고 구세력이자 반군 세력인 사무라이들과의 전투에 참가했다가 잡힌다. 포로 생활 도중 그는 사무라이들에게 동화되고 그들의 마지막 전투에서 함께 싸운다는 이야기다. 영화에서 멋지게 그려진 사무라이들이 구세력이고, 나쁘게 그려졌던 쪽이 새로운 정치 세력이다.

새로운 정치 세력에게 중산층으로 올라선 상인 계급의 이윤적 동기는 힘을 보탠다. 그리고 기술과 제도를 마치 진공청소기처럼 흡수한다. 그때 눈을 사로잡는 나라가 있었다. 바로 프랑스다. 나폴레옹이라는 걸출한 인물이 나타나 유럽을 석권하는 걸 보니 경이로울 지경이다. 일본의 학자들이 프랑스로 향하는 머나먼 뱃길에 오른다. 그런데 이게 웬일인가? 나폴레옹이 전쟁에서 패배하고 세인트헬레나 섬에서 쓸쓸한 죽음을 맞이한다. 그리고 얼마 후 새로운 인물이 부상한다. 나폴레옹의 조카인 나폴레옹 3세다. 학자들은 지금까지의 연구가 헛되지 않도록 그가 다시 프랑스의 영광을 되찾아주기를 간절히 바랐다.

그러나 유럽에서의 힘의 축은 이미 이동하고 있었다. 프로이센이 부상하고 있었다. 빌헬름 1세의 재상인 특별한 남자의 저돌적인 정책은 결국 프랑스와 충돌하고 만다. 그가 바로 오토 비스마르크Otto Bismarck다. 전쟁사에서 이름을 날린 몰트케Helmuth von Moltke 장군이 프로이센군을 지휘하고 있었다. 프로이센·프랑스 전쟁이 벌어지고 치열한 공방 끝에 프로이센의 승리로 끝난다. 일본 정부는 새로운 학자들을 프로이센으로 보내 그들의 법과 제도를 연구하게 한다. 강력한 프로이센의 힘은 계속되었으며, 그들의 법을 연구하는 노력도 점차 완성에 이른다. 일본의 학자들은 고국에 돌아와 새로운 근대 일본의 제도적 기반을 모조리 바꾼다. 로마법과 게르만법에 기원을 둔 독일식 제도가 도입된 것이다.

당시 중국(청)의 사법제도에도 새로운 변화가 시작되고 있었다. 만약 청 말기에 열강과의 세력 다툼에서 승리했다면 중국은 전통적으로 내려오던 사법제도를 지켜낼 수 있었을지도 모른다. 그런데 중국은 열강의 침탈에 속수무책이었다. 전통적 사법제도는 새로운 사회 환경의 변화에 적절하게 대응하지 못했다.

열강들은 침탈한 지역에 조계租界를 설치했다. 쉽게 말해서 일본이 점령하고 있던 일본 조계, 영국이 점령하고 있던 영국 조계, 프랑스가 점령하고 있던 프랑스 조계 등이다. 조계 내에서 중국인이 피고가 되는 재판은 중국인 법관과 외국인 영사가 함께 주재하는 '회심공해會審公廨'라는 법정에서 이루어졌다. 원래 사법권은 중요한 국가주권 중 하나인데, 조계 내에서 청나라 조정은 그 권리를 온전히 행사할 수 없었다. 회심공해에서의 재판은 과거 지방관이 주도하는 청나라의 재판제도와 달리 당사자는 무릎을 꿇지 않아도 되었으며, 변호인의 조력을 받았다. 쌍방 당사자에 대한 법정 신문도 이루어졌다.9 작은 계기였지만 법정을 바라보는 백성과 관리들, 지식인에게 근대 사법제도에 대한 큰 관심을 일깨워주었다. 그러나 청조 스스로 사법제도를 개혁하기 전에 신해혁명辛亥革命이 터진다.

한국, 대륙법과
영미법의 혼재

을사늑약乙巳勒約의 결과 대한제국은 일본의 식민 통치하에 들어가게 된다. 일본은 대한제국에 그들의 제도를 이식하지만, 식민 지배를 용이하게 하기 위한 목적으로 변용되거나 왜곡된다. 일본의 패망후 새로운 대한민국을 만드는 과정에서 일제 식민 시대의 법을 벗어버리고 새로운 우리의 법을 만들어야겠다는 열망이 가득 찼다. 그래서 제대로 된 원류를 찾아 해방된 조국에 뿌리내리도록 하자는 노력으로 젊은 학자들이 독일로 향하는 배에 오른다. 독일에서 돌아온 이들은 독일의 원래 이론과 법에 기초하여 법을 새롭게 바꾸고 교육한다. 그러나 당시 독일 법도 큰 변화를 겪고 있었다. 패전 후 헌법을 비롯한 모든 제도들이 과거 전체주의의 색을 벗고 새로운 체제로 변화하던 시기였다. 자연스럽게 독일의 새로운 제도 변화 역시 우리에게 영향을 미친다.

그 시절의 절대 강자는 미국이었다. 미 군정하에서 많은 미국의 제도들이 도입된다. 특히 민주주의라는 이념적 측면에서 미국은 가장 강력한 나라였다. 남북이 대치한 상황에서 자유민주주의적 제도를 만들어나가는 데 미국의 정치 시스템은 많은 영향을 미친다. 인권 보호와 의회 제도, 정부 조직의 구성 등에서도 미국의 제도가 도입된다. 이후 1960년대 경제개발의 성공과 도약 이후 산업의 고도화 그리고 기업 역할의 증대, 금융업의 발전이 이루어지면서 미국의 법제는 개인과 개인 간의 거래를 다루는 분야에서도, 기업 활동을 규율하는 분야에서도, 금융 분야에서도 다양한 형태와 통로로 도입된다. 미국의 법제가 대폭 도입된 또 하나의 계기는 1997년의 외환 위기다. 당시 경제 위기 상황에서 핵심적인 역할을 했던 사람들은 경제 엘리트들이었다. 그들은 대부분 미국에서 공부를 한 사람들이어서 미국 법을 받아들이는 데 적극적인 편이었다. 지금 우리나라의 법은 대륙법계의 틀 속에서 영미법계의 법률들이 한데 섞여 있는 모습이다.

가끔 영미법계가 좋은가, 대륙법계가 좋은가에 대해서 질문을 받는다. 답은 없다. 양 법계의 법들이 추구하는 궁극적인 목적은 거의 같다. 영미법계에서 유명한 '금반언禁反言, estoppel의 원칙'은 자신이 이미 행한 언동과 뒤따르는 언동이 다르지 않아야 한다는 것이다. 독일 법상의 '신의 성실의 원칙', '신뢰 보호의 원칙'과 본질적으로 다르지 않다. 핵심은 양자가 크게 다르지 않다는 것이며, 어떤 것이 더 익숙하고, 어떤 것이 기존의 법체계와 조화를 더 잘 이루는가에 있다. 그런데 국제 무대에서 통용되는 규범들은 영미법계와 대륙법계를 구분하지 않는다. 힘이 결정한다. 여기서의 힘은 군사, 경제 등 모든 것이 복합되어 한 국가가 대외적으로 투사할 수 있는 총체적 에너지를 말한다. 오늘날 환율 질서를 만든 브레튼 우즈 협정Bretton Woods Agreement이나 자유무역 질서의 기반이 되는 GATTthe General Agreement on Tariffs and Trade

(관세 및 무역에 관한 일반 협정)는 미국과 유럽 국가들의 힘이 주로 작용했다. 국제적 금융 질서는 세계적인 금융 중심지(뉴욕, 런던)를 가지고 있는 미국과 영국의 법률을 기반으로 하고 있다.

대륙법계의 교육을 받은 사람이 영미법을 공부할 때 느끼는 이질감이 있다. 뭔가 정리되지 않은 느낌을 갖는다. 이는 틀림이 아니라 다름의 문제다. 영미법은 역사적 흐름과 현실적 적용 속에서 이론적 체계를 형성해 온 것으로 유연성을 그 장점으로 꼽을 수 있다. 대륙법의 장점으로는 일목요연한 정연성, 안정성과 체계성을 들 수 있다.

2장

법,
정의를
말하다

정의의
이름으로

정의란
무엇인가?

정의^{正義}가 무엇인지 개념적으로 정의^{定義}하기는 어렵다. 이에 대한 철학적 논쟁만으로도 아마 긴 여정이 될 것이다. 존 롤스$^{John Rawls}$는 사회적 측면에서의 정의를 이야기한다. 정의는 어떻게 분류하느냐에 따라 달라질 수 있는데, 사회적 동물로서 인간을 상정하고 사회적 계약관계에서의 정의를 이야기하고 있다.

롤스는 기본적으로 정의^{Justice}의 아이디어를 공평^{Fairness}에서 찾는다. 'Fairness'는 사실 공평보다는 공정에 가까운 의미인데 우리말로 공정이라 해버리면 '공평+정의=공정'이 되어 정의가 이미 개념에 포함되기에 공평으로 표현했다. 그는 상호 협력하는 시스템하에서 당사자 간 평등적인 관계를 정의의 한 요소로 보았다. 그는 크게 두 가지의 원칙을 두고 있다. 그중 하나가 다른 사람과 함께 자유에 대한 평등한 권리를 가지는 것, 다른 하나가 불평등이 발생한다면 수정되어지는 구조다. 쉽게 설명하면 이런 식이다. 나하고 당신하고 둘이서 한 개의 초코파이를 나눠 먹어야 하는데, 가장 정의롭게 나누려면 어떻게 해야 할까? 내가 자르고 당신이 먼저 선택한다면, 나는 최대한 정확하게 자르려고 노력할 것이다. 이처럼 사회에서 상호 협력적 합의 하에 각자가 동등하게 선택한 권리를 행사한다면 가장 정의로운 결과가 나올 것이다.

정의의 여신 디케

롤스 이전에 로마 시대에도 정의의 정의가 있었다. 당시 법률가였던 울피아누스Ulpianus, Domitius는 정의를 '각자에 그의 몫을 돌리는 항구적 의지'라고 이야기하고 있다.[10] 양자의 공통점은 자발적 만족을 기반으로 한 분쟁이 없는 상태다.

법과 정의의
관계

법은 곧 정의인가? 약간 머뭇거릴 것이다. 이 질문에는 한 가지 흠결이 있다. 법이 무엇인지 정해지지 않았기 때문이다. 법은 크게 인간이 만든 법이 있고, 그 이전부터 존재해 온 자연법이 있다. 인간이 사회적으로 필요해서 만든 법 외에 자연적으로 만들어진 정의와 질서가 있다. 이것을 자연법이라고 하는데, 세상의 이치 같은 것이다. '사람을 살해해서는 안 된다'는 것은 인간이 만든 법 이전에 당연히 지켜야 하는 세상의 이치다. 따라서 자연법은 정의롭다. 인간의 존재 자체를 지탱해주는 법이기 때문이다. 여기에서는 인간이 만든 법을 이야기해보자.

가장 일반화된 인간이 만든 법인 법률을 생각해보자. 법률은 정부나 국회의원이 발의해서 입법 과정을 거쳐 공포·시행된다. 그렇다면 그 법률은 언제나 정의로운가? 답은 '항상은 아니not always'다. 형법 제250조에 의한 살인의 단죄는 정의롭다. 타인의 생명을 앗아간 사람을 처벌하기 때문이다. 안전띠를 매고 운전하지 않으면 도로교통법에 위반되어 정의롭지 않은가? 살고 있는 곳과 주소지가 다르면 주민등록법에 위반되어 정의롭지 않은가? 정의롭지 않다고 이야기하기 어렵다. 후자의 법들은 사회질서를 지키기 위한 합의이지 그 자체가 정의는 아니다. 합의를 지키지 않으면 자신이 다치게 되거나 국가가 행정을 하는 데 어려움이 생길 수 있어 이를 제재하는 것뿐이다. 오늘날과 같이 의회나 정부가 필요한 정책이 있으면 정치적 의사 결정을 내려놓고 법의 형식만을 빌어 규범력을 채우려는 형식적 법치주의가 만연한 현실에서는 더욱 그렇다.

정의의 개념과 직접 연관되지 않은 기술적인 법 혹은 전통 관습에서 파생되어 나온 법도 있지만 그래도 많은 법률들은 정의를 품에 안고 있다고 할 수 있다. 자본시장법에는 일반 투자자와 전문 투자자를 구분하고, 일반 투자자에게 해당 금융 상품에 대한 설명 의무를 이행하도록 하고 있다. 만약 이러한 설명 의무가 이행되지 않은 경우 불완전 판매로 금융회사는 감독 당국으로부터 제재 조치를 받고, 금융 소비자로부터 소송에 걸릴 수 있다. 금융 상품의 구조를 잘 모르는 일반인과 금융 상품을 판매하는 전문가 사이의 힘의 균형을 맞추어주기 위한 것이다.

독립 유공자 예우에 관한 법률이 있다. 독립 유공자와 그의 가족들에게는 국가가 부여하는 일정한 혜택이 있다. 나라를 위해 자신을 희생하였기 때문에 그로 인해 혜택을 받는 국민들의 합의에 의해 그러한 영전을 허락하는 것이다. 한 사람의 희생이 다수의 이익에 헌신했다면 이를 보상해주는 것은 당연하다.

　국가재정과 관련하여 법률로 국가가 GDP 대비 몇 퍼센트 이상의 채무를 지지 못하도록 하는 규정을 두고 있다고 하자. 이것도 정의와 관련이 있는 것인가? 약간 갸우뚱할 것이다. 이 규정도 정의에 기반을 두고 있다. 누구를 위하여? 후대를 위해서다. 국가가 30년짜리 국채를 팔았다고 하자. 그 돈으로 30년 동안 잘 먹고 잘 살았다. 그런데 국채를 팔 때 태어난 아이는 서른 살이 되었을 때 그 빚을 갚아야 한다. 부모세대는 이미 늙어서 생산의 일선에서 물러나 있으니까. 정의로운가?

사법적 정의의
수단

　정의를 구현하는 방식은 크게 두 가지다. 누가 정의로운가를 심판하고, 정의의 이름으로 집행하는 것이다. 즉, 민사재판이라면 법원의 집행문을 가지고 상대방의 재산을 압류하고, 형사재판이라면 죄인을 벌하고, 행정재판이라면 행정청에 의해 취소된 인·허가를 다시 살리며 국가를 상대로 손해배상도 청구한다.

　여기에서 보다 중요한 것은 결과의 집행보다는 누가 정의로운가를 가리는 것이다. 아무리 잘 만들어진 법과 좋은 사법절차가 있다 하더라도 정의의 구현은 결국 사람의 의지에 달렸다. 드레퓌스 사건을

'나는 고발한다'의 신문 기사(1898년 1월 13일자 〈로로르〉지 1면에 게재된 공개 서한)

기억할 것이다. 프랑스 육군 대위 드레퓌스Dreyfus, Alfred는 독일 대사관에 군사 정보를 넘겼다는 이유로 체포된다. 문서 유출 사건이 있었는데 희생양이 필요하던 차에 유대인이었던 드레퓌스가 그 자리에 서게 된 것이다. 증거는 조작되었고, 재판은 공개되지 않았으며, 진술의 기회는 부여되지 않았다. 1894년 그는 종신형을 받는다. 프랑스의 지성이었던 에밀 졸라Émile François Zola는 부정의를 목도하고 이를 비판하는 '나는 고발한다'라는 격문을 신문에 싣는다. 진실을 요구하는 자와 진실을 외면하는 자들 간의 거칠고 지리한 싸움이 계속된다. 1906년 드레퓌스는 무죄판결을 받는다. 이 사건은 프랑스의 법과 사상의 역사에서 정의에 대한 깊은 오점을 남긴다.

재판은 사법적 정의를 구현하는 최후의 수단이다. 사람들은 재판이 다른 것들에 비해서 정의로울 것이라고 믿는다. 그래도 많은 사람들이 권리 보호의 마지막 보루가 정의롭다고 믿고 있다는 것은 매우 다행스럽고 바람직한 일이다. 대체로 선진적인 민주주의 국가들의 경우 재판을 포함한 사법 시스템은 다른 국가 시스템들에 비해서 정의롭다고 평가받고 신뢰 또한 높은 편이다. 그렇다고 항상 정의롭다는 것은 아니다. 중세를 거치면서 근세에 이르기까지 역사 속 재판은 정적을 제거하는 주요한 수단으로 빈번히 활용되기도 했다. 백년전쟁 당시 프랑스의 영웅 잔 다르크Jeanne d'Arc는 영국과 영국에 협조하는 브루고뉴bourgogne 귀족들이 주도하는 법정에서 마녀로 낙인 찍혀화형 판결을 받았다.[11] 제2차 세계대전 이후 신생 독립국들에서 민주주의를 외쳤던 사람들, 인권을 외쳤던 사람들 역시 액세서리에 불과한 형식적 법의 이름으로 처벌되기도 했다.

1988년에 우리 사회의 폐부를 깊숙이 찔렀던 '유전무죄, 무전유죄'는 지금까지도 우리 사법 시스템의 정의를 물을 때 자주 인용되는 말이다. 당시 엄청나게 큰돈을 횡령한 대통령의 가족은 가벼운 벌을 받았는데, 작은 죄를 저지른 자신들에게는 가혹했던 현실을 배경으로 나온 말이다. 반대의 경우도 있다. 바로 '레미제라블 콤플렉스'다. 살기 위해 은촛대를 훔친 레미제라블을 용서해줘야 한다는 소설 속의 이야기를 빗대어 나온 말이다. '가난해서 강도짓을 할 수밖에 없었어요!'라는 주장에 대해 재판부가 꼭 낮은 형량을 선택해야 하는가의 문제다. 생계를 이유로 타인을 해치거나, 권리를 지키기 위해 쇠파이

프를 사용하는 시위가 정당화될 수는 없다. 이처럼 복잡하게 얽혀 있는 각각의 사정을 이해하기 위해서 사법 시스템은 사건과 보다 많은 대화를 해야 한다. 드러나 보이는 것 이전에 숨어 있는 진짜 팩트fact를 찾아야 하고 고려해야 한다. 진짜 해악을 끼친 사람들을 찾아내면서 단 한 사람이라도 억울한 사람이 있게 해서는 안 된다. 악은 늘 선을 가장하고 선은 악에 의해서 이용되기가 쉽다. 정의를 세우기 위해 범죄자를 벌하면서 억울하게 벌을 받는 사람이 많아진다면 역시 정의가 아니다.

　누군가를 벌하는 검찰과 경찰 그리고 형사재판에서는 특히 사건과 더욱 많은 대화를 해야 한다. 사건이 폭주해서 그럴만한 시간이 없다면 검사와 경찰관을 더 뽑아서라도 그렇게 해야 한다. 법원도 판사를 더 뽑아서라도 더 많은 이야기를 들어줘야 한다. 국민들은 그 정도의 서비스를 받을 만큼 세금을 내고 있다. 공정함을 위해서 정의의 여신 디케가 눈을 가렸지만 그러다 보니 기계적인 정의가 되어버렸다. 단순히 외견상 존재하는 팩트를 집어넣으면 기계가 작동하고 정의라는 이름을 단 결과가 나온다. 만약 이러한 기계적인 정의만으로도 만족하는 사회라면 알파고AlphaGo와 같은 인공지능이 사법절차를 대신할 수 있을 것이다. 그러나 우리가 맞닥뜨리는 현실의 삶은 기계가 고려하지 못하는 감정과 정서와 같은 요소들이 많다. 너무 많은 이해관계가 얽히고 복잡해져버린 우리의 삶을 판단하기 위해서는 이제 디케는 눈을 가린 천을 풀어야 한다. 오히려 사실을 더욱 정확히 보고 진실을 찾아내야 한다. 선이 가려지고, 악이 선을 가장하는 일이 흔한 우리 현실에서는 더욱 그렇다. 최근 대법원이 1심 법원의 기능을 강화하기 위해서 고참 법관을 배치하고 원고와 피고의 이야기를 더욱 많이 들어보겠다고 한다.[12] 바람직한 방향이다.

정의의 강박

정의의 강박도 경계해야 한다. 모두 다 범인이라고 생각했지만 충분한 증거가 제시되지 않아 무죄판결을 내린 사건이 있다. 세기의 사건이라고 부르는 '심슨O.J. Simpson 사건'이다. 이렇게 생각할 수 있다. '그가 범인임에도 불구하고 증거가 없다고 풀어주면 사회의 정의가 바로 설 수 있을까?' 하지만 한 사람의 범인을 응징하기 위해 증거에 기반을 둔 재판을 포기할 때 증거 없이 무고한 여러 사람이 범인이 되는 반대의 경우가 생길 수 있다. 이러한 점에서 정의를 구현해야 한다는 강박 역시 경계해야 할 대상이다. 이 사건 당시 담당 판사였던 랜스 이토Lance Ito 판사는 재판 직후 언론에 짧은 말을 남겼다.

"전 세계 사람들이 심슨의 손에 선혈이 가득하다고 생각하더라도 법은 이를 이유로 곧 그가 살인범이라고 판결할 수 없습니다."

이토 판사의 판결에 대해서는 지금도 많은 비판과 논란이 끊이지 않고 있다. 어느 인터넷 신문 기사에는 '어떻게 O.J. 심슨과 이토 판사가 사법 시스템을 망쳤는가?'라는 제목이 달려 있기도 하다. 하지만 적어도 이토 판사의 짧은 코멘트만큼은 나름의 의미가 있다. 정의의 강박에는 언론의 보도도 일조한다. 비슷해 보이는 사건에 형량이 다르면 '고무줄 판결'이라고 비난한다. 하지만 사건을 보다 자세히 들여다보면 당사자의 법적 지위, 처해 있던 상황, 피해자와 가해자와의 관계, 피해자와 가해자가 했던 행위 등 다른 점이 매우 많다. 하지만 언론과 여론은 구체적이고 세세한 사항에는 관심이 없다. 비록 여론이 화가 나도 판사는 법에 따라 판결해야 하며, 법적 안정성을 지켜나가야 한다. 법률 자체가 잘못되었다면 그것은 국회가 고쳐야 할 일이다.

변형된
정의

국제정치와
정의

　국가 간 문제에서는 우리가 흔히 말하는 정의가 국내보다 잘 구현되지 않는다. 바로 국제정치가 개입되기 때문이다. 정치가 개입되면서 이익이 조정되고 충돌이 없는 상태가 유지된다. 어떤 사람은 이를 정의라고 부르고, 어떤 사람은 '부정의의 고착'이라고 부른다.

　영국의 박물관이나 프랑스의 박물관에 전시되어 있는 이집트 혹은 중국의 유물, 일본의 박물관에 전시되어 있는 우리의 유물은 과거의 열강들이 불법적인 행위에 의해 빼앗은 것임에도 불구하고 여전히 그들의 박물관에 버젓이 전시되고 있다. 반환을 위해 노력하지만 잘 안된다. 고속철도와 같은 국책 사업에 연계해서 반환을 시도해봤지만 프랑스는 꿈쩍도 하지 않았다. 정의의 실현을 위한 노력이 현상 유지의 필요성과 국제 관계에 혼란이 온다는 이유로 번번이 거부된다. 이쯤 되면 과거에 뺏겼던 것 돌려달라는 것이 정말 정의로운가 하는 의구심마저 든다. 오히려 현상 유지가 정의로운 것인지 혼란스럽다. 영화의 한 장면이 생각난다. 화가 클림트^{Gustav Klimt}가 그린 〈아델 블로흐-바우어의 초상〉이라는 그림을 소재로 한 영화 〈우먼 인 골드 Woman in Gold〉의 법정 장면이다.

이 영화는 실화를 배경으로 하고 있다. 제2차 세계대전이 끝나고 수십 년이 흐른 어느 날 여주인공은 나치가 자신의 가족으로부터 강탈해간 그림이 오스트리아 박물관에 걸린 것을 알게 된다. 여주인공은 오래전 나치를 피해 오스트리아에서 미국으로 건너가서 정착해 살고 있었다. 오스트리아 정부는 그림의 반환을 거부하고, 오스트리아 법정에서의 반환 소송 역시 어려운 상황이었다. 그래서 그녀는 먼저 작품 반환 소송의 재판 관할지를 미국으로 하기 위해 소송을 제기하고, 미국 법원은 미국에서 이 사건을 재판할 수 있음을 인정한다. 영화 속 미국 대법원의 판사는 아델 블로흐-바우어의 조카 마리아에게 이런 말을 한다.

"알트만 부인, (상대 진술인이 말하기를) 그러니까 부인의 소송이 제기되면 세계 외교 관계가 붕괴될 것인데, 그 책임은 전적으로 부인이 져야 한다는군요."

설명하자면 이런 식으로 뺏긴 것들을 찾아오게 되면 많은 나라들이 뺏긴 것을 찾기 위해 소송을 하게 되고, 빼앗아온 나라들은 돌려

주거나 돌려주지 않기 위해 대응하면서 국제 관계에 혼란을 가져온다는 이야기다. 물론 영화 속에서 판사와 청중들은 모두 웃었다. 위법적으로 강탈했지만 세월이 많이 흘러 강탈해간 국가의 문화재가 되어 있는 것을 원주인 혹은 피해 국가가 다시 돌려달라고 하더라도 국제 사회에서는 관철되지 않고 있다. 현상 유지와 균형이라는 정치적 가치와 우리가 생각하는 자연적 정의가 혼재되어 무엇이 진짜로 옳은 것인지가 혼란스럽기 때문이다. 여기에 당시 강탈해간 국가들이 국제법의 주류를 형성하고 있다는 점도 이러한 논의의 진전에 걸림돌이 되고 있다.

2급의
정의

'지체된 정의는 정의가 아니'라는 말이 있다. 이것은 민사와 형사 그리고 행정사건 모두에 적용된다. 우리들 중 수년간 걸친 소송에 부담을 느끼지 않을 사람이 누가 있을까? 보통 사람들은 소모되는 시간과 돈에 모두 부담을 느낄 것이다. 그래서 절차가 빨리 진행되기를 바란다. 그런데 현실에서는 그렇지 않다. 지리한 공방이 이어진다. 사람들이 지쳐 어떤 결과가 나든지 상관없다고 할 수 있고, 결과적으로 정의가 구현되어도 이미 상황이 바뀌어 별로 효용이 없을 수도 있다. 사람들은 불안정한 상황을 싫어하고 빨리 소송을 마무리 짓고 싶어한다. 소송에서 판사가 솔로몬처럼 단번에 멋진 판결을 내릴 수도 있겠지만 현실에서는 아주 지루하고 긴 증거와 진술의 공방이 이어진다. 형사소송이야 국가 형벌권의 차원에서 그리고 개인의 방어권 보호 차원에서 정식 절차를 거쳐야 함은 당연하다. 또한 행정소송 역시 행정권이 적법하게 발현되도록 하고 국민 권익을 보호해야 한다는 측면에서 소송 절차의 필요성이 있다. 그렇다고 그 과정이 늘어지는 것이 정당화되는 것은 아니다. 신속한 재판은 국민들이 사법 시스템에 바라는 단골 메뉴 중 하나다.

과거 영국의 리버풀Liverpool이나 독일의 함부르크Hamburg로 가보자. 이들 모두 무역과 상업이 발달하였으며, 항구를 끼고 있는 도시들이다. 상인들은 이번에 인도 등 신대륙에서 들어온 물건들을 빨리 팔아 현금화하고 그 현금을 다시 다음 배를 보내는 데 투입해야 한다. 충분한 자본력이 있는 경우에야 걱정 없지만 대부분의 경우 자금 사정이 녹록하지 않았다. 물론 후일 이를 보완하기 위해 자금을 빌려주는 은행업이 발달하기는 했다. 그러다 보니 물건의 거래와 관련하여 분쟁이 생겨 자금의 순환이 끊기는 것은 치명적인 일이었다. 그래서 상인들은 빠른 분쟁 해결 절차로써 '중재'라는 것을 고안해낸다. 오늘날 법률 용어로 하면 대체적 분쟁 해결 제도ADR : Alternative Dispute Resolution인데, 전형적인 상인법lex Mercatoria상의 제도다.

초창기 모델은 해당 업계에서 존경받고 현명하다고 여겨지는 원로 앞에 가서 각자 자신의 입장을 설명하고 원로의 중재를 통해 적당한 선에서 타협을 하는 것이었다. 물론 오늘날에는 공식화된 제도가 되어 전문 중재 심판관 앞에서 당사자들이 각자의 입장을 주장하는 방식이 되었는데, 이제는 더 이상 당사자들이 하지 않고 당사자가 선임한 변호사들이 수행한다. 이러한 방식은 신속한 분쟁의 해결, 반드시 한 명이 죽고 한 명이 살아나는 게임이 아닌 윈-윈win-win 할 수 있는 게임이라는 점에서 빈번하게 이용되며, 오늘날 변호사들의 새로운 블루오션Blue Ocean 중 하나다.

그런데 판이 커지다 보니 상인과 상인 간에만 이루어지던 것이 이제 상인들이 국가와 직접 딜deal을 하려고 한다. 한·미 FTA의 체결 과정에서 한참 문제되었던 투자자-국가 제소 제도ISD : Investor State Dispute가 그 하나의 예다. ISD는 세계은행World Bank 산하 ICSIDInternational Centre for Settlement of Investment Disputes에서 주관하는 중재 절차다. 이러한 국제 중재 제도에서는 미국계 변호사나 영국계 변호사들이 유리하다. 공용어로 영어를 사용하기 때문이다. 그리고 많은 경우 미국 뉴욕 주의 법을 계약 기준이 되는 준거법으로 하고 있어 미국계 변호사에게는 특히 유리하다. 중재 절차는 오늘날 국내법적으로도 거래에 국한되지 않고 다양한 분야에 도입되어 있다. 환경분쟁조정위원회, 의료분쟁조정위원회, 언론중재위원회 등이 그 예다.

소송은 분명히 승자와 패자가 갈린다. 재판의 결과로 누가 선한 사람이고, 누가 악한 사람인지 갈린다. 그런데 중재를 통한 결과는 서로 양보를 전제로 한다는 점에서 누군가가 자신이 정당하게 얻어야 할 이익을 포기하는 것이고, 누군가는 가져서는 안 될 이익을 취하는 것이다. 물론 경제학적 개념이 들어와서 시간의 이익 혹은 기회비용

등으로 설명한다면 장기간의 소송을 통해 승소한 것이나 신속하게 중재를 통해 적당한 이익을 확보한 것이나 효용의 측면에서는 비슷할 수 있다. 하지만 법의 측면에서는 정의가 분명히 밝혀지지는 않았다. 그래서 재판을 통해 얻어진 것은 '1급의 정의first class justice', 재판 도중 합의한 경우를 포함하여 중재를 통해서 얻어진 것은 '2급의 정의second class justice'라고 한다.

이제 이러한 방식의 중재 협상은 단지 상인들의 영역에서만 머무르지 않는다. 나라에 따라 다르지만 검사와 피의자가 어떤 죄를 인정하고 형량을 줄일 것인가를 두고 협상하기도 한다. '플리바게닝plea bargaining'이라는 것이다. 잘못된 물건을 만들어 소비자들에게 피해를 입힌 회사와 소비자가 중재 협상을 하기도 한다. 우리의 법 현실에서 자주 볼 수 있는 것은 아니지만 특히 미국의 경우에서는 쉽게 찾아볼 수 있다. 이러한 협상이 가능한 이유 중에는 높은 형량과 징벌적 손해 배상 수준을 들 수 있다. 불리하다 싶으면 합의를 선택하게 된다.

이해의
충돌과
조율

행정부의 정책 &

사법부의 재판

법의 본질은 이해관계의 충돌을 해결하는 데 있다. 사람은 본성적으로 자신의 이익에 충실하다. 물론 테레사 수녀나 슈바이처 박사처럼 남을 위해 사는 사람들만 있다면 모를까, 대부분 본능은 자신의 이익을 지향한다. 타인의 일에는 객관적이지만 자신의 일에는 매우 주관적이다. 자신의 상처가 가장 크고 아프다. 그러다 보니 타인의 이익과 끊임없이 부딪히는 일이 나타난다. 그 정도가 심하면 법적인 사건으로 비화되거나 마찰 단계에서는 긴장이 이어지는 일이 벌어진다. 이해가 충돌하는 정글에서 얽힌 이해를 풀어내는 중립적인 역할이 필요하다. 바로 국가다. 보다 구체적으로 이야기하면 행정부와 사법부다.

행정부는 정책을 통해 선택을 해야 한다. 그 선택은 누군가에게는 이익이 되고, 누군가에게는 손해가 되는 것들이다. 행정부의 선택이 항상 옳은 것은 아니다. 대체로 공정하게 중립적으로 수행되지만 때때로 로비^{lobby}력이 강한 집단 또는 정책 결정권자의 향후 경로에 유용한 이익을 제공해줄 만한 사람들에게 유리한 결정이 내려지기도 한다. 이러한 행위가 의회와 결합될 경우 편향적인 법들이 만들어지기도 한다.

사법부는 재판을 통해 얽힌 이해관계를 풀어낸다. 판사는 결투의 룰을 지키고 공정하게 승자가 탄생하는 과정을 주관하고 판단한다. 여기에서는 증거가 결정적인 역할을 한다. 양 당사자는 자신의 입장을 보다 잘 설득할만한 증거를 제출한다. 그런데 민·형사와 달리 행정사건에서는 양쪽의 입장 모두가 정당성을 가지는 경우가 많다. 주로 공공의 이익과 개인의 이익 간 충돌이 쟁점이다. 그래서 법관의 종합적 판단이 중요하다. 통상의 경우 공공의 이익이 사익보다 우선하게 된다.

사건의 복기 :
대형 마트 영업시간 제한과 의무 휴업

각자의 입장에서 공격과 방어가 이루어지는 과정을 살펴보기 위해 행정사건 하나를 골라보았다. 대형 마트 영업시간 제한과 의무 휴

대법원 대법정(출처 : 대법원 홈페이지)

업일을 지정한 처분이 위법한가에 대해서 다툰 사건[13]이다. 중요 사항을 중심으로 정리하면, 1심인 서울행정법원에서는 규제를 통해 실현하려는 공익이 크고 영업시간 제한이 개인의 이익을 지나치게 침해하는 것이 아니라고 하여 규제를 한 구청들의 손을 들어주었다. 그런데 2심인 서울고등법원에서는 소상공인 및 전통 시장과의 상생 효과가 크지 않으며, 맞벌이 부부 등 소비자의 권리침해 소지가 크다고 하여 대형 마트의 손을 들어주었다. 결국 대법원으로 공이 넘어갔다. 대법정에서 원고와 피고는 자신에게 유리한 사실을 주장하고, 또 자신들의 논리를 옹호해줄 전문가를 증인으로 불렀다.

유통산업 발전법에 근거하여 구청장이 영업시간을 제한하고 의무 휴업일을 지정해서 심야와 새벽에는 문을 닫고 한 달에 두 번씩 일요일에도 문을 닫는 것으로 정했다. 각 지방자치단체의 사정에 따라 다르겠지만 대체로 자정부터 아침 8시까지 그리고 둘째 주와 넷째 주가 휴일이었다. 고등법원에서 구청장이 패소한 사건이라 구청장 측이 상고인이 된 대법원 사건이다. 고등법원은 구청장이 영업 제한을 하는 과정에서 소비자의 선택권, 대형 마트에 납품하는 중소업자의 이익, 각 대형 마트 점포 등의 구체적 사정을 고려하지 않아서 구청들의 규제 조치는 위법하다고 판단했다.

구청(상고인, 피고) 측의 주장 : 나름대로 규제 대상자와 충분한 소통의 과정을 거쳤을 뿐더러 소비자의 선택권, 납품업자의 이익 등은 영업 제한의 근거를 둔 유통산업 발전법을 애초에 국회에서 만들 때 모두 검토했다. 따라서 이 모든 것을 새롭게 다시 다 고려해야 하는 것은 아니다. 원고 측은 각 점포의 개별 사정을 고려하지 않고 인근 점포를 일률적으로 같은 시간, 같은 날에 휴업을 하도록 한 것은 충분한 고려를 하지 않은 것이라고 주장하고 있다. 하지만 만약에 인근 지역에 문을 연 대형 마트가 있다면 바로 그쪽으로 가 물건을 살 수 있어 소비자를 전통 시장으로 유인하는 효과는 나타나지 않을 것이다. 외국처럼 마트가 외곽에 있다면 우리도 이렇게 일률적으로 규제하지는 않았을 것이다. 소상공인진흥원이 조사를 해보니 대형 마트 규제 이후에 전통 시장 및 중소 소매상인의 매출액이 평균 10% 증가했다고 한다. 같은 기관의 설문 조사 결과를 보면 응답자의 절반 이상이 전통 시장과 중소 상인에게 도움이 된다고 했다. 고등법원

재판 때 규제가 전통 시장 이익 증가에 별로 효과가 없다는 취지의 자료가 제출된 적이 있다. 그런데 그 자료들은 대형 마트들로 구성되고, 대형 마트 대표가 회장인 한국체인스토어협회의 용역 결과이므로 믿을 수 없다. 이제 소비자들은 한 달에 한두 번은 대형 마트에서 쇼핑을 하지 않는 것으로 알고 있을 만큼 제도가 정착되어가고 있으며, 모두가 조금은 불편해져야 한다는 것에 대해서 공감을 표하고 있다.

대형 마트(피상고인, 원고) 측의 주장 : 대형 마트 영업 제한에는 많은 이해관계자들이 있다. 대형 마트 종사자, 납품하는 중소 상공인, 농어업인, 소비자들이다. 그들의 보호 법익이 침해되고 있고, 국가와 국민 생활 전반에 걸쳐 악영향을 주고 있다. 이해가 관련된 사람들의 이익을 저울질해서 고려했어야 했는데 안 했다. 마트에 납품하는 업자들도 많고 근무하는 근로자 수도 많다. 따라서 영업시간 제한과 의무 휴업은 이들의 영업과 고용에 악영향을 준다. 많은 소비자들을 불편하게 하고 있다. 규제를 하기 위해서는 규제가 줄 수 있는 영향을 사전에 분석해야 하고 의견 제출 및 공청회 등의 절차도 필요하다. 이러한 합리적인 절차를 제대로 거치지 않고 규제 조치를 해서는 안 된다. 전통 시장에 영향을 미치는 요소는 백화점, 편의점, 온라인 쇼핑 등 다양하다. 최근에는 대형 마트에 비해 온라인 쇼핑과 편의점의 매출이 크게 증가했다. 전통 시장의 매출이 감소된 것이 꼭 대형 마트의 영향인 것은 아니다. 유통시장 전체가 변한 것이다. 대형 마트를 규제해도 전통 시장의 매출은 늘지 않는다. 근본적으로 소비자들이 전통 시장을 찾도록 전통 시장 스스로가 변해야 한다.

각 당사자들은 자신들에게 유리한 의견을 표명해줄 전문가를 참고인으로 불렀다.

구청 측 참고인(관련 기관 연구실장)의 진술 : 독일과 프랑스의 경우 대형 마트는 도시 외곽에 세워지는 등 출점 규제를 받는다. 일본의 경우도 점포 면적에 따라 규제한다. 그런데 우리나라는 초기에 이러한 고려 없이 대형 마트를 허용했다. 그 이후 영세 상점과 전통 시장이 크게 위축되었다. 유통업 전체 매출에서 대형 마트가 차지하는 비율은 25%나 된다. 그래서 대형 마트 영업 제한 규제를 했는데 그 이후 전통 시장의 매출이 증가했다. 물론 온라인 쇼핑 등 유통 채널이 변해서 일부는 그 분야로 갔지만, 이것 역시 대부분 대형 마트를 운영하는 회사가 가지고 있다는 점에서 대형 마트 매출로 봐야 한다. 따라서 대형 마트가 봤다는 손실의 크기는 과장되었다. 규제로 세수가 감소했다고 하는데, 대형 마트 쪽에서 세수 감소가 나타났다고 하더라도 소상공인들도 세금을 내고 있으므로 우리나라 전체 유통산업에서는 결과적으로 세수 증가가 일어난 것이다. 이를 두고 부작용이라고 할 수 없다. 만약에 대형 마트를 규제를 하지 않을 경우 소상공인과 전통 시장은 고사하고 대형 마트만이 살아남을 것이며, 이 경우 대형 마트들은 굳이 혁신을 통해 가격을 인하할 유인이 없다. 따라서 장기적으로 소비자 후생 역시 악화될 것이다.

대형 마트 측 참고인(대학교수)의 진술 : 대형 마트의 규제는 대형 마트 자체만을 규제하는 것이 아니라 물류 채널에 있는 모든 사람을 규제하는 것이다. 대형 마트는 소득의 증가와 여성의 참여 등에 의해 수요에 반응하여 자연스럽게 확대되고 있다. 전통 시장의 유통 채널에 비해 효율적이고 가격도 저렴하다. 미국, 유럽, 일본은 영업일과 시간을 가지고 규제하지 않는다. 의무 휴업 규제로 문을 닫게 되면 세 가지 패턴이 나타난다. 첫째가 구매 연기 또는 포기, 둘째가 온라인 쇼핑 등 다른 곳에서 구매, 셋째가 전통 시장에서 구매다. 따라서 전통 시장에 별로 이익이 가지도 못한다. 또한 구매하려다 연기하면서 소비가 위축·증발되는 상황이 나타난다. 휴업 규제는 굳이 일요일 아닌 평일에 해도 된다. 대형 마트 규제에서 순소비액 감소와 소비자 불편 등을 다 합치면 약 5조 원 정도의 손실이 발생한다. 상고인(구청) 측 조사 결과는 자의적이다. 우리의 조사 결과가 더 신뢰성이 있다. 의무 휴업으로 인해 중소업체, 농어업인에게도 손해가 발생하고 있다. 전통 시장은 장점이 부족하고 상품이나 서비스로 특화되지도 않았다. 소상공인 등에 대한 보호는 국가의 사회보장적 수단에 의해서 해야 하는 것이지, 그 부담을 대형 마트 사업자에게 전가해서는 안 된다.

구청 측의 추가 답변 : 우리나라의 소상공인 비율은 전체 사업자 중 88% 정도다. 대형 마트에 대한 영업 규제가 없다는 영국이나 핀란드는 소상공인 비율이 30~40% 정도에 불과하다. 따라서 비교 대상이 될 수 없다. 대형 마트 측에서는 손실이 100이면 불과 20만이 전통 시장 및 소상공인에게 돌아간다고 하는데, 본래 소득이 적은 사람에게는 20만 돌아가도 그 효과가 있다고 봐야 한다. 대형 마트 측에서는 휴업 규제로 매출 감소가 크다고 주장하지만, 정확한 매출 감소 자료를 제출하지도 않고 있다. 최근 이루어진 H 대형 마트의 M&A 당시, 회사 가치는 휴업 규제가 있었음에도 불구하고 크게 변하지 않았다. 규제를 해서 손해가 발생했다고 하는데, 규제를 안 했다면 발생했을 손해는 전통 시장 및 소상공인의 폐업으로 인한 비용, 사회 양극화 등 사회적 비용, 소비자의 선택권 등으로 역시 만만치 않다. 규제를 함으로써 더 큰 손해를 방지한 것이다.

대형 마트 측의 추가 답변 : 마트에서의 야간근로가 건강을 해친다는 것이 규제의 논거 중 하나라는 점에 대하여 야간근로는 주간에 다른 일을 하는 근로자에게 야간에도 일할 수 있는 기회를 제공한다는 장점도 있다. 만약 야간근로가 건강에 좋지 않아 규제해야 한다면 야간에도 일하는 제조업 등 다른 업종도 규제해야 한다. 따라서 대형 마트만 규제해야 한다는 논리는 맞지 않다. 중소상인 보호와 지원의 문제는 국가가 수행해야 하는 다른 측면의 정책 과제다. 이러한 부담을 대형 마트 규제를 통해 사기업에 전가시켜서는 안 된다. 한편 피고(구청)가 직접적으로 영업시간 제한과 휴일 규제를 내리지 않고 보다 적은 침해를 발생시킬 수 있는 다른 대체 규제를 고려했는지도 의문이다.

구청 측의 마무리 : 구청은 나름대로 절차를 거치고 여러 사항을 모두 고려하여 규제를 했다. 그러나 원고(대형 마트)는 최고의 결정이 아니라고 하여 이를 위법하다고 주장한다. 기준 설정이 불가능하거나 불명확할 수밖에 없는 대상을 가지고 행정청의 재량 행사가 잘못되었다고 비판하고 있다. 원고의 주장 중 비교 자료가 나오는데 그 비교 대상들도 잘못 들고 있다. 연구 보고서에 따르면 대형 마트 규제는 효과를 보고 있다. 원심에서 대형 마트 규제가 잘못되었다고 했는데 그 판단을 다시 바로잡아주기 바란다.

대형 마트 측의 마무리 : 가치와 이익이 충돌되는 곳에서는 이익 간 비교가 이루어져야 한다. 상생 발전이라는 것을 경제적 잣대로만 재단하기는 어렵다는 점을 안다. 그러나 국가는 냉정하게 판단해야 한다. 경쟁 제한적 규제는 최후의 수단이어야 한다. 휴업 규제의 이면에는 납품을 담당하는 중소상공인, 농어민 등과 불편을 감수해야 하는 소비자, 사회적 비용을 지불해야 하는 납세자가 있다. 매출이 가장 큰 휴일에 휴업을 해야 하는 것보다는 평일에 했어야 한다. 지금 소비가 줄어들고 있다. 적어도 행정 규제 기본법의 취지에 따라 규제 영향 분석을 했었어야 한다. 전통 시장의 문제는 재정 지원과 사회보장의 이슈다. 휴업 규제는 원인에 대한 제대로 된 처방이 아니다. 피고들의 상고를 기각해주기 바란다.

판결의 주문은 '원심을 파기하고, 이 사건을 서울고등법원에 환송한다'였다. 즉, 2심이었던 서울고등법원이 잘못 판단했으므로 돌려보낼 터이니 다시 판단하라는 것이다. '파기환송'이라고 부르는 것이다. 대법원 판결문의 주요 내용을 요약 정리하면 다음과 같다.

우리 헌법은 제119조 제1항과 제2항[14]을 통해 경제 질서를 규정하고 있다. 헌법상 경제 질서는 '개인과 기업의 경제상의 자유와 창의의 존중'이라는 기본 원칙과 '경제의 민주화 등 헌법이 직접 규정하는 특정 목적을 위한 국가의 규제와 조정의 허용'이라는 실천 원리로 구성되고 있으며, 어느 한쪽이 우월한 가치를 지닌다고는 할 수 없다. 경제활동을 규제하다 보면 어느 한편은 불이익과 불편함을 받게 된다. 그런데 경제주체의 조화, 상생, 공공복리의 실현을 위해서 만약에 그 제한이 정당한 목적을 가지고 합리적인 수단에 의하고 있다면—개인의 자유와 권리를 본질적으로 침해하고 있는 경우가 아닌 경우에 한하여—이는 참아야 한다.

규제를 하게 되면 대형 마트뿐만 아니라 근로자, 납품하는 중소상공인, 농어업인도 영향을 받는다. 따라서 규제를 할 때는 관련된 이익을 종합적으로 검토해야 한다. 그런데 경제 규제에서는 비록 이러한 분석을 거쳤다고 해도 장래의 규제 효과를 반드시 달성한다고 할 수는 없다. 반면 일단 규제의 타이밍이 늦어져서 시장구조가 왜곡되면 다시 바로잡기가 어렵다. 그러다 보니 불확실한 규제 효과에 대한 예측을 기초로 법도 만들어지게 되고, 조치도 취하게 된다. 그리고 행정청은 구체적인 규제 수단을 선택해야 하는 선택권도 갖게 된다. 그래서 만약 지역적으로 특수한 시장 상황으로 인하여 규제가 전혀 효과를 보지 못하거나 필요하지 않는 사정이 없다면 대체로 비슷한 규제가 취해지기 마련이다. 따라서 실효성을 이유로 행정청이 주어진 재량권을 잘못 사용해서 위법하다고 말하기는 어렵다. 구청에서 행한 여러 가지 절차들을 보니 구청이 재량권을 잘못 행사했다고 보기 어렵다.

원고들은 규제를 하기 위해서는 규제 영향 평가를 해야 한다고 했는데, 이번 사건의 대상인 규제는 법(유통산업 발전법)에서 정한 내용을 그대로 시행하고 있는 것이어서 별도의 영향 평가를 해야 하는 '규제의 신설이나 강화'로 볼 수 없다. 구청들(필자 주 : 피고였던 동대문구청과 성동구청은 서로 인근에 위치하고 있으며, 동대문구에 있는 한 대형 마트에서 성동구에 있는 다른 대형 마트까지는 차로 약 25분 정도 소요된다)이 영업시간 제한과 의무 휴업일 지정에서 차이를 두지 않고 동일하게 한 것은 행정구역상의 차이에 상관없이 생활권이 하나이기 때문이다. 만약 차이를 두게 된다면 휴업 규제를 한 전통 시장과의 상생이라는 정책적 실효성이 떨어지고 규제 조치의 형평성에도 문제가 생긴다.

금번 규제는 건전한 유통 질서의 확립, 근로자의 건강권 보호 그리고 중소 유통업과의 상생이라는 면에서 공익의 보호를 위해 필요하다. 그런데 반대로 영업시간 제한은 새벽 시간대이고 휴업은 한 달에 이틀 정도밖에 안 되므로 침해의 정도가 크지 않다. 규제의 실효성에 대해서 원고와 피고 측 공방이 있었는데 그 효과의 경중을 정확히 비교하기는 어렵고, 단순히 경제 효과를 분석한 수치만으로 규제 수단의 실효성을 판단하기도 어렵다. 그리고 조사 결과상에서 구청들이 내렸던 규제 조치가 전혀 실효성이 없다고 볼만한 자료도 없다.

이 사건에서는 규제 조치를 행한 구청들이 최종적으로 승소했다.

견제와
균형의
시대

설득의 재료 :

파토스, 로고스, 에토스

파토스Pathos, 로고스Logos, 에토스Ethos는 아리스토텔레스가 그의 〈수사학修辭學〉에서 이야기하고 있는 세 가지 설득의 요소다. 파토스는 인간에 대한 사랑을 통해 상대방에게 충분히 감성이 전달되게 하는 것, 로고스는 이성과 논리에 의한 표현을 통해 사람을 설득해야 한다는 것, 에토스는 도덕성과 윤리성을 통해 설득을 강화하는 것을 말한다. 이 중에서 무엇이 가장 중요한 것인가에 대해서는 의견이 갈릴 수 있다. 각자의 가치관에 따라 그 경중이 달라질 수 있기 때문이다.

절차에 따르면 법은 헌법과 관련 법률에 따라 국회에서 상임위를 거쳐 본회의를 통과해야 공표하고 일정 시간이 지나서 발효된다.

법률만큼이나 중요한 대통령령도 대통령령의 출발점이 되는 법률이 대통령령으로 정하도록 위임한 범위 내에서 법제처 심사, 차관회의, 국무회의, 대통령 및 국무위원들의 서명을 거친 후 공포하도록 하고 있다. 하지만 이것으로는 충분하지 않다. 법령 또한 실제로 작동하려면 그 과정에도 파토스, 로고스, 에토스가 실현되어야 한다.

먼저 파토스부터 보자. 국민들이 '이 법은 정말 필요하구나'라고 생각하는 법들이 만들어져야 한다. 예를 들어, 깨끗한 공기를 마실 수 있게 하기 위한 대기 환경 보전법, 투명한 행정과 참여 민주주의를 구현하기 위한 정보공개법 등은 이러한 국민의 법 감정에서 어긋나지 않는다.

국회 의안정보시스템을 보면 법률안의 발의부터 통과까지의 모든 상황 그리고 법률안의 주요 내용, 전문가의 심의 사항까지 정리가 잘 되어 있다. 하지만 왜 이런 법률안이 필요하며(혹은 필요하지 않으며), 각 조문을 왜 이렇게 규정하였으며, 이렇게 규정하게 되면 어떤 사회적 갈등이 생기는데 이 문제는 어떻게 해결할 것이며 또는 다수의 공익을 위해서 꼭 필요한 것이라는 점 등에 대해 자세한 내용이 없다. 입법적으로 선진국이라고 할 수 있는 독일이나 미국의 경우 법률안 하나에 따라붙는 설명 자료는 엄청난 수준이다. 독일은 좀 과도하다 싶을 만큼 찬성과 반대의 논쟁까지도 담아두는 경우도 있다. 물론 이런 나라에서도 법령을 만드는 과정이 그만큼 어려워지니 이를 회피하기 위한 갖가지 방법이 다 동원되고, 결국 위헌 또는 위법을 이유로 재판까지 가는 사례도 다반사다. 입법 자료를 공개하고 입법 과정에서 의견을 수렴하는 등의 투명한 절차는 법률을 만드는데 무슨 이야기가 오갔는지를 국민들에게 자세히 알리고 설득하는 과정이다. 이 과정을 통해 국민들은 법률의 필요성과 정당성을 수용한다.

다음은 로고스다. 논리적 연결과 말의 표현이다. 법령을 읽다 보면 너무 복잡하다는 생각이 든다. 법을 공부하고 연구하는 입장에서도 어렵기는 매한가지다. 상위 규범과 하위 규범 간의 관계를 찾아 해석해나가야 하는 것도 그렇지만 비슷한 법들 간 정의도 각각 다르다. 그리고 예외 조항과 다른 법에서 정하고 있는 내용에 따르는 방식을 취하는 경우 더욱 복잡해진다. 이러한 현상은 비단 우리나라뿐만이 아니라 미국, 영국, 독일, 일본 등 선진국의 법률도 모두 그렇다. 다양한 상황을 규율해야 한다는 점에서 어쩔 수는 없지만 할 수 있는 데까지는 쉽게 만드는 노력이 더 필요한 부분이다. 쉬운 법률 용어와 문장도 로고스를 달성하기 위한 또 다른 요소다. 법은 선택적으로 구입할 수 있는 것이 아니라 모든 사람이 지키고 향유해야 할 필수 재료다. 그래서 어려우면 안 된다.

현대 법의 모든 어머니 격으로 불리는 법전들은 대부분 로마의 유스티니아누스Justinianus 황제 때 나왔다. 법과 관련하여 영어나 독일어 단어들이 거의 'Jus'로 시작되는 점을 볼 때 이 황제의 기여를 짐작할 수 있을 것이다. 에드워드 기번Edward Gibbon의 《로마제국 쇠망사The history of the decline and fall of the roman empire》에 따르면 유스티니아누스 황제는 《로마법제요》, 《로마법전》, 《로마법대전》이라는 세 권의 책을 라틴어와 그리스어로 냈다고 한다. 당시 고귀한 언어로 따지면 라틴어였지만 동로마제국의 일반인들이 사용하는 언어는 그리스어였고, 라틴어로만 편찬할 경우 법률 전문가가 아니면 백성들이 이를 읽지 못하는 것을 우려했기 때문이었다고 한다. 황제의 결정은 모든 사람의 로고스를 위한 것이라고 할 수 있다. 마치 루터가 라틴어로만 출간되어온 《성경》을 독일어로 내면서 사람들이 하나님을 더욱 가까이할 수 있게 하였듯이, 황제는 법전을 그리스어로 내면서 시민의 법이 되게 했다.

마지막으로 에토스다. 어쩌면 법이 점점 경시되는 이유가 에토스의 부재일 수도 있다. 법을 만드는 사람, 집행하는 사람이 법을 잘 지키지 않기 때문이다. 그러다 보니 그 법에 대한 신뢰가 낮아지는 것은 당연하다. 매번의 선거와 인사 청문회 때마다 에토스는 급격히 감소하고 있다.

판결문에
담아야 하는 것

2015년 2월, 간통죄 위헌판결로 지난 1953년 제정된 간통죄가 62년 만에 폐지되었다. 인터넷을 통해 관련 기사를 찾아 읽던 중 눈에 띄는 칼럼을 하나 보았다. '간통죄 위헌이 씁쓸한 이유'다.[15] 칼럼을 쓴 기자는 헌법재판소가 그들의 판결문에서 보다 많은 설득의 노력을 해야 한다는 점을 알비 삭스Albert 'Albie' Sacks의 《블루 드레스The strange alchemy of life and law》를 들어 지적하고 있다. 알비 삭스는 판결문의 내용은 '발견의 논리, 정당화의 논리, 설득의 논리를 거쳐 마음을 울리는 마무리로 끝나야 한다'고 한다. 알비 삭스는 남아공의 초대 헌법재판관을 지냈다. 그는 백인이었지만 젊은 변호사 시절 넬슨 만델라Nelson Mandela와 함께 인종차별 정책인 '아파르트헤이트Apartheid'에 저항했고 망명을 떠나야 했다. 그러나 망명지에서 정부가 보낸 정보 요원의 폭탄 테러로 한쪽 팔과 한쪽 눈을 잃었지만 그래도 그들을 포용해야 한다고 외쳤다. 알비 삭스를 처음 만났을 때 그에게서 받았던 느낌은 법률가보다는 자신을 둘러싼 사회를 남은 한 팔로 감싸 안으려는 성직자에 가까웠다. 그는 책에서 판결에 대해 '일견 명료해 보이는 판결문이 실제로는 엄청난 갈등과 고민 그리고 이상과 열정 그리고 법과 삶이 반영된 것'이라고 말한다.

헌법재판소는 결혼과 성에 관한 국민 의식이 변화했고, 사생활이 사회에 해악이 아니고, 구체적 법익에 대한 침해가 없다면 형벌권이 개입해서는 안 되며, 혼인과 가정의 유지는 당사자의 자유로운 의지와 애정에 의하여야 한다는 점을 들었다.[16] 그런데 칼럼에서 기자는 '최종적인 합헌 결정이 내려진 2008년에 비해 얼마나 국민 의식이 변하였는가?'라며 지적한다. 이외에도 몇 가지 드는 생각은 1990년에 내려진 헌법재판소의 합헌 결정의 내용이다. 그 이유로 민법상의 중혼 금지, 부부간 동거 및 상호 부양의무를 들고 있다. 그렇다면 지금은 이 두 가지 사항이 의미가 없는가? 따라서 이러한 지금까지의 결정과 무엇이 어떻게 달라졌고, 어떤 의미로 재해석해야 하며, 어떤 자료들이 이용되

없는지 등이 보다 자세하게 나타나야 할 필요가 있다. 판결은 그 자체가 구속력을 갖는 만큼 사회 구성원들에 대한 또 하나의 설득이기 때문이다. 물론 모든 법원의 판결이 그럴 수는 없다. 그리고 그렇게 할 수도 없을 것이다. 하지만 적어도 최고의 권위를 가지고 법을 해석하는 헌법재판소와 대법원에서는 그래야 한다.

일반인의 평균과
배심제도

판사가 하는 일은 크게 두 가지다. 하나는 진실인 사실을 확정하는 것이며, 또 다른 하나는 법조문의 해석을 통해 진실인 사실에 적용하는 것이다. 그렇다면 좋은 판결은 무엇일까? 아마 세상에 살고 있는 모든 사람들 중 대부분이 수긍하고 그렇다고 생각하는 결론을 내려주는 것이 바람직한 판결일 것이다. 이 때문에 판결문들을 보면 '일반인의 평균'이라는 단어가 많이 나온다. 판사가 어떤 사건을 판단할 때 그것을 판사 개인의 삶을 통해서 바라보는 것이 아니라 자신의 기준은 내려놓고, 일반인의 평균이라는 프리즘을 통해 판단해야 한다는 것이다.

일반인의 평균은 그냥 막연한 평균이라기보다는 다른 사람들이 그 상황에 처해 있을 때 어땠을까를 의미하는 보다 구체적인 평균이다. 일반인의 평균 혹은 사회적 평균이라는 것들은 다른 나라에서도 마찬가지다. 왜냐하면 사람이 사는 모습은 미국, 일본, 독일, 프랑스, 중국을 가리지 않고 대체로 비슷하기 때문이다. 최근에 우리나라에서도 인터넷에 음란물을 게재했다고 해서 처벌하는 것을 두고 논란이 있었다. 재판의 핵심은 무엇이 음란물인가였다. 누드화도 옷을 벗은 것이므로 음란물에 속할 수 있지만 그림의 목적이 성적인 욕구를 자극하거나 수치심을 일으킬 목적이 아니었다면 음란물에 속하지 않아 처벌받지 않을 수 있기 때문이다. 미국에서도 일찍이 음란물의 개념에 대해서는 1973년 미국 연방대법원의 밀러Miller 사건의 판결에서 나온 '그 시대 평균인의 기준the average person, applying contemporary community standard'이라는 것을 사용하고 있다.[17]

다른 사안에서도 일반인의 평균은 쉽게 찾아볼 수 있다. 식품에 약효가 있는 것으로 광고하여 제재 처분을 받게 된 사건에서 대법원은 '어떠한 표시·광고가 건강 기능 식품 광고로서의 한계를 벗어나 질병의 예방 및 치료에 효능·효과가 있거나 의약품으로 오인·혼동할 우려가 있는지는 사회 일반인의 평균적 인식을 기준으로 법 적용 기관이 구체적으로 판단하여야 한다'고 판결했다.[18] 이외에도 유흥주점에서 이루어진 음란 행위에 대한 처벌에 대한 사건에서 대법원은 '음란 행위로 판단되기 위해서는 사회 평균인의 입장에서 성욕을 자극하여 성적 흥분을 유발하고 정상적인 성적 수치심을 해했다고 평가될 수 있어야 한다'고 판시했다.[19]

그러나 일반인의 평균이 절대적 합리성을 가지고 있다고는 볼 수 없고 개인만이 가지고 있는 특수성 역시 고려해야 한다는 입장도 나타나고 있다. 업무상 스트레스가 과중해서 자살한 경우에 이를 업무상 재해로 볼 것인가에 대한 사건에서 나온 이야기다. 과거 대법원은 사회 평균인의 입장에서 스트레스의 정도를 판단했는데, 금번 판례에서는 연령, 신체적·심리적 상황, 주위 상황, 자살에 이르게 된 경위 등을 종합적으로 고려하여 업무상 스트레스로 자살하였는지를 판단할 필요가 있다고 한 것이다. 쉽게 말해서 비슷한 사람들 모두가 그 정도까지의 스트레스를 받지 않는다고 해서 이를 가볍게 여겨서는 안되며, 당사자가 가지고 있는 특별한 사정을 함께 고려해야 한다는 것이다.[20] 아무래도 개인적 스트레스의 부분은 개인적 특성에 따라 수용성이 달라진다는 점에서 수긍할 수 있는 부분이다.

재판에서 일반인의 평균에 가까이 가려고 하는 노력은 여러 곳에서 나타난다. 첫 번째, 대법관 혹은 헌법재판관의 구성이다. 만약 대법관 혹은 헌법재판관의 구성이 한쪽의 성향으로 치우친다면 그 결과 역시 일반인의 평균을 충족하기 어렵기 때문이다.

미국의 경우 대법관의 임기는 종신이다. 그러다 보니 누가 대법관이 되느냐는 미국 사회의 방향을 돌려놓을만한 중요한 사건이다. 따라서 대통령은 대법관을 지명할 때 자신에게 유리한 사람으로 지명하려고 하고, 야당은 이를 적극적으로 막으려고 한다. 민주당과 공화당 모두 자신에게 조금이라도 유리한 판단을 해줄 수 있는 사람을 찾으려고 한다. 이 과정에서 대법원은 양당이 미는 사람으로 다양하게 구성된다. 물론 그 다양성은 항상 흔들리며, 대법관 자리가 하나 비는 순간 대통령과 정당은 엄청나게 바쁜 시간을 보내야 한다. 또한 종신

제인 탓으로 한번 잘못 뽑았다고 하는 순간 돌이킬 수 없다.

우리나라 대법관과 헌법재판관의 임기는 6년이며, 연임이 가능하다. 우리나라의 경우에도 대법관과 헌법재판관의 다양성이 주목받기 시작했다. 물론 아직까지는 단지 출신 기관만 다양할 뿐이다. 즉 판사 출신, 검사 출신, 변호사 출신, 법학교수 출신으로 구성된다. 대부분 남성에 특정 대학 출신이다. 우리 사회의 일반적 시각을 대변한다고 보기는 어렵다. 그나마 다행스러운 것은 다양성이 최소한 사회적인 이슈가 되고 있다는 점이다. 다양한 사람들이 세상을 구성하는 것처럼 판결을 통해 한 사회의 판단 또는 행위 기준을 정하는 것도 다양성의 토양 위에 서야 함은 당연한 것이다.

두 번째, 형사재판에서는 배심원 제도를 활용하여 일반인의 평균에 보다 가깝게 가보려고 한다. 배심원들은 그 구성부터가 일반인이므로 그들의 평균에 보다 가깝게 가기가 쉽다. 그러나 항상 배심원이 일반인의 평균을 보장하는 것은 아니다. 우리나라도 국민 참여 재판을 통해 배심제가 활용되고 있다. 혹시 기회가 된다면 〈12명의 성난 사람들12 Angry Men〉이라는 영화를 권한다. 이 영화는 배심원들이 각 사실에 대해서 끊임없이 '합리적인 의심resonable doubt'을 해가면서 만장일치로 무죄 평결로 가는 과정을 그린 것이다. 배심원들이 판단해야 할 사건은 부친을 살해한 혐의로 기소된 소년이며, 소년은 유죄 평결을 받을 경우 사형된다. 이 영화에서 나온 배심원들의 구성을 보면 이렇다.21

배심원 1 : 고등학교 풋볼 코치, 합리적

배심원 2 : 은행원, 온순

배심원 3 : 사업가, 완고·고집

배심원 4 : 주식 중개인. 냉철

배심원 5 : 가난했던 삶의 경험, 야구만 유일한 관심

배심원 6 : 페인트공, 강직

배심원 7 : 판매원, 생각이 흔들림

배심원 8 : 건축가, 합리·신중

배심원 9 : 할아버지, 현명

배심원 10 : 차고 주인, 트집·생떼

배심원 11 : 시계공·이민자, 예의 바름

배심원 12 : 회사 간부, 우유부단

하지만 구성만이 그들에게 일반인의 평균을 만들어주지는 않는다. 필요한 것은 우리가 타인의 일에 대해서 가질 수 있는 편견과 무관심을 극복하는 것이다. 그래서 일반인의 평균은 간단해 보이면서도 실지로는 달성하기 매우 어려운 개념이기도 하다.

절차 :
내용과 형식 사이의 줄타기

절차를 대하는 모습은 크게 두 가지로 나눌 수 있다. 하나는 절차가 너무 복잡하기 때문에 간소화하자는 것이다. 또 다른 하나는 어떠한 결정이 내려졌을 때 절차를 거치지 않았기 때문에 받아들일 수 없다는 것이다. 같은 절차를 놓고 이해관계에 따라 절차를 대하는 태도는 판이하게 달라진다.

그렇다면 절차는 왜 생겼을까? 만약 세상의 모든 사람들이 다들 플라톤이 말한 철인哲人의 이성과 심성을 가졌다면 사실 절차는 필요 없다. 그러나 사람은 당연히 자신의 이익을 우선시하게 되고 이를 극대화하려는 욕망을 지니고 있다. 그래서 공동의 이익을 다루는 문제는 어느 누구 한 사람의 욕망이 극대화되는 것을 막기 위해서 절차를 통해 견제하고 감시하고자 하는 것이다.

법에서 절차는 결정의 중립성과 합리성을 보장하고 정당성을 부여하는 장치다. 이는 정치적 결정과도 흡사하다. 사실 법의 시작은 정치 행위다. 법과 정치는 서로 등을 맞대고 있는 존재와 같다. 법은 그 사회 공동의 가치가 옳다고 믿는 것이 제도화된 것이다. 정치는 그 사회의 공동 가치가 무엇인지를 발견해내는 것이다. 따라서 사람들이 '문제는 정치야'라고 이야기하는 데는 다 이유가 있다. 법으로 많은 것을 해결할 수는 있지만, 모든 것을 해결할 수는 없다.

절차와 관련하여 법에서는 유명한 개념 두 가지가 있다. '적법절차Due Process'와 '독수독과Fruit of the poisonous tree'의 원칙이다. 이러한 원칙들은 모두 영미법계에서 나왔다. 영국에서 왕권의 제한이나 미국에서 독립과 시민 자유의 확보 등의 과정은 권력을 통제하고 개인의 자유를 지키기 위해서 절차를 도입했다. 상대적으로 국가의 힘이 강했던 대륙법계(전성기 때 독일의 비스마르크와 프랑스의 나폴레옹을 상상해보라)에서는 개인의 자유와 절차에 대해 관심이 보다 덜했다. 하지만 제2차 세계대전 후 전 세계적으로 절차적 정의를 중요시하는 입법이 이루어졌고, 오늘날 모든 선진국의 법에 절차의 확보 및 이를 통한 정의의 실현은 핵심적인 가치가 되었다. 물론 형식적인 법치주의를 취했던 국가에서 법적 절차는 여전히 가짜 다이아몬드 같은 장식품에 불과했다.

'적법절차'란, 국가가 공권력을 구현하는 데는 법령에서 정한 적정한 절차에 따라야 한다는 것이다. 그렇다면 무엇이 '적정Due'한 것인가? 이에 대한 명확한 정의는 없다. 하지만 크게 세 가지 요소가 이를 구성한다. 첫째, 이해관계자들의 이익을 고려할 수 있는 절차인가? 둘째, 결정권을 가진 자의 자의적 결정을 막을 수 있는가? 셋째, 절차를 지킴으로써 행정적인 부담이 증가하는가? 절차를 지킴으로 보호되는 사익과 공적인 부담의 증가 사이에 어떤 것이 큰가? 왜냐하면 절차를 지키지 못할 정도의 급박한 대응이 공익을 위해 필요한 상황이 발생할 수 있기 때문이다.

적정한 절차의 문제는 그 시작점이 인권이었다. 영장 없이 사람을 함부로 체포하거나 가두거나 압수하거나 수색하는 것을 막기 위해 '영장주의'라는 절차를 둔 것에서부터 시작된다. 영장주의는 오늘날 인권 보호의 첨병이라고 할 수 있을 만큼 중요하다.

우리의 경우도 마찬가지다. 과거 영장주의가 관철되지 않은 역사도 있다. 권위주의적(권위와 권위주의는 큰 차이가 있다. 권위는 자기 스스로가 상대에게 존경심을 가지고 그 실체를 받아들이는 것인 반면, 권위주의는 개인의 의사에 반하여 그 존경과 수용을 강요하는 것이다. 로마법적 구분 방식이다) 정부 시절에 빈번히 일어났던 체포·구금 등의 경우도 이러한 형사 절차를 지키지 않은 행위들이었다. 적법절차를 지키지 않을 경우에는 절차 위반으로 소송을 제기할 수 있다. 소송에서는 먼저 법에 절차를 생략해도 될 예외 사유를 정하고 있고 해당 사건이 그 사유에 해당하는지를 본다. 만약 그 사유에 해당되지 않으면 형사 절차에서는 곧바로 위법이다. 그런데 행정 절차에서는 꼭 그렇지는 않다. 한 단계 더 나아가기도 한다. 그 절차를 거치지 않아서 상대방이 정말 피해를 입었고 그 피해가 그냥 넘어가도 될만한 경미한 것인지, 아닌지를 판단한다. 경부고속철도 차량정비창 건설공사에 대한 사건 판결문을 보면 '환경 영향 평가의 내용이 다소 부실하다 하더라도, 그 부실의 정도가 환경 영향 평가 제도를 둔 입법 취지를 달성할 수 없을 정도이어서 환경 영향 평가를 하지 아니한 것과 다를 바 없는 정도의 것이 아닌 이상 그 부실은 당해 승인 등 처분에 재량권 일탈·남용의 위법이 있는지 여부를 판단하는 하나의 요소로 됨에 그칠 뿐, 그 부실로 인하여 당연히 당해 승인 등 처분이 위법하게 되는 것이 아니다'[22]라고 보고 있다.

'독수독과毒樹毒果'란, 독이 있는 나무에서는 독이 든 과일이 열린다는 것으로 적법한 절차를 지키지 않은 과정에서는 적법한 결과가 도출되지 않는다는 것이다. 대표적인 예가 〈CSI〉 같은 경찰 드라마에서 자주 보는 '미란다Miranda 원칙'이다.

'당신은 묵비권을 행사할 수 있으며, 당신이 한 발언은 법정에서 불리하게 사용될 수 있습니다. 당신은 변호인을 선임할 수 있습니다.'

1963년 미국 아리조나Arizona 주 피닉스Phoenix에서 일어난 일이다. 미란다는 어린 소녀를 상대로 성범죄를 저지른 중범죄자였다. 당시 경찰은 미란다를 체포하면서 미란다에게 진술을 거부할 수 있고 변호인을 선임할 수 있다는 사실을 고지하지 않았다. 미란다의 자백을 받아냈지만, 연방대법원은 피의자에게 진술 거부권과 변호인 선임권이 고지되지 않은 상태에서 자백이 이루어졌으므로 이를 받아들일 수 없다고 판시했다.[23] 미란다가 범인인 것은 분명하였지만 할 수 없이 미란다를 풀어줘야 했다. 물론 이후 수사기관은 미란다의 동거녀의 증언으로 유죄판결을 받아낸다. 당시 연방대법원의 이러한 판결은 미국에서 관심 있게 받아들여졌고 미란다는 일약 유명해졌다. 미란다는 출소 후 자신이 미란다라고 소개하며 미란다 원칙이 적힌 카드를 팔아 돈을 벌기도 했다.

그러나 미란다는 어느 날 술집에서 자신이 미란다라고 자랑하다 이로 인한 시비 도중 상대편 칼에 찔려 사망한다. 물론 미란다를 살해한 그 범인에게는 미란다 원칙이 고지되었을 것이다. 우리 대법원 역시 체포한 후 '지체 없이' 미란다 원칙을 고지하도록 하고 있다.[24]

일반적인 행정 절차에서도 절차의 문제는 중요하다. 특히 행정

미란다 원칙

기관이 상대방이 가지고 있는 이익을 침해하는 조치를 취하는 경우에는 반드시 사전에 그 내용을 설명하고 최종 결정 전에 이의신청을 할 수 있도록 하고 있다. 이러한 절차는 필수적인 것으로 우리 대법원은 상대방의 권익을 침해하는 처분을 하는 경우 반드시 사전 통지를 하도록 하고 있다. 이유는 상대방이 자신이 가지고 있는 합리적 이유를 근거로 자신에 대한 권리침해를 방어할 수 있도록 하기 위함이다. 아마 대부분 한번쯤은 경험한 적이 있을 것이다. 버스 전용 차선 위반, 신호 위반, 과속으로 범칙금 통지서가 날아오면 선명한 사진과 함께 어디에서 몇 시에 어떤 항목을 위반했는지가 적혀 있다. 그리고 이의가 있으면 청문감사관실로 언제까지 오라고 연락처까지 첨부되어 있다. 한편, 행정기관이 중요한 처분을 내릴 때에는 각 개별 법에 특별히 청문의 절차를 거치도록 하고 있는데 이것 역시 위반하면 위법하다.

절차의
역습

가끔은 '절차의 역습'이 일어나기도 한다. 예를 들어, 국회에서 날치기 법안 통과가 이루어지는 경우라도 아주 짧게 몇 초, 몇 초 단위로 절차를 진행해서 재빨리 통과시킨다. 절차 위반이라는 이유로 나중에 문제되는 것을 막기 위함이다. 반대로 절차를 지키면서 표결을 고의로 지연시키는 방법도 있다. 회기의 마지막 날에 표결이 진행되는 경우 시간을 끌면 회기가 지나 표결 처리가 무산될 수 있다는 점을 노려 일부러 아주 느린 걸음으로 천천히 한발 한발 발을 떼면서 앞으로 나가 투표함에 표를 던지는 것이다. 또한 특정 법안에 대하여 다수당이 반대를 물리치고 통과시킬 것을 알지만 소극적이면서 합법적 항의의 표시로 이 방법을 사용하기도 한다. 소걸음처럼 천천히 늦게 걸어 들어간다고 해서 '우보전술牛步戰術'이라고 한다. 안건과 관련된 연설을 길게 끌어 의사 진행을 방해하기도 한다. 미국에서 주로 사용되는 방식으로 '필리버스터Filibuster'25라고 한다. 우리말로 하면 '합법적 의사 방해'로 해석될 수 있다.

미국의 필리버스터 최장 기록은, 1957년에 스트롬 서먼드Strom

Thurmond 상원의원이 시민 권리법Civil Right Act에 대해 24시간 18분 동안 연설했던 것이다. 당시 동 법안에 반대했던 상원의원들은 단체로 우보전술도 함께 구사했는데 3월26일부터 6월19일까지 무려 57일간이나 표결을 진행했다. 가장 최근의 사례로는, 2015년에 랜드 폴Rand paul 상원의원이 애국법Patriot Act에 대해 13시간 동안 연설한 것이 있다. 이러한 필리버스터는 미국 의회에서 합법적 저항으로 아주 오래전부터 이용되어 왔다.

2016년 3월, 우리나라에서도 테러 방지법 제정과 관련하여 야당의 필리버스터가 있었다. 우리 의회 사상 필리터버스터 최장 기록이었던 1964년 김대중 민주당 의원(대한민국 제15대 대통령)의 '자유민주당 김준연 의원 체포 동의안'에 대한 5시간 19분 동안의 연설 시간이 깨지고, 정청래 더불어민주당 의원의 11시간 39분으로 갱신되었다. 참고로 정당으로 보면, 종전의 전 세계 기록은 2011년 캐나다 새민주당 NDP의 58시간이었다. 이 기록도 더불어민주당과 정의당의 192시간으로 경신되었다.

2015년 9월 중순, 일본에서는 우보전술이 나왔다. 아베 정부가 제출한 안보 법안에 대한 참의원 기명 표결에서다. '전쟁할 수 있는 일본'에 반대하는 야당의 야마모토 다로本山太郎 의원이 소처럼 매우 천천히 걸어나가 표를 던졌다.

절차를 지키지만 절차가 추구한 목적을 찾기 어려운 일은 주변에서도 볼 수 있다. 지역개발을 하는 절차로 공청회가 필요한데, 그 공청회를 최종 개발 결정을 발표하기 불과 며칠 전에 형식적으로 하는 경우다. 공청회라는 것이 주민의 의견을 받아 보다 많은 합일점을 가진 안을 도출하는 것인데 이미 안은 확정되어 있고 공청회는 그냥 퍼포먼스에 불과한 것이다.

행정기관이 공권력을 집행하는 과정에서도 절차는 중요하다. 대법원의 판례 역시 일관되게 침해적 행위를 하는데 상대방에게 사전 통지하지 않거나 의견 제출의 기회를 주지 않는 경우에는 '그 처분은 위법하여 취소를 면할 수 없다'고 판시하고 있다.[26] 예를 들어 아파트 재건축 조합에 대해 시장이 조합 설립 인가 취소를 하는 경우라면 반드시 청문을 해야 한다.[27] 이러한 청문을 해야 하는 이유 중 하나는 당사자들이 자신에게 유리한 자료를 제출하고 방어할 수 있는 기회를 주기 위해서다. 이는 업무 과정에서 오류를 줄이는 효과도 있지만 행정청의 결정에 대해 상대방의 수용성을 높이는 효과도 존재한다.

절차를 지킨다고 해서 결론이 달라지는 것은 아니다. 절차를 지킨다고 한들 이미 명백한 요건이 충족된 경우라면 요건에 따른 동일한 결론이 나기 마련이다. 그렇다고 절차를 무시할 것인가? 만약 절차가 정말 중요한 것이라면 상대방의 권익을 보호하고 혹은 공익을 지키는 등 법으로 절차를 지키도록 할 것이다. 하지만 법으로 정해져 있지 않더라도 절차를 지키면 최종 결론의 정당성은 더욱 강화되는 것이 일반적이다. 절차는 거추장스러운 것일 수 있다. 하지만 지키면 위법하지 않을 것이고 혹은 지키면 결론의 정당성과 수용성은 더욱 커질 것이다. 따라서 절차는 그냥 지나치기에는 너무나도 중요하다.

일상적
준법과 위법

'법 없이도 살 사람들'이 많은 나라들은 대체로 어떤 공통점이 있을까? 우선 경험과 그 경험의 전수를 꼽을 수 있다. 경험의 전수는 교육을 통해서 이루어지며 이를 '시민교육'이라고 부른다. 여러 나라들의 법 발전 단계를 보면 경험과 필요에 의한 법의 제정과 개정이 있었다. 제정과 개정은 사람들이 그만큼 충분히 고통받았고 이제는 이를 개선해야 한다는 합의가 있었기 때문이다. 선진국이라고 부르는 나라의 법제 역사를 보면 야만의 시대, 저항의 시대, 타협의 시대를 거쳐 견제와 균형의 시대인 지금에 이르게 된다.

산업혁명 당시에 거대한 방적기의 톱니바퀴에는 늘 면화의 찌꺼기 덩어리가 걸렸다. 어떻게 했을까? 어린아이들이 다람쥐처럼 톱니바퀴 사이사이를 돌아다니면서 찌꺼기를 제거했다. 그러다가 기계가 갑자기 돌아가서 아이들이 죽는 사례들도 발생했다. 미국의 개척 시대에는 가짜 버터와 썩은 고기들이 방부제 처리가 되어 돌아다니기도 했다. 충분한 가공 시설도 없었고, 워낙 큰 나라라서 이동하는 도중 재료를 제대로 보관하기도 어려웠다. 영국과 미국에서는 산업혁명 이후 산업화와 개척의 과정에서 근로자가 다치면 경영주가 면책되었다. 근로자가 다쳤으면 옆 근로자가 잘못해서 다치는 경우가 대부분이었다. 당연히 그렇지 않겠는가? 누군가가 기계를 제대로 다루었다면 다치지 않았을 것이기 때문이다. 그런데 경영주는 현장에 없었고 기계도 직접 다루지 않았기 때문에 면책된다는 논리다. 오늘날에는 상상도 할 수 없는 상황이지만 당시 영국과 미국에서는 그것이 법이었다. 다친 근로자가 실수한 근로자를 상대로 소송을 제기해서 승소하더라도 둘 다 가난해서 받을 것이 없었다. 프로이센 시대에 언론은 탄압당했고, 정부에 반대되는 글을 쓴 언론사는 폐간되기도 했다. 강한 국가권력은 개인의 자유보다는 대독일(Greater Germany, 독일계 국가를 통합한 형태를 일컫는 말이다)의 영광을 구현하는 데 바빴다.

부모들은 자신의 아이들을 더 이상 톱니바퀴 밑으로 보내고 싶지 않았다. 생활고는 어쩔 수 없이 아이들을 공장으로 다시 내보냈지만 아동노동을 묵인한 기업가들에게 비난이 쏟아졌다. 아이들은 더 이상 위험한 노동에 투입되지 않았고 아이들을 대체할 기술이 개발되었다. 오늘날 아동노동은 인권 차원에서 전 세계적으로 금지되고 있다. 가짜 음식과 썩은 고기들을 먹은 소비자들은 분노했다. 정부와 정치인에 대한 청원도 증가했다. 미국의 경우, 위험한 음식에 대한 우려와 경고가 있었지만 별다른 조치가 없다가 미국과 스페인 전쟁 때 전쟁터에 나간 군인들에게조차 썩은 고기가 보급된 것이 알려지면서 국가적 이슈가 되었고 법이 만들어졌다. 공장 근로자들의 사고가 여전히 잇달았지만 결국 근로자들끼리 소송을 해야 하는 구조에서는 소송이 무의미하다는 것이 인식되기 시작했다. 노동자들의 처우 및 근로 환경의 개선이 요구되었고 정치적인 활동으로 확장되었다. 근로자들의 권리는 개선되었으며, 회사를 상대로 손해배상 청구가 가능해졌다. 기계가 잘못되어 발생한 경우에는 기계 제조 회사를 상대로 공작물 책임에 따른 소송이 이루어졌다.

전체주의 독일에서는 세계 최초로 오늘날 연금제도의 시원이라고 할 수 있는 사회보험이 시작된다. 당시 전체주의 프로이센에서 웬 사회보험이냐고 다소 뜬금없다고 생각할 수 있을 것이다. 역시 역사적 배경에서 찾을 수 있다. 1869년 대독일사회민주노동당이 창당되어 빌헬름 2세와 비스마르크에 맞선다. 비록 사민당은 의회정치에서는 큰 영향력을 갖지는 못했으나 광범위한 노동자층에서 지지를 얻게 된다. 이에 따라 당시 황제정은 국가가 주도하는 노동자를 위한 복지 체계를 마련함으로써 왕정을 유지하려고 하였고, 그 결과로 오늘날 세계 모든 나라에서 복지 체제의 중심축이 되어 있는 연금 기반의 사회보험이 탄생한 것이다.

제1차 세계대전의 패색이 짙어질 무렵 황제정이 폐지되고 민주공화국인 바이마르Weimar 공화국이 수립된다. 그러나 곧바로 히틀러가 등장한다. 광기의 시대를 거쳐 그들은 깨닫는다. 표현의 자유와 신체의 자유가 얼마나 소중한 것임을. 때때로 선진국의 법과 이론이 엄청난 사유 체계 안에서, 논리성을 바탕으로 최적 배분을 고려하여 형성된 것으로 찬미하는 사람들이 있다. 아니다. 법의 시작은 논리가 아니며, 경험이다. 경험을 기반으로 한 사회적 대응이 바로 법이다. 미국 법의 역사에 한 획을 그은 홈즈Oliver Wendell Holmes 판사도 '법의 생명은 논리가 아니라 경험'이라고 이야기하고 있다.[28]

좋은 법과 그 법이 잘 준수되는 나라의 조상들은 고통스러운 경험을 했다. 그리고 개선을 요구했다. 현실에 기반을 둔 경험은 교육을 통해 다음 세대에 이어졌다. 이러한 시민교육은 사회 공동체의 일원으로서 지켜야 할 가치와 책임을 가르치는 것이다. 교육의 가장 핵심적인 것은 자신의 이익과 타인의 이익과의 조화점을 찾는 것이다. 각자의 이기심을 총체적으로 조화시키는 것이 법의 목적 중 하나이기 때문이다.

법대로
하자고?

법 없이도 살 사람들을 줄어들게 만드는 것이 있다. 바로 투명하지 않은 사회 시스템이다. 사회에서 사람들이 '법대로 하자'고 이야기하는 빈도가 늘어난다면 그건 법이 제대로 적용·집행되고 있지 않다는 것이다. 약자의 입장에서는 법이 제대로 작동하고 있지 않기 때문에 역설적으로 법대로 하자고 하는 것일 수 있다. 반면, 강자의 입장에서는 법이 충분히 기득권을 잘 보호해주고 있어서 법대로 하기를 원하는 것일 수도 있다.

그러나 통상 법대로 하자는 이야기는 약자보다는 강자들이 더 많이 사용한다. 약자들이 법대로 하자고 이야기하는 경우, 과거에는 그 사람은 법을 잘 모르는 사람이라는 자조적인 이야기도 있었다. 사람들은 평등을 좋아한다. 물론 비슷한 집단의 사람 간 평등이다. 알랭 드 보통Alain de Botton은 《불안Status Anxiety》에서 비슷한 집단에서 불평등이 문제가 되지, 집단의 그룹이 달라질 경우에는 불평등이 그다지 주요한 문제가 되지 않는다고 주장한다. 보통은 데이비드 흄David Hume 의 《인성론A Treaties on Human Nature》을 예로 들어 설명하고 있다. 흄은 일반 병사는 장군과 비교하여 질투감을 느끼지는 않으며, 오히려 병사들끼리 불균형과 질투심을 느낀다고 이야기한다.[29] 맞는 이야기다. 주위 사람들과 다르다는 점이 사람을 불안하게 하기 때문이다. 그 주위라는 개념은 자신이 생활하는 삶의 반경에 있는 사람들을 말한다. 인간의 본성은 불안보다는 안정을 추구한다. 그래서 우리는 평등하기를 원한다. 주위의 다른 사람들이 자신이 노력한 것 이상의 것을 가져가거나 향유한다면 나 역시 그렇게 하기를 원할 것이다. 비슷한 정도의 이익을 향유하지 못하면 소외와 불안이 엄습한다. 여기에 그 사회가 역사적으로 척박하고 어려운 삶의 기억을 가지고 있다면 불법은 즉각적으로 실천에 옮겨진다.

지금 내 것을 챙기지 못하면 나중에 굶어 죽을 수도 있는 어려운 시절을 겪었다고 보자. 기다리는 것은 불안을 더 커지게 만든다. 내가 지금 불법을 통해서라도 내 이익을 미리 챙기지 못한다면 뒤떨어진다는 강박감이 작용하는 것이다. 그래서 불법에 대한 고민과 불법의 시도를 유예하는 행동이 훨씬 줄어든다. 드디어 신속하게 불법의 평등이 완성되는 것이다. 그런데 한 가지 재미있는 것이 있다. 사람들은 불이익을 받을 때는 평등함을 원하지만, 이익을 받을 때는 특별함을 원한다. 사실 이것은 도덕적인 논쟁 이전에 본능에 가까운 것이다. 그러다 보니 이익을 추구하는 일에서는 공평의 룰이 자주 깨지는 것이다. 공정하고 평등함은 정의를 구성하는 요소들이다. 이러한 요소들이 사회적으로 왜곡되어 나타날 경우, 스티글리츠^{Joseph Stiglitz}의 표현 방식에 따르면 'Justice for all(모든 사람을 위한 정의)'이 아닌 'Justice for some(일부 특정한 사람을 위한 정의)'[30]이 되는 것이다.

평등하지 않게 집행되는 법은 다른 사람들에게도 위법의 동기를 부여한다. 아주 간단한 예를 들어보자. 간선도로에서 시내로 진입하는 램프는 퇴근 시간이면 길게 차가 늘어서 있기 마련이다. 그런데 나는 오랜 시간 동안 줄을 서 차례를 기다리는데 뒤에서부터 달려온 차들이 램프 바로 앞에서 수없이 끼어들고 있다면 어떤 생각이 들까? 나도 바로 깜박이를 켜고 핸들을 돌리고 싶을 것이다. 그래서 차라리 단속 경찰관이 가끔 나오는 것보다 상시적인 카메라 단속이 오히려 정의의 실현에 더 가까울 수 있다. 누구는 잡히고 누구는 안 잡히는 일이 없이 위반하면 모두 다 잡히기 때문이다. 룰을 지키는 사람이 덜 억울하게 만드는 것이 기본이다. 법을 준수하는 사람에 대한 충분한 보상이 법 없이 사는 사람을 만드는 것이다. 끼어들기, 무임승차와 같은 불공정한 상황은 도로 위에서뿐만 아니라 직장 생활에서도 쉽게 찾아볼 수 있다. 특히 단단하게 조직되어 있지 않은 곳에서 더욱 빈번하다.

투명성 기구 등 국제기구에서 발표하는 부패지수를 살펴보면 식민의 시대를 거친 나라들이 대체로 부패지수가 높게 나타나고 있다. 이유가 뭘까? 식민의 시대를 거친 나라들은 국민들의 문화 수준이 낮아서 그런 것인가? 그렇지 않다. 이것 역시 경험의 산물이다. 식민의 시대에서의 자원 배분은 조화의 과정을 거치지 않았다. 식민지를 지배했던 지배 세력과 거리가 가까울수록 부와 권력을 축적하기가 쉬웠다. 지배 세력은 식민 지배에 우호적이거나 협조적인 사람들에게 보다 많은 힘을 집중시켰다. 그 힘은 법을 우회하거나 법의 예외를 만들어냈다. 오랜 식민의 시간 동안 정해진 룰보다는 얼마나 로비를 잘하느냐에 따라 부와 권력을 얻을 수 있다는 것을 본 사람들은 더 이상 룰을 지키려고 하지 않았다. 해방되고 난 후에도 그러한 사회적 역학 관계는 쉽게 변하지 않았다. 안타깝게도 식민의 시대를 거친 나라들은 독재의 시대를 거치는 경우가 많았다. 독재의 시대 역시 식민의 시대와 크게 다르지 않게 권력과의 거리에 따라 자원이 배분이 결정되었다.

왜곡된 권력의 집중과 그것을 통해 이루어진 법을 뛰어넘는 이익의 추구, 반대로 법을 지켰을 때 돌아오는 상대적 박탈감은 법에 대한 저항과 법을 지키지 않아도 되는 동기를 부여한다. 규칙대로 했다가 손해를 본 대다수의 기억은 대다수가 법을 우회하는 상황을 만든다. 투명하지 않은 법의 적용과 집행을 경험한 국민들은 '거래'의 욕구를 느낀다. 공권력의 집행 과정에서 단속 공무원과 실랑이를 벌이는 경우를 많이 볼 수 있다. '왜 나만 그래?' 혹은 '난 특별한 사정이 있어'라는 이야기들이 오간다. 식민과 독재의 시대를 거치면서 룰rule보다는 딜deal에 의해 성공과 부가 형성되었던 것을 기억하는 탓이다. 세대에 있어서도 룰에 의한 게임을 교육을 받았던 젊은 세대들보다 딜에 의해 성공을 쟁취할 기회가 많았던 시니어 세대에서 상대적으로 그러한 현상을 볼 수 있다. 이러한 '룰'과 '딜'의 충돌은 또 다른 세대 간 갈등의 양상으로 나타나고 있다.

법 위반 시 제재하는 수위가 낮아 법을 잘 지키지 않는다는 의견도 있다. 2015년 2월 18일자 〈조선일보〉 기사인 '어떻게 생각하십니까, 교통 범칙금 올리면 사고 크게 줄어든다는데'에서 나온 다른 나라와의 비교 자료를 살펴보면 시속 25km 과속 위반에 대해 우리나라가 6만 원, 일본이 약 14만 원, 영국이 최대 170만 원, 독일이 최대 25만 원, 미국 뉴욕이 약 33만 원 수준이다. 기타 신호 위반, 중앙선 침범 등도 우리보다 높은 수준이다. 캘리포니아의 산 레안드로라는 곳에서 신호 위반을 하면 590달러의 벌금이 부과된다. 우리 돈으로 약 60여만 원 돈이다. 그래서 외국에서 특히, 선진국에서 살다 보면 운전에 매우 조심하게 된다. 잘못하다가는 범칙금 폭탄을 맞아 순식간에 수백 달러를 날릴 수 있기 때문이다.

　　외국의 범칙금 수준이 높은 이유에 대해서는 여러 가지 견해들이 있다. 일벌백계라는 말도 있다. 사실 일벌백계는 그리 좋은 말은 아니다. 벌 하나에 대해 어찌 백 개의 처벌을 할 수 있겠는가? 비례성을 상실한 것이다. K 판사의 설명에 따르면, 땅이 넓어 장비를 곳곳에 설치해서 모두 단속하기 어려우므로 경찰관이 가끔 현장에 대기하여 적발할 때 혹은 드물게 설치된 장비에 걸릴 때 매우 높은 벌금을 부과함으로써 일반예방적 효과를 노린다는 것이다. 설득력이 있는 이야기다. '일반예방적 효과'란, 쉽게 이야기해서 '시범 케이스'로 많은 벌금을 부과하면 다른 사람들도 이 소식을 전해 듣고 조심할 거라는 말이다. 19세기 독일의 유명한 법학자이자 철학자인 포이에르바흐Paul Feuerbach가 형벌의 기능에 대해서 이야기하면서 언급한 내용이다. 범칙금을 올리면 시의 재정에 도움이 되는 점도 한 원인이다.

범칙금 수준을 올리는 것에 대해서 반대하는 의견도 많다. 올렸을 때 시민들의 부담이 커지기 때문이다. 단계별로 범칙금 수준을 정하는 것을 생각해볼 수 있다. 1차 위반 시는 지금과 같은 금액을 부과하지만 반복되는 위반에 대해서는 반복 횟수만큼 가중되는 구조다. 교통위반에 대해서 어쩔 수 없이 한두 번 하는 사람을 처벌하는 것이 목적이 아니라 상습적인 위반자를 가려내는 것이 진짜 목적이기 때문이다.

우리는 빠른 경제 발전에 걸맞는 시민교육을 받지 못했다. 학교의 정규 교과과정에서도 시민교육에 대한 배려는 없었으며, 치열한 경쟁에서 생존만이 찬사를 받아왔다. 이제는 같이 사는 교육이 필요하다. 자신의 이익과 타인의 이익이 어떻게 잘 조화될 수 있는가를 가르쳐야 하며, 그런 아이들이 우리 사회의 주축이 되어야 한다. 가장 좋은 교육은 경험이다. 그런데 우리는 아이들이 일상의 삶 속에서 스스로 보고 느끼게 할 수 있는 좋은 교육의 모델을 보여주지 못하고 있다. 편법과 무임승차 그리고 책임 회피를 통해서라도 성공하고, 의무는 사회화하고 권리는 개인화하는 기술을 통해 이를 향유하고 있으니 안타까운 일이다. 마틴 루터 킹Martin Luther King 목사가 1963년 4월, 버밍햄 감옥에서 보낸 편지의 한 구절이다.

'어느 한 곳에서 정의롭지 않음은 모든 곳에서 정의를 위협합니다.'[31]

3장

법,
관계를
맺다

국제법과
국내법

국제 규범의
형성

　우리가 일상에서 마치 공기처럼 숨 쉬고, 물처럼 마시고, 옷처럼 입고 다니는 제도들은 어떻게 서로 관계를 맺고 있을까? 사람이 세상에 나온 이후로 우리는 사람과 사람 간의 관계를 정하는 규칙을 만들기 시작했다. 초기 규칙에는 엄격함보다는 서로 간의 불편을 줄이는 데 중점이 두어졌다. 가족을 중심으로 한 소규모 씨족사회였기 때문이다. 하지만 씨족의 범위가 커져가고 개인적 관계보다는 규모가 큰 공동체의 모습을 갖추어가면서 룰은 공식화되고 엄격해져갔다. '눈에는 눈, 이에는 이'로 널리 알려진 함무라비 법전의 출현만 하더라도 이미 도시국가 시대다. 현대사회는 제도들이 더욱 복잡하게 얽혀 있다.

이제는 수많은 제도들이 서로 어떤 관계를 가지고 있는지에 주의를 기울여야 한다. 특히 제도는 이제 한 나라에서만 머무르지 않고 국경을 넘거나 지구촌 전체를 규율하는 규범으로 발전해가고 있다.

국제적인 제도의 형성은 힘에서 시작되었다. 오늘날 국제 거래 계약은 영미법상의 계약 방식을 많이 채용하고 있다. 그 이유에 대해서는 영미법이 거래 당사자의 이익 보호와 위험관리에 용이하기 때문이라고 한다. 본질적인 원인이라고 보기는 어렵다. 왜냐하면 네덜란드의 무역에서도, 독일의 함부르크를 중심으로 한 한자동맹Hansa Stadt의 거래에서도 거래 상대방에 대한 보호 장치가 작동했고, 위험관리 역시 함께 이루어졌기 때문이다.

1588년 스페인 무적함대Armada Invencible의 주인인 펠리페 2세가 영국 해군에게 패배한다. 영국의 출현 전 스페인은 제해권을 장악하고 있었다.³² 그러나 이후 스페인이 영국과의 경쟁에서 패배하고 '무적'의 이름은 영국의 것이 되었다. 해가 지지 않는 나라 영국이 탄생한 것이다. 바닷길을 통한 수많은 거래들이 영국 계약법을 통해 이루어진다. 그리고 영국은 당대 최고의 구매력을 가진 나라로서 영국과 거래를 하려면 영국 계약법을 통해야 했다. 제1차 세계대전과 제2차 세계대전을 거치면서 영국의 자리에 미국이 들어선다. 그리고 뉴욕 주 법이 국제 거래의 준거법으로 빈번하게 사용된다. 제도의 편의성 혹은 우수성보다는 당시 상거래를 주도했던 국가가 누구였는가가 오늘날 보편화된 국제 계약의 방식을 결정한 것이다.

교통수단의 발달로 인해 세계가 하나로 묶이기 시작했다. 마트에는 필리핀산 바나나가 넘쳐난다. 독일산 자동차들이 거리를 다니며, 칠레산 와인을 마시고, 호주산 쇠고기를 먹는다. 노르웨이산 연어와 벨기에산 돼지고기도 생활 깊숙이 들어와 있다. 여기에 인터넷의 발명은 국가 간 이동 시간을 빛의 속도로 줄여 놓았다. 지적재산권과 금융은 인터넷의 영향을 가장 많이 받은 분야라고 할 수 있다. 작가의 저작은 순식간에 세계로 퍼져나간다. 저작이 도용되고 있는가도 인터넷을 통해서 실시간 검색된다. 저작과 특허를 어느 정도 수준까지 보호할 것인가가 중요한 이슈가 되었다. 저작권과 특허권을 보호하기 위한 국제 규약이 만들어지고, 국내적으로 입법이 정비된다.

시간과 공간의 개념이 극복된 시장에서 금융은 더 이상 자금 중개 기능만을 하지 않는다. 오히려 새로운 이익을 창출하기 위한 가치들을 만들어낸다. 그런데 과도할 경우 위험의 크기가 너무 커져 한순간 폭발하고 그 파편은 세계 전역으로 퍼져나갔다. 2008년 미국발 금융 위기에서 CDS^{Credit Default Swap}(신용 부도 스왑)가 바로 그 예다.[33] 허상은 위기를 만들어냈다. 여러 사람의 손을 거쳐 돌아가던 폭탄은 어느 날 월스트리트에서 터지고 말았다. 20개의 주요 국가들이 위기를 막자고 만났다. 바로 G20 정상회의다. 각국은 대립하거나 혹은 협력하거나 각자의 입장을 최대한 반영하려고 한다. 흔히 국제회의에서는 겉으로 드러나는 화려한 만찬 뒤에 수많은 물밑 접촉이 이루어진다. 특히 실무 수준의 접촉에서는 지지를 보내줄 수 있는 국가 대표들과 샌드위치를 먹으면서 종이에 자신의 주장 요지를 그려가며 설득하기도 한다. 서로의 이해관계가 조율된 룰은 각 국가의 수용 여부에 따라 국내적으로도 힘을 얻게 된다.

국제적으로 합의된 이러한 룰을 채택하지 않으면 이상한 녀석으로 찍힐 수도 있는 일명 '평판 효과reputation effect'가 작용한다. 국제적인 룰을 준수하는 것이 한 나라의 선택에 달려 있던 '말랑말랑한 룰(연성 규범)'은 국내법으로 흡수되어 '딱딱한 룰(경성 규범)'이 된다. 은행에 대한 혹은 투자은행IB에 대한 국제적 건전성 비율이 금융 감독 당국의 감독 규정에 흡수되어 국내 금융기관에 적용된다. 미국에서 일어났던 금융시장의 위기가 세계 금융시장의 위기로 비화하고 세계 금융시장의 위기는 세계 실물시장을 냉각시켰다. 위기가 전염된 국가들이 모두 공동으로 대처해서 새로운 룰을 만들고 그 새로운 룰은 다시 국내법화되고 그 국내법은 국내 다른 법들과의 충돌을 조정하는 과정을 거쳐 작동하게 된다. 법과 제도의 세상은 하나의 움직임에 다양한 모습으로 끓어오르는 거대한 반응체가 된 것이다. 그들은 숨 쉬며 살아 움직이고 있다.

EU,
법의 실험실

유럽 헌법이라고 부르는 것이 있다. 리스본 조약Treaty of Lisbon이다.34 엄밀하게 헌법은 아니며 '헌법 같은 정도'로 본다. 그렇다면 회원국의 헌법과는 어떤 관계가 있을까? 유럽연합이 유럽 회원국보다 더 높은데 유럽의 헌법 역할을 하는 리스본 조약이 회원국 헌법보다 우선적으로 적용되는가? 좀 복잡한데, 한마디로 회원국 국내법과의 충돌을 피하기 위해 약간 비틀어 줘었다고 보면 된다. 각각의 완전체 형태의 국가를 하나로 합치는 과정에서 서로 충돌되는 것이 있다 보니 이를 피하기 위해 논리적으로 약간 수정을 가한 것이다. '유럽연합 헌법은 회원국 헌법보다 효력에서 우위에 있지는 않지만 적용에서는 우위이다'라고 표현한다.

한 나라에서 헌법만큼 높은 것이 어디 있는가? 그런데 조약이 헌법보다 높다고 한다면 인정하기 어려울 것이다. 아마 자존심이 강한 국민들이면 크게 반발할 것이다. 그래서 효력을 논하는 것이 아니라 유럽연합의 헌법격인 리스본 조약이 유럽연합에 관한 사안이 있다면 먼저 적용되는 것이다. 유럽연합 조약이 먼저 적용되어 사안이 해결되면 끝이다. 먼저 적용시켜 사건을 재빨리 끝내버리는 것이다. 유럽연합 법체계를 만든 사람들이 충돌을 피하기 위해 만들어낸 묘수다. 약간 비틀어 줘다는 말이 이해되는가?

유럽연합의 법은 크게 네 가지 정도로 나눈다. 규칙regulation, 지침directive, 결정decision, 권고recommendation 등이다. 여러 나라가 하나의 틀 속에 결속된다면 어떤 식으로 법을 하나로 묶을 수 있는가가 관전 포인트다. 먼저 '규칙'을 보자. 유럽연합에 속해 있는 모든 28개 회원국이 반드시 지켜야 하는 룰, 이러한 룰을 지키지 않으면 연합의 의미가 사라지는 사항에 대한 것들을 정하는 틀이다. 유럽연합은 사람과 물품, 서비스의 자유로운 이동이 핵심이다. 이러한 핵심적인 사항은 규칙으로 정한다. 예를 들어, 프랑스 정부가 프랑스에 사는 네덜란드 국민에게 규칙에 위반되는 명령을 하거나 혹은 벨기에 회사가 규칙을 위반해서 독일 국민에게 손해를 입혔다면 모두 유럽 법 위반으로 위법한 행위이며 손해배상의 대상이 된다.

그런데 유럽연합은 28개국이나 된다. 그리고 각 나라들이 처해 있는 상황이 다 다르다. 이 책의 곳곳에서 법은 그 나라의 역사와 경험 그리고 국민들의 의식 수준에 따라 달라진다고 이야기하고 있다. 그래서 모든 것을 유럽 국가 모두에게 일률적으로 엄격히 적용되는 규칙으로 정하기는 어렵다. 독일, 프랑스와 같이 상당한 정도의 법적 인프라를 갖추고 있는 국가와 새롭게 회원국이 된 말타와 같은 나라가 동일한 수준의 법 적용을 받기는 어렵다. 동일한 법을 적용한다고 해도 지켜지지 않을 가능성이 높으며, 지켜지더라도 부작용이 크게 나타날 수 있다. 그래서 나온 것이 '지침'이다. 지침은 말 그대로 지켜야 할 외연을 설정해둔다는 것이다. 어린아이들에게 놀이터 내에서는 모든 것을 할 수 있게 하되, 놀이터를 벗어나서는 안 된다고 정하는 것과 같다. 그래서 각 나라들이 기본 틀은 반드시 지키되, 그 안에서는 각 나라가 자국의 제도 인프라와 국민들의 의식 수준에 맞게 국내법으로 부수적인 내용을 변경하여 적용하도록 한 것이다. 지침으로 정하는 경우 연합의 목적 달성과 회원국의 특수성을 반영한다는 점에서 적절한 조화가 가능하다. 이러한 배려는 동전에서도 찾아볼 수 있다. 지폐를 유럽중앙은행에서 만들고 나니 각 회원국들은 너무 허전했다. 옛날에는 그래도 자국의 유명한 사람 혹은 건물도 넣어서 돈으로 만들고는 했는데 지금은 자기 나라 것이 아무것도 없지 않은가? 그래서 동전의 경우에는 한쪽 면에 자국의 상징을 나타낼 수 있는 문양을 새길 수 있게 했다. 그래서 동전의 뒷면이 회원국별로 모두 다르다.

그 다음은 '결정'이다. 결정은 유럽연합이 특정 회원국들이 지켜야 할 사항을 발령할 때 사용하는 방식이다. 반드시 지켜야 하는 구속력을 가지고 있는 것은 규칙 또는 지침과 같지만, 결정은 공통 사항이 아닌 개별 국가를 대상으로 한다는 점에서 차이를 보인다. 예컨대 그리스가 유럽연합의 법으로 정한 재정 준칙을 위반하여 적자를 지속적으로 유발하고 있다면 그리스를 상대로 그리스가 정해진 기간 내에 개선 조치를 취할 것을 결정하는 것이다. 나머지 하나가 '권고'인데 법적 구속력을 가지고 있지 않으며, 오직 '바람'을 전하는 것뿐이다.

여러 나라가 어느 정도 자국의 주권이 제약되는 상황을 받아들이고 국가연합체를 선택하는 초유의 경험을 했다. 그리고 이 시도가 한 번도 경험해보지 못했던 역시 초유의 규범 형태를 만들어내었다. 지금까지 어떤 국가 체제도 유럽연합과 같은 형식의 국가연합체를 시도해본 적이 없다. 어떤 이들은 미국의 주와 연방의 관계에 빗대어 설명하기도 하지만, 그것과도 차원이 다르다. 미국은 주와 연방이 각기 권한을 나누고 있지만 그래도 한 나라다. 하지만 유럽은 각기 다른 나라다. 유럽연합의 출범 이후 유럽연합의 법에 대해서 새로운 관심이 모아지고 있다. 이유는 유럽연합의 법이 독일을 중심으로 한 대륙법계의 전통과 영국 법의 색깔이 섞인 모습으로 나타나고 있기 때문이다. 이질적인 것들이 합쳐져 새로운 형태의 룰을 만들어내고 있다.

위험한 모자이크 :
외국 법의 한계

외국의 사례는 연구와 제도 개선의 중요한 원천이 된다. 그런데 여기에서 주의해야 할 것이 있다. 모자이크의 부작용이 나타날 수 있다는 점이다. 아마 대부분의 사람들은 부부의 이야기든, 자녀의 이야기든 다른 집과 비교하는 이야기를 들은 적이 있을 것이다. 이야기 속에 등장하는 주인공들은 모든 것을 잘하는 완벽한 실체 같지만 사실은 한 가지씩의 장점을 가지는 각기 다른 사람일 가능성이 있다. 한 사람이 모든 것을 다 잘하기는 어렵다. 법도 마찬가지다. 어떤 나라의 법도 장점과 그에 따른 단점을 갖기 마련이다. 만약 장점만을 모두 따다 만들면 장점들 간의 충돌로 또 다른 단점이 나타날 수 있다.

예를 하나 들어보자. 은행의 이사에게 경영 판단business judgement 의 원칙을 적용하지 않고 엄격한 책임을 물을 수 있을까? 찬반이 갈릴 것이 분명하다. '경영 판단의 원칙'이란, 회사의 이사나 임원들이 그 권한의 범위 내에서 '선량한 관리자'로서 주의의무를 다한 경우 그 행위로 인하여 비록 회사에 손해를 끼쳤다고 하더라도 회사에 대해 개인적 책임을 지지 않는다는 것을 말한다. 일반 회사의 경우 이러한 경영 판단의 원칙이 필요한 것은 분명하다. 일부의 입장에서는 다른 나라의 사례를 들면서 은행의 이사회나 일반 주식회사의 이사회가 무엇이 다르기에 경영 판단이라는 면책을 배제할 수 있는지 물을 수 있다. 하지만 그 반대의 입장에서는 일반 주식회사에 비해 은행은 주주 이외에도 예금자라는 존재가 있으며, 만약 예금자가 충분히 보호되지 못할 경우 결국은 국민의 세금으로 공적 자금을 투입해야 한다는 점을 든다. 주주 말고도 이해관계자인 예금자, 납세자가 더 있다. 주주는 위험을 받아들일 수 있다. 그만큼 이익이 돌아올 수 있기 때문이다. 그럼에도 불구하고 은행의 이사회가 아무런 책임을 지지 않는다면 결국 '이익의 사유화, 손실의 사회화'를 완벽하게 구현할 수 있게 된다. 이 때문에 특히 대규모 공적 자금 투입의 기억을 가지고 있는 나라라면 더욱 반대의 목소리가 높을 것이다.

은행에 대해서도 경영 판단의 원칙이 적용되어 면책의 범위를 넓혀야 한다는 측에서는 금융업이 가장 발달한 미국의 예를 든다. 미국에서 회사들은 대부분 준거법으로 델라웨어 주 법을 든다. 델라웨어 주 법은 면책을 하고 있다. 델라웨어 주는 생산력의 측면에서 그다지 풍부한 경제적 기반이 없는 곳이다. 그래서 완화된 규제를 근간으로 하여 많은 기업의 등록을 유치하고 여기에서 나온 세수입은 재정의 가장 큰 부분을 담당한다. 미국에서 가장 많은 기업들이 등록한 주의 법률이지만 다른 나라에게까지 적용할 모범 사례는 아니라는 것이다.

미국 헌정사를 보면 당시 각 주의 권력자들은 연방이 자꾸 개입하는 것을 싫어했다. 가뜩이나 영국의 간섭에서 겨우 벗어났는데 또다시 연방에 얽매이고 싶지 않았다. 그래서 헌법을 만들 때 '주 사이_{interstate}의 거래'는 연방이 규율하되 그렇지 않은 경우는 각 주가 관할하도록 했다. 회사의 설립지 법은 주 사이의 거래가 아니므로 주가 규율하는 영역이다. 각 주는 정책 방향에 따라 회사법상의 규제를 강하

DE : 델라웨어주. NV : 네바다주. ND : 노스다코다주

게 혹은 약하게 할 수 있다. 델라웨어 주 법은 약한 규제를 선택했고 기업들은 이를 선호했다. 델라웨어 회사법이 정말 공공의 이익과 사익의 절묘한 조화를 이루어서 그런 것은 아니라는 것이다. 델라웨어 회사법은 주 살림살이에 이익을 가져왔다. 이 때문에 다른 주들도 규제 완화 경쟁에 뛰어들었다. 네바다 주와 노스다코다 주가 그랬다. 경쟁은 선의 결과를 낳기도 하지만 과열된 경쟁은 부작용을 불러일으키기도 한다.

아시아의 예를 하나 들어보자. 싱가포르는 부국이다. 웬만한 다국적 금융 기업의 아시아 본부는 싱가포르에 있다. 이외에도 다양한 분야의 다국적 기업의 지역 총괄 본부 역시 싱가포르에 위치하고 있다. 그래서 사람들은 싱가포르 투자법을 우리도 따라야 한다고 주장하기도 한다. 싱가포르 투자법은 좋은데 우리는 왜 그렇게 만들지 않았냐 하고 묻는다. 싱가포르는 1963년 영국의 식민지에서 독립하여 한때 말레이시아 연방에 들어간다. 그러나 지금의 말레이시아와 정치적 목적과 입장의 차이로 연방에서 탈퇴한다. 말레이시아 연방에 있을 때는 말레이시아가 내수 시장이 될 수 있었고 투자와 자원의 든든한 기반이 될 수 있었다. 그러나 따로 떨어져나온 도시국가 싱가포르는 새로운 생존 전략을 모색해야만 했다. 다행히 과거 영국의 식민지여서 국제화된 인프라는 외국계 기업이 들어와 오늘날 선진국으로서 싱가포르를 유지하도록 했다. 외국계 기업의 유치는 싱가포르의 가장 중요한 생존 전략이었고, 이를 위해서 법은 외국 기업이 사업을 가장 잘할 수 있도록 기반을 제공했다. 대신 싱가포르는 자신만의 세계적인 기업이 없다.

우리는 다른 전략을 취한다. 나라의 규모가 있어 스스로의 내수 시장도 가지고 있다. 그 규모에 맞게 경제를 성장시키려면 외국계 기업만으로는 안 되며 우리 자체의 기업이 필요했다. 외국에서 돈을 빌려와 국내 핵심 산업을 살리는 데 집중한다. 그래서 국가 주도 경제 전략과 대기업 육성을 위한 법제가 형성된다. 국내 산업을 살리고 적절한 경쟁력을 유지할 수 있는 전략이 법으로 나타난다. 우리나라와 싱가포르 모두 자신이 선택할 수 있는 선택지에서 최선의 법제를 만들어낸 것이다.[35] 어느 것이 더 좋고 어느 것이 나쁘다는 차원이 아니다.

외국법을 참고할 때 그 나라에서 결과가 좋다고 무조건 따르거나 필요한 어느 한 면만을 가져와서는 안 된다. 법이 만들어진 배경과 상황에 대한 인식을 정확하게 가지고 있어야 한다. 미국, 독일, 일본에서 법을 가져올 때 가끔은 우리가 생각한 것보다 과대평가해서 가져오는 경우를 발견할 수 있다. 막연하게 미국 사회는 우리보다 나을 것이라고 생각하거나, 독일은 질서나 시스템이 완벽한 국가라고 착각하는 경우다. 일본은 우리보다 항상 한발 앞선 나라라고 믿는 것이다. 어느덧 우리 스스로 치열한 논쟁을 거쳐 우리에게 필요한 법을 만드는 것보다 다른 나라에서 시행하고 있는 법을 따오는 것에 더욱 익숙해져버렸다. 법을 만드는 과정에서는 반드시 이해관계의 충돌이 있다. 특히 다른 나라 법에서 정당성을 찾아오지 않고 우리 스스로 해결 방안을 찾아나가는 입법에서는 이해관계의 갈등이 더욱 첨예하게 대립될 것이다. 거대한 이해관계를 새로운 모습의 합의로 만드는 최후의 장은 국회다. 여러 레벨에서 수평적 혹은 수직적으로 포진한 이해관계자를 관통하는 수용 가능한 대안과 합의를 찾는 것이 가장 핵심적인 과정이다. 이것은 이미 법의 영역이 아니다. 정치의 영역이다. 그리고 정치는 상반되는 가치를 하나로 만들어내는 기술이다. 좋은 법을 만들기 위해서는 외국의 좋은 법은 참고해야 한다. 그러나 우리의 법으로 만들어내야 한다. 그래서 더욱 손이 많이 가는 것이다.

단편적으로 따온 것들의 집합은 무리가 따를 수 있고 지속 가능성도 떨어진다. 스페인은 더운 날씨 탓으로 저녁식사를 8시가 넘은 시간에 한다. 그래서 그들의 삶은 밤이 늦도록 끝나지 않는다. 독일은 대도시를 제외하고는 저녁 8시가 넘으면 거리에 사람이 별로 없다. 대체로 일찍 잠자리에 든다. 독일인은 아침을 일찍 시작하기 때문이다. 그런데 우리나라 직장인들의 삶은 스페인의 저녁을 보내고 독일인의 아침을 맞는다. 이런 무리함이 지속 가능할 리 없다. 그래서 사람들은 저녁이 있는 삶을 원하며 새로운 대안을 찾는 것이다. 법도 다르지 않다.

원탁의
재탄생

대등한
관계

숀 코네리Sean Connery가 아서왕Arthur王으로 나오는 영화 〈카멜롯의 전설First Knight〉이 있다. 영화를 보면, 아서왕을 포함한 기사들은 둥그런 탁자에 앉아서 서로 이야기를 나눈다. 둥그런 탁자가 의미하는 것은 동등함이다. 기사로서 서로 대등한 관계라는 것이다. 그래서 둥그런 탁자에 앉아 있는 아서왕의 기사들을 동화에서는 '원탁의 기사'라고 부른다.

원탁의 의미를 가장 잘 구현한 것이 세계무역기구WTO가 생기기 전 무역 질서를 논의하던 라운드Round들이다. '라운드'라는 말 그대로 세계 각 국가들이 모여서 대등한 관계에서 무역 질서를 논했다(여전히

원형round 테이블에서의 회의

강대국과 다른 나라의 관계가 동등하지 않았다고 항변할 수 있다. 그러나 과거 국제 질서는 이런 자리조차 상상할 수 없었다. 대포의 파괴력과 사거리가 국력을 결정했다. 오늘날은 비록 실질적으로 동등하지 않았더라도 적어도 동등함을 기본 가치로 두고 있다). 이런 라운드 중에서 유명한 것이 케네디 라운드·도쿄 라운드·우루과이 라운드이며, 우루과이 라운드를 끝으로 정식의 세계무역기구가 발족하게 된다. 그래서 별도의 라운드라는 이름이 붙은 것은 더 이상 나오지 않았지만, WTO의 회원국 간 관계는 적어도 형식적으로는 라운드 정신으로 모두 대등하다. 국제사회에서 실질적 대등함이라는 것은 사실 기대하기 어렵다. 아무리 국제법이 야성의 힘을 제어한다고 하더라도 여전히 힘이 정의인 것이 현실이다.

국제통화기금IMF과 세계은행World Bank은 제2차 세계대전이 막바지로 치닫고 있던 1944년 브레튼 우즈라는 미국의 한 도시에서 열렸던 44개국 정상 회의에서 탄생한 제도다. 이때 탄생한 환율을 포함한 국제적인 통화관리 체제를 브레튼 우즈 체제라고 한다. 이 회의의 주축이 된 국가들은 당연히 연합국을 구성하고 있는 국가들이었다. 세계은행은 당시에는 전후 복구를 위한 자금 지원을 목적으로, 이후에는 개발도상국 또는 미개발국에 대한 지원을 목적으로 하는 조직들로 구성된 터였다. 따라서 직접적으로 국제통화제도에 영향을 준다고 보기는 어렵지만, IMF의 경우에는 매우 큰 영향력을 행사하고 있다. IMF가 하는 일은 국제 환율 제도뿐만 아니라 거시 경제적인 이슈까지 모두 포괄하고 있으며, IMF의 정책은 개별 국가들에게 상당한 영향을 미친다. 특히 구제금융의 경우에는 우리가 이미 충분하게 경험했듯이 한 나라의 미래를 좌우한다. 아시아 외환 위기 당시 가혹했던 IMF가 최근에 그리스에 대해서 채무액을 탕감해야 한다는 보고서를 내어놓았다는 보도를 보고 여러 가지 생각이 들었다. 우리가 너무 착했었나? 그리스도 그렇지만 중남미 국가들은 국가 부도가 나면 한마디로 벼랑 끝 전술을 종종 사용한다. 돈을 성실하게 갚는 것이 좋은 것인가, 아니면 너무 순진한 짓인가라는 데 대해서는 의견이 분분하다. 어떤 사람은 성실한 채무자로서의 평판을 유지하는 것이 차입을 통해 경제를 회복하는 데 유리하다는 반면, 어떤 사람들은 국가 부도가 나도 대체로 채무 조정이 이루어지고 그리고 수년이 지나면 차입이나 채권 발행을 하는 데 문제가 없었다는 주장도 있다.[36]

둥글지 않은
원탁

IMF의 주요한 의사 결정에 대한 영향력은 각 나라가 가지고 있는 지분권quota의 크기에 따라 달라진다. 이런 이야기가 나올 수 있다. '그럼 우리도 돈을 많이 내서 우리 의사가 많이 반영되도록 하면 되지' 세상에는 돈으로 할 수 있는 일이 많지만, 할 수 없는 일도 있다. IMF의 주요 지분권은 크게 미국과 유럽 국가(독일, 프랑스, 영국)가 가지고 있다. 첫 단추가 잘못 꿰어진 것인가? 아니다. 전 세계에서 전쟁이 종식된 후 엄청난 정치·사회적 혼란과 함께 실제로 행동할 수 있는 투표권을 가지고 있는 국가들이 필요했다. 아무리 표결을 해도 경제력이 없는 나라는 전후 복구에 별로 보탬이 되지 못했기 때문이다. 실질적인 이유에 의해서 둥근 테이블인 라운드가 구성되지 못했다. IMF의 의사 결정 구조는 'one nation, one vote(일국 일표)'가 아닌 'one dollar, one vote(일전 일표)'이다.[37]

동등함이 반드시 최선을 의미하는 것은 아니었다. 그런데 전쟁이 끝나고 수십 년의 시간이 흐르는 과정에서 새로운 신흥 강자들이 등장했다. 대표적으로 중국과 사우디아라비아다. 이들 국가들은 줄기차게 지분권의 확대를 요청했다. 그리고 이를 바탕으로 실질적인 의사 결정권을 갖는 단독 이사국의 지위를 얻고자 했다. 이들 두 나라는 당시 지분 비율이 자신들 나라의 경제력에 비례하지 못한다고 주장했다. 사실 프랑스나 영국이 점점 역사의 뒷자리로 물러나 앉고 있는 것에 비해 중국의 위상은 놀랄 만큼 신장되었으며, 사우디아라비아는 세계 최대의 오일머니 국가다. 결국 중국과 사우디아라비아는 상임 이사국에 포함된다. 엄밀하게는 하나의 그룹에 하나의 국가가 있는 방식을 취했다. 이게 어떻게 된 것이냐면, IMF의 이사회는 24명으로 구성되는데, 미국·일본·독일·프랑스·영국은 각 국가의 대표자가 이사회에 참석하며, 나머지 19명은 각 그룹별 대표자가 이사회에 참석한다. 그런데 중국과 사우디아라비아는 각각을 하나의 그룹으로 보고 있으며, 그 나머지 그룹들은 진짜 여러 나라가 하나의 그룹을 구성한다. 한마디로 중국과 사우디아라비아는 각각 하나의 국가가 하나의 그룹인 것이다(그래서 IMF 이사회 구성을 이야기할 때 5개국 19개 그룹이라고 한다). 결국 두 나라는 나름 얻을 것을 얻어낸 것이다. 그런데 문제는 우리나라, 브라질 같은 경제력 기준으로 그 다음 정도의 그룹에 속하는 나라다. 각자 한 명이 그 나라를 대표하는 경우에는 매번의 회의 때 나가 자신의 의사를 반영할 수 있다. 그 외의 나라들은 그룹별로 소속되어 있고 그 그룹에서 한 명이 그룹 내 국가의 의견을 대표해 회의에서 발언을 한다(우리나라는 호주 및 아시아 국가들과 함께 그룹을 이루고 있다). 그룹 내에서 서로의 의견이 충돌될 수도 있고, 의견이 대표 국가에게 제대로 반영될지도 미지수다.[38]

몇 년 전 뉴스에 우리나라도 상임 이사국이 되었다고 좋아했던 기사가 있었다. 2년 임기로 그룹의 대표자로서 나간 것이다. 못하는 것보다 좋아할 일이기는 하지만 뭔가 쓸쓸함이 남는다. 물론 우리나라 등 일부 신흥 강국의 지분권은 증가했다. 중국은 단독 이사국이 되고도 여전히 지분권의 크기가 불충분하다고 느꼈다. 끊임없이 지분권의 확대를 요구했지만 그 결과는 그리 성공적이지 않았다. 2015년 중국이 주도하는 AIIB^{Asian Infrastructure Investment Bank}라고 부르는 아시아 인프라 투자은행 설립 계획이 발표되었으며, 경제적 이유로 인해 영국을 비롯한 많은 국가들이 이에 동참했다. 당시 AIIB를 중국이 주도한 배경 중 하나로 지적된 것이 기존 국제금융 체제가 현실적인 힘의 변화를 충분히 반영하지 못해 중국이 스스로 단독 행동을 개시한 것이라는 평가였다. 분명히 원탁의 기사 모임이지만 실제로는 테이블이 만족할 만큼(어차피 완전히 둥근 테이블을 전제할 수 없는 기구의 성격 때문에 '만족할 만큼'이라는 말을 썼다) 둥글지 않은 경우다.

정부와 기업에서의
'원탁의 기사'

국내의 둥근 테이블을 살펴보자. 정부의 조직 중에 '정부위원회'라는 것이 있다. 정부가 정책을 수행하는 과정에서 필요에 의해 여러 전문가가 참여하는 위원회를 만든 것이다. 두 가지 종류가 있다. 실제로 직접 행정 업무를 수행하기 위한 행정위원회와, 자문만을 목적으로 한 자문위원회가 있다. 2014년 말 기준으로 행정위원회가 38개, 자문위원회가 499개나 된다. 왜 이렇게 많을까? 매년 국회와 정부가 정리를 해나간다고 하는데 계속 늘어난다. 이들 정부위원회 중 1년에 단한 번도 회의를 안 한 위원회는 무려 117개나 된다.

위원회와 같이 여러 사람의 의견을 들어보고자 하는 조직이 필요한 이유는 국가가 해야 할 일들이 점점 복잡해져가는데 근본적인 이유가 있다. 여러 이익을 대변하는 혹은 여러 가지 다른 견해를 가지고 있는 전문가들을 한데 모아 당사자 간의 이해를 조정한 안을 만들기 위한 것이었다. 여기에서 우리는 두 가지를 생각해볼 수 있다. 진짜로 당사자 간 의견 조율이 필요한 경우와, 정책 수행의 과정에서 나오는 이의 제기와 분쟁에 대한 부담을 회피하기 위한 경우다. 위원의 구성이 어떻게 되느냐는 진정한 둥근 테이블의 핵심이다. 위원들이 위원회를 설치한 부처나 기관에 우호적인 사람들로만 구성되었다면, 의견이 제각각인 민감한 사안을 다룰 때 그 부처는 합의를 통한 결론이라는 방패와 함께 자신이 얻고자 하는 결과를 얻어내기 쉬울 것이다. 따라서 정부 조직으로서 위원회에서의 둥근 테이블은 중립적인 위원의 선임과 위원의 의사 결정에 대한 독립성을 부여하는 것이 핵심이다. 정부위원회 중 핵심적인 위원회들이 있다. 방송통신위원회, 공정거래위원회, 금융위원회, 국민권익위원회, 원자력안전위원회 등이다. 이들 중에서 우리에게 가장 익숙한 세 가지가 방송통신, 공정거래, 금융을 담당하는 위원회 등이다. 이들은 독립규제위원회Independent Regulatory Commission라고 부르기도 한다. 이러한 독립규제위원회의 시작은 1830년대 미국에서부터다. 전문적인 분야의 규제를 위해 전문가와 이해관계자를 한 테이블에 모아두고 해답을 찾기 위한 시도에서 시작되었다. 물론 그 배경에는 각 주로 권한이 분권화되어 있는 체계 내에서 연방 정부의 결론이 보다 높은 수용성을 갖도록 하기 위해서는 결론의 정당성을 더욱 강화시킬만한 조직이 필요했던 것도 있다. 대륙법계의 독일에서는 중앙의 권력이 충분히 강해서 굳이 이 사람, 저 사람 의견을 들을 필요가 없었다.

기업에서도 둥근 테이블의 예를 찾아볼 수 있다. 이사회다. 특히 외환 위기로 인해 촉발된 우리 기업의 지배 구조에 대한 외부의 압력은 '사외 이사'라는 새로운 제도를 도입하게 했다. 이사회 구성의 일정 부분을 사외 이사로 채우도록 해서 이사회 내에서의 지배적인 힘에 대해 견제하도록 한 것이다. 그런데 이 사외 이사 제도에 대한 평가는 대체로 그리 긍정적이지 않다. 사외 이사가 견제 기능은 하지 못하고 거수기의 역할만을 한다는 비판이다. 사외 이사로는 현재 경영진에 우호적인 인사가 선임되기 쉽다. 그러다 보니 경영진에 반대되는 의견을 내기가 쉽지 않다. 2015년 5월, 한국개발연구원KDI이 2010년부터 2012년까지 매출액 상위 100대 기업을 대상으로 조사해서 정리한 〈사외 이사 제도의 문제점과 개선 방안 : 이사회 구성과 사외 이사 행태를 중심으로〉라는 보고서[39]를 내놓았다. 이 보고서에 따르면 사외 이사 6명 중 1명은 CEO와 같은 고향이었다. 대상 기업 전체의 사외 이사 663명 중 반대표를 던져본 사외 이사는 9%로, 같은 지역 출신인 경우에는 6%, 고등학교 동문인 경우에는 3%였다. 한편 한 번이라도 반대표를 던졌던 이사들의 교체율은 찬성표만을 던졌던 이사들에 비해 두 배 정도 높았다. 사외 이사들이 실제로는 자신의 결정과 입장에 대한 평판 효과 때문에 열심히 의견도 내기도 한다는 반론도 있다. 하지만 이런 평판 효과가 일반적이지 않음은 별도의 설명이 없어도 모두가 수긍할 것이다. 그래서 사외 이사 제도의 개선에 대한 많은 연구와 논의들이 이루어지고 있다. 사외 이사의 의사 결정에 대한 책임을 강화하자는 목소리도 그중 하나다. 책임도 책임이지만 사외 이사들의 CEO와의 관계, 회의 참석 정도, 질문 및 발언 횟수 등을 공개하자는 의견도 제시되고 있다. 과연 사외 이사가 원탁의 기사가 될 수 있을까?

관계
뒤집기

토끼의 갑질 :

거북이는 왜 시합에 응했나?

어렸을 때 우화로 들어오던 익숙한 이야기 중 하나다. 토끼와 거북이는 달리기 시합을 한다. 토끼는 자만한 탓에 낮잠을 자고, 그 사이 거북이가 꾸준히 걸어가서 이긴다는 줄거리다. 이 이야기는 열심히 묵묵히 일하면 아무리 어려운 일도 이룰 수 있다는 것을 말한다. 거북이는 성실의 상징이 되었다. 토끼는 나태의 상징이 되었다.

냉철하게 생각해보자. 토끼가 낮잠을 밤잠처럼 자지 않는 한 거북이는 이길 수 없다. 토끼는 우리가 생각하는 것보다 훨씬 빠르다. 그렇다면 왜 거북이는 그런 약속을 했을까? 서로의 관계를 살펴볼 필요가 있다. 먼저 토끼가 계약상 주요한 내용을 결정할 수 있는 소위

'갑'의 위치에 있는 경우다. 토끼는 일방적으로 계약 조건을 정하고 거북이에게 이를 강요했을 수 있다. 형식상 양 당사자의 자유의사에 의한 계약이지만, 이미 양 당사자 간 힘의 우위가 확인된 경우임에 따라 거북이는 달리기를 선택할 수밖에 없었으며, 거북이가 잘하는 수영은 결코 논의할 수도 없는 상황이다. 두 번째로, 거북이가 의사능력이 제한된 성년 피후견이나 한정 피후견인[40]일 가능성이 높다. 거북이가 정신적으로 정상적이었다면 거북이는 토끼와 약속하지 않았다.

공정거래위원회는 대형 마트 및 백화점 등에 대하여 과징금 부과 처분을 내렸다. 이들 대형 마트 및 백화점이 물건을 판매하는 인력을 납품 업자에게 파견하도록 하거나, 판매 장려금 등이 기재된 계약서 등을 교부하지 않은 채 거래하였기 때문이다.[41] 심지어는 납품 업체들에게 경쟁 백화점의 영업 정보 전산망에 접속할 수 있는 아이디와 패스워드를 요구하여 정보를 파악한 후 경쟁 백화점에서 할인 행사를 하지 못하도록 한 사례도 있다.[42] 때로는 대기업이 자사 제품의 판매에 대한 목표를 정하고 준수하도록 강요하기도 한다.[43] 공정거래법 제23조에서는 이를 '자기의 거래상의 지위를 부당하게 이용하여 상대방과 거래하는 행위'로 부르고 있다. 일방적으로 게임 종목으로 달리기를 강요한 것이다. 이러한 일방적 달리기는 토끼가 오랜 시간 깊은 잠을 자지 않는 한 거북이는 결코 이길 수 없는 싸움이며, 사회적인 왜곡과 부조리를 고착하는 요인이 된다. 그렇다면 우리 사회는 토끼가 잠을 자기만을 기다려야 하는가? 아마 달리기하다 토끼가 잠을 잘 가능성은 토끼가 미치지 않는 한 매우 낮을 것이다. 개인적으로 열심히 성실하게 하면 되는 것인가? 아니다. 이때 국가의 역할이 필요하다. '평평한 땅level playing field'를 만드는 것이 국가의 몫이다.

갑과 을의 구분과 관련하여 생각해봐야 할 것이 있다. 강연을 할 때 가끔 던지는 질문이 있다. '당신은 갑인가요? 을인가요?' 답은 청중의 구성에 상관없이 거의 대부분 을이다. 진짜 갑은 만나기 어렵거나 소수인 경우이며, 흔히 마주치는 대부분의 사람들은 모두 을이라고 생각해볼 수 있다. 또 하나의 가설은 갑과 을의 구도가 상황에 따라 얼마든지 바뀌고 변화무쌍한 형태로 나타날 수 있다는 것이다. 후자의 가능성이 높다. 언론에서 보도하는 혹은 인터넷에서 떠도는 갑질 중에는 진짜 갑질이 있는가 하면, 전후 사정은 들을 것도 없이 억울하게 갑으로 몰려 마녀사냥을 당하는 경우도 있다. 비난받아야 하는 갑이 있는 반면, 갑질을 하지 않은 사람을 갑질로 몰아가는 을도 있으며, 갑이 을로 둔갑하고 갑과 을의 대립이라는 분위기에 편승에 이익을 편취하려는 을의 가면을 쓴 갑도 찾아볼 수 있다. 세상을 둘로 나눠볼 일은 아니다.

상황의 이해와
다름의 수용

한때 중소기업의 가업 승계를 촉진하기 위한 법적 지원이 필요하다는 여론이 높았다. 중소기업이 대를 이어 지속되는 경우가 적었기 때문이다. 관련된 연구와 정책은 가업 승계 지원을 위한 조세 감면 및 지원에 집중되었다. 그래서 일정 기간 동안 상속인의 사업을 피상속인이 영위하고 있으면 각종 세제 혜택과 지원이 이루어지는 제도를 구상했다.44 법제적인 제도로 가업 승계가 잘되는 나라와 비교해서는 우리나라에서 이러한 시스템이 잘 구축되지 않은 것은 분명하다. 여기에 뒤따라 우리에게는 장인 정신이 부족하다고 했다. 그런데 우리가 가업 승계가 잘 안 되고 100년의 기업이 나오지 못하는 것이 꼭 이것 때문이었을까? 지금까지 없었던 장인 정신이 갑자기 생겨날 수 있을까? 다른 이유도 있었다는 것을 알았다면 대를 이어 깊어진 노하우를 보존하고 발전시키기 위한 다른 식의 지원 전략이 법에 투영되지 않았을까?

일본에서 100년이 넘는 기업은 약 2만 3700여 개나 있다. 압도적인 세계 1위다. 독일은 880여 개, 스위스가 350여 개, 신생 국가인 미국이 의외로 650여 개의 기업을 가지고 있다. 일본에서 가장 오래된 기업은 금강조金剛組라는 절을 짓는 기업이었다. 비록 2005년 파산하여 다카마쓰高松라는 기업에 인수·합병되었지만, 578년에 설립되어 그때까지 40대를 이어 온 역사가 있다. 오래전 일본에서도 다양한 형식의 상업 및 기술 활동이 있었는데 그들의 사회적 지위가 그리 높지는 않았다. 아마 그들도 그 일을 세대를 이어가며 하고 싶지는 않았을 것이다. 그런데 일본은 섬나라인데다 아주 많은 비생산 계층의 사무라이들이 있었다. 수많은 크고 작은 전쟁이 일어나고 있었다. 따라서 필요한 물품을 조달하기 위해서는 강제로 생산 단위를 지정할 수밖

빈사의 사자상

에 없었다. 만약 이에 저항할 경우 목이 잘릴 수도 있었다.[45] 그런데 이렇게 대를 이어오는 사업은 일본이 서양의 문물을 받아들이고 상업을 장려하면서 상인 계급이 중산층으로 올라오는 데 크게 기여하였으며, 차츰 안정된 부와 지위가 보장되면서 후세에도 무난하게 이어진다.

대를 이어오고 있는 스위스의 가업 승계 역시 산악이라는 척박한 자연환경으로 인해 선택 가능성이 많지 않았던 것에 기인한다. 손재주와 풍부한 약초들은 시계와 제약 산업의 기반이 된다. 만약 고향에서 제대로 된 일을 찾지 못한 경우에는 용병이 되어 다른 나라를 떠돌아야 했다. 스위스 용병의 용맹은 유명하다. 루체른에 있는 빈사의 사자상도 프랑스 대혁명 당시 궁전을 지키다 전멸한 스위스 용병을 추모하기 위한 것이다. 좀 더 이전인 16세기 왕권과 교황권이 서로 경쟁하던 시절에는 신성로마제국의 카를 5세가 교황청을 공격하고 교황 클레멘스 7세가 피신하는 과정에서 189명의 근위병 중 교황을 피신시키는 인원을 제외한 147명이 모두 전사한다. 그들이 죽음을 두려워하지 않았던 것이 아니라 도망칠 경우 더 이상 스위스 사람들을 용병으로 쓰지 않을 것이라는 후대에 대한 책임감이 주요한 이유였다. 너무 가난해서 먹고살 것이 없는 상황에서 선택할 수밖에 없는 상황이었다. 하지만 새로 시작한 시계, 제약 등의 사업들은 성공을 거두었고 선택의 여지가 많지 않은 환경에서 가업 승계는 자연스럽게 이루어진다.

믿어 온, 믿기 쉬운, 믿고 싶은 이야기

우리가 믿어 온 또는 믿기 쉬운 아니면 믿고 싶어 하는 몇 가지 이야기들이 있다. 약간은 다른 시각으로 중립을 유지해야 할 필요가 있는 것들이다. 예를 들어보자. 중소기업은 항상 보살펴줘야 하는 대상으로 선善이고 대기업은 규제를 해야 할 대상으로 악惡인가? 그렇다면 중소기업은 투명한 경영을 하고 있을까? 전통 시장을 현대화시키면 진짜 상인들에게 도움이 될까? 영업을 하는 상인들이 점포의 실소유주인지 아니면 세입자인지에 따라 달라질 수 있지 않을까? 불평등의 문제가 모두 부자들 때문일까? 건전하게 열심히 노력해서 부를 일귀온 사람들마저도 비난받거나 일방적으로 매도되고 있지는 않을까? 연금 불입액은 많은데 낸 만큼도 못 받는 것이 그리고 덜 냈는데 많이 받는 것이 정책 선택의 문제로 정당화될 수 있을까? 여성 기업인을 장려하기 위해서 여성 기업인에게 각종 지원 혜택을 주는 제도가 정말로 여성 지위 향상에 기여했을까? 남편이 아내 명의만을 이용하여 혜택을 누리고 있는 경우는 없을까? 협력 업체는 정말 좋은 제도일까? 협력이라는 이름으로 종속된 불공정한 계약이 이루어지고 있지 않을까? 서로 상생하는 협력 관계일까? 민간이 하면 항상 옳을까? 민영화를 하면 항상 효율적일까? 국가가 운영하면 항상 적자가 발생하고 비효율적일까? 시민 단체는 모두 시민의 편일까? 전자거래의 이용 등에서 상대방이 개인 정보를 줄지 말지를 선택할 수 없는데도 그 사람이 동의했으니 자유롭게 이용하면 되는 것일까? 동의는 과연 불법을 정당화할 수 있을까? 그리스에 압박을 가하는 IMF와 유럽중앙은행ECB 그리고 유럽안정화기구ESM은 나쁜 사람들일까? 이런 물음들은 도처에 많이 있다. 하지만 우리는 이를 간과하기 쉽다. 세상을 관찰하고 판단하는 데 한번쯤의 뒤집기가 필요한 이유다.

소수 의견 :
다수가 반드시 옳은가?

법과 제도뿐만 아니라 법원의 판례에도 이와 비슷한 것들이 있다. 바로 소수 의견이다. 역사는 늘 승자가 기록한다. 물론 패자도 역사를 기록하지만 중간에 소실되거나 승자에 의해 폐기되고 만다. 그래서 숨겨져 있던 것들이 훗날 우연치 않게 발견되는 것을 제외하고는 정사로 남아 내려오는 것들은 승자들이 정당성을 가지고 있다. 학생들은 대법원 판례에 대해서 굉장한 경외심을 가지고 있다. 그리고 그 판례의 결론을 머릿속에 집어넣는다. 판결이 예를 들어 8대 5로 결론 났다고 하자. 하지만 많은 학생들은 소수 의견을 잘 기억하지 못한다. 승리한 다수의 결론을 판례의 입장으로 기억한다. 지금 당장은 변호사 시험을 위해 미처 거기까지 신경 쓰지는 못하지만, 훌륭한 법률가로 성장하기 위해서 소수 의견은 매우 중요하다. 다수 의견을 뒤집은 것으로 그 논리와 가치가 그냥 간과하기에는 매우 의미 있기 때문이다. 다수가 반드시 옳은 지성은 아니다. 8명이기 때문에 집단 지성이라 한다면 5명도 작은 집단 지성이다. 결국 사람이 하는 일이지 않는가? 다수 의견이 판례의 입장으로 남고 우리 사회가 그것을 따르는 이유는, 사람들이 살면서 발생하는 분쟁을 해결하기 위한 방법으로 재판이라는 기능을 만들고 그 결과를 승복하자는 룰을 정했기 때문이다. 다만, 지금 판결에서 결론은 이렇게 났지만 다른 유사한 사안에서 균형 있는 판단을 하기 위해서는 소수 의견에 담긴 접근 방법과 시각은 매우 값지다. 뒤집어 보는 것은 의미가 있다. 헌법재판소에서의 간통죄의 위헌 결정도 과거에는 소수 의견이었지만 지금은 다수 의견이다.

2부

미로를 헤쳐 나가다

4장

법과
정치권력

제도
변화의
원인

변화에
따른 변화

한 국가가 가지고 있는 제도가 변화하는 상황을 생각해보자. 국가의 제도 변화는 사회 전반에 미치는 영향이 크다. '전후방 연쇄 효과'(경제학적 개념으로 재화의 투입이 일으키는 산출의 변화를 말한다)로 따지면 엄청난 크기일 것이다.

국가의 제도 변화는 '급격한 변화'와 '점진적 변화'로 나눌 수 있다. 급격한 변화의 대표적인 예가 아마 '경제 위기'일 것이다(물론 전쟁이 가장 크지만 분쟁 지역이 아니고서는 특수한 경우다). 대부분의 나라가 급격한 경제적 변화의 과정에서 급격한 제도적 변화를 겪는다. 우리나라의 경우도 마찬가지였다. 외환 위기의 제1세대라 불리던 영국, 제2

세대라 불리는 남미 그리고 제3세대인 아시아, 더 나아가 이제 세대를 따질 수 없을 만큼 산발·다발로 터져나오는 남미와 남유럽 위기 모두 급격한 변화의 예들이다. 경제 위기의 본질은 갚을 돈이 없다는 것이다. 그런데 IMF에서 돈을 빌리려면 '조건Conditionality'을 수락해야 한다. 조건에는 법령의 개정도 포함된다. 수많은 법률들이 빠른 시간 내에 제정되거나 개정된다. 이런 경우에는 그 나라 스스로는 선택의 폭이 거의 없어 국내적으로 이해관계가 개입될 여지는 크지 않다. 갑론을박의 논쟁도 크게 부각되지 않는다.

점진적 변화는 정치 세력의 교체에 의해서 발생한다. 정치 세력이 바뀔 때마다 새로운 정권은 개혁을 외친다. 전 정부와의 차별성을 강조하는 것이 현 정권의 정당성의 기초가 되기 때문이다. 이전 정부도 잘한 것이 있을 텐데 별로 칭찬하는 것을 본 적은 없다. 이러한 현상은 국가에서부터 작은 조직까지 공통적으로 나타난다. 독일의 메르켈Angela Merkel 수상이 집권하고 난 후 연설에서 슈뢰더Gerhard Schröder 정부가 잘한 것을 적시하면서 이것은 계속 이어가겠다고 말하는 것을 보고 깜짝 놀랐다. 정치체제 면에서 당이 중심인 의원내각제와 대통령 개인에 힘이 집중되는 대통령제와의 차이도 존재하지만 정치 문화적인 수준의 차이도 분명히 존재한다. 생각해보면 지금까지 그렇게 많은 정권이 교체되었고 계속 개혁이 이루어졌으면 우리는 지금보다 훨씬 갈등 요소가 줄어들었고 보다 풍요로워졌어야 한다. 매번 반복되는 새로운 정부의 출범은 어디에선가 '데자부deja vu'를 연상시킨다.

칼 포퍼Karl R. Popper는 《열린 사회와 그의 적들The Open Society and Its

Enemies》에서 '추상적인 선의 실현보다 구체적인 악을 제거하라'는 말을 통해 공허한 약속을 경계했다. 공허한 약속은 재정의 고갈과 배분의 비효율을 가져온다. 여기에 직언을 하는 참모가 없는 경우에는 더욱 그렇다. 공약이 현실성을 얻기 위해서는 정당의 정책 기능이 작동되어야 한다. 특히 여당의 정책 기능은 매우 중요하다. 현재 우리나라 정당의 정책 기능은 매우 약하다. 지속적으로 끌고 나오는 어젠더agenda도 없고 방향성도 없다. 야당도 마찬가지다. 야당도 반대를 위해서는 명확한 자료와 대안이 있어야 한다. 정당의 궁극적인 목적은 정권의 창출이다. 정권은 뭘 하는 것일까? 국민에 의해 부여받은 권력을 기반으로 국가정책을 구현해나가는 것이다. 그런데 그 정당이 정작 정책이 없는 것이다.

정책의 집행에서도 문제가 있다. 정부가 새로 출범하면 각 부처의 장관들은 업무 보고를 한다. 업무 보고에는 공약에서 언급한 새로운 것들이 들어가야 한다. 그래서 업무 보고 내용은 공약 사항과 연관된 일련번호까지 붙여 관리한다. 그런데 갑자기 만들다 보니 미흡하다. 외국의 사례를 따오지만 깊이 있는 연구 결과가 없는 것들도 많아 어려움을 겪는다. 이미 연구가 되어 있는 분야라면 다행이다. 한편으로는 너무 경쟁적으로 사업을 보고하다 보니 이상한 결과가 나오기도 한다. 예컨대, 과거 정부에서와 같이 신재생에너지 사업이 강조되면 환경 담당 부처와 산업 담당 부처에서 각각 경쟁적으로 태양열 주거 시설을 공급하겠다고 나선다. 두 부처의 것을 합치면 기네스북에 올라갈 태세다. 구체적인 정책은 장단점을 검토할 시간이 있어야 한다. 반론이 나올 수도 있다. 개혁은 원래 정권 초기에 해야 하고, 나중으로 갈수록 레임덕lame duck이 생겨서 어렵다는 것이다. 그런데 빨리 하더라도 잘못된 업무 집행은 임기 내내 힘든 결과를 가져올 수 있다. 레임덕의 문제는 피할 수 없는 장애물이기는 하다. 하지만 새로운 출발이 너무 늦지만 않으면 정치력으로 돌파해야 한다. 미국 오바마 Barack Obama 대통령의 민주당은 상하원 선거에서 모두 패했다. 공화당이 상하원을 장악했고, 미국 현지에서 오바마 정부는 이제 할 수 있는 것이 별로 없다는 말까지 나왔다. 하지만 결과는 전혀 달랐다. 퇴임을 앞두고도 여전히 정국의 주도권을 놓지 않았다.

쪽지 예산과
자원 배분

위기 상황이 아니고 평시에 국가가 겪는 변화 중 주요한 변화를 든다면 새로운 정부의 출범과 이에 따른 인사를 들 수 있을 것이다. 그때마다 온 나라가 촉각을 곤두세우며, 각자의 이해를 계산하거나 대응 전략을 모색하게 된다. 특히 그중에서도 관심을 가지는 것이 인사일 것이다. 주요 직책에 대한 인사가 임박할 때마다 후보군으로 하마평이 오르내리는 사람의 출신지도 함께 들썩거린다. 그럴 때마다 드는 생각이 왜 한 나라의 고위 공직자의 임명에 출신지가 중요한 이슈가 될까 하는 생각이다. 별로 나와 잘 알지도 못하는 사이지만 이번 인사에서는 우리 지역 출신이 반드시 되어야 한다는 당위성들이 갖가지 근거를 가지고 등장한다. 그리고 이러한 미묘한 긴장과 감정은 부끄럽게도 우리 현대사에서 선거철마다 정치인들에 의해서 악용되어 왔으며 그 잔재는 아직도 사라지지 않고 있다.

'왜 우리 지역 사람이 주요 직책에 임명되어야 하는가'라는 질문에 대부분의 답은 '그래야 발전하니까'이다. 이 말이 실제에 기반을 둔 것이라면 한 국가가 가지고 있는 자원의 배분이 국가 전략적 계획과 합리적 의사 결정에 의한 것이 아니라 사람을 중심으로 배분되는 후진적인 구조를 가지고 있는 것이다. 이는 우리의 과거 정치사에 기초하고 있다. 그러한 왜곡된 자원의 배분이 이루어져 왔고 그러한 배분의 구조를 고치려는 노력은 상대적으로 적었다. 그래서 늘 힘이 있는 사람이 우리 쪽 사람이 되어야 했다. 대표적인 예를 보자. '쪽지 예산'이다. 쪽지 예산은 과거부터 지금까지 일관되게 계속되어 오는 고질적인 문제 중 하나다. 쪽지 예산은 여당이 주로 남발하지만 야당도 같이 한몫한다. 여당이나 야당의 실세는 자신의 지역구에 해당하는 예산을 쪽지에 적어 들이민다. 행정부가 짜온 예산안은 갑자기 날아든 종이쪽지에 여기저기 상처투성이가 된다. 이렇게 늘어난 예산은 '세출에 짜 맞춘 세입'이라는 기이한 현상을 낳는다. 실제 세입이 그렇게 들어올 리는 만무하다. 최근에도 보았듯이 증세가 그리 쉬운 일이 아니기 때문이다. 게다가 경기 침체가 있다면 더욱 최악의 시나리오를 대비해야 한다. 엉뚱하게 본래 계획에 있던 국가 전략 사업들이 줄어들고 관련 지역에 예산이 배분된다. 효율성 측면에서 정부의 실패가 생기는 순간이다. 그런데 이러한 왜곡된 자원의 배분이 매년 벌어지는데도 불구하고 여전히 개선되지 않는다. 정치적 성향에 따라 무조건적 투표를 하는 선거가 아무런 기능을 하지 못하기 때문이다. (누구인지 논란은 있지만) 토크빌Alexis de Tocqueville이 말했다고 알려진 '국민은 그 수준에 맞는 정부를 갖는다'는 말이 꼭 들어맞는 경우다.

'국가가 국민의 세금을 적절히 집행하고 있는지 감시할 가장 최적의 적임자는 의회다. 하지만 의회는 국민이 낸 세금을 적절히 집행하는 데 가장 최대의 적이 될 수도 있다.'

재정법 전문가이자 독일 연방 정부의 공행정연구소장인 슈파이어Speyer 대학교의 지코Jan Ziekow 교수의 이야기다.

의회 제도의
명암

의회의 역할과
태생적 숙명

　의회는 민주주의의 가장 핵심적인 제도라고 할 수 있다. 비록 의회가 잘못 악용되거나 의원들이 잘못된 의사 결정을 하는 경우라고 할지라도 결국에는 의회가 없는 것보다는 있는 것이 민주주의를 회복하거나 유지하는 데 기반이 되어 왔다는 것에 대해서는 의심할 여지가 없다(대의제 민주주의의 한계에 대한 논의가 있지만 그보다 나은 대안을 찾기가 어렵다는 점에서 현실적으로 가장 나은 제도로 보고 있다. 그래서 이를 기반으로 국민이 직접 참여하는 방식이 가미된다). 물론 역사상 의회가 가지는 권한은 많은 변화를 겪었다. 의회가 약해지면 대통령의 권한이 강해졌고, 대통령이 약해지면 의회가 강해졌다. 가장 바람직한 것은 의회와 대통령 간의 균형이다.

한국은 국회의원에 대한 불신이 강하다. 의회에 대해서 욕을 하는 나라는 우리나라뿐만이 아니라 전 세계가 예외 없이 공통적이다. 미국에서도 의원들 이야기를 하면 고개를 젓는다. 유리 돔dom46으로 상징되는 독일 의회의 법안 심사 과정은 엄격하기로 유명하다. 그러나 독일 국민의 의회에 대한 시각도 그리 따스하지 않다.

의회는 왜 존경 대신에 욕을, 격려 대신에 냉소를 받을까? 정치인들의 실망스러운 행동이 국민 불신의 원인 중 하나겠지만, 보다 본질적인 이유를 찾아보면 의회가 여러 가지 이해관계를 하나의 틀에 넣고 녹여내는 '용광로melting pot'이라는 점을 들 수 있다. 주장하는 바가 반영되지 않거나 기대만큼이 아닌 경우에는 양쪽 모두로부터 비난을 받을 수 있다. 아무리 정당하고 적법하고 정의롭게 판단하고 공평무사公平無私의 자세로 임했고, 법안의 내용에도 정의의 정신을 반영하여 공공의 이익을 위해서 신상필벌信賞必罰하고 국민 행복을 구현했다고 자부할지라도 반드시 욕은 먹게 되어 있다.

본질이 하물며 이런데 여기에 이권을 위한 로비가 난무할 경우 더욱 비난의 강도는 세진다. 대의제 기관으로서 동일한 성격을 가지고 있는 지방의회의 경우에도 마찬가지다. 그래도 아직은 의회에 대해서 희망적인 것은 입법, 행정, 사법 중 그나마 나은 다양성을 가지고 있다는 점이다. 행정의 의사 결정권자들의 다양성은 점점 더 엷어져가고 있다. 고등법원 이상을 볼 때 사법부에서도 역시 다양성을 찾아보기는 어렵다. 의회도 그 다양성이 점차 줄어들고 있지만 그래도 의원들의 수가 많은 탓으로 아직은 다양한 배경(지역, 학교, 교육 수준 등)을 가진 사람들이 다양한 이해관계 하에서 끊임없이 작용과 반작용을 거치고 있다.

19대 국회(2012년 총선)를 기준으로 볼 때, 초선 의원의 비율은 54.3%로 전체 300명 중 156명이다. 새로운 인물로 교체되고 있다. 그러나 문제점은 있다. 우리나라 의원들의 전직을 보면 공직자나 정치인의 비중이 가장 높고, 그 다음이 법조계와 시민 단체다. 참고로 미국을 보면, 공직자나 정치인의 비중이 가장 높고 그 다음이 기업인 등 경제활동 관련자다.47 경제적 이슈에 어떻게 미국 의회가 발 빠르게 대처해 가는지를 알 수 있는 부분이기도 하다. 우리도 이제는 법조인이나 공직자 출신의 국회 구성에서 벗어나 기업인을 포함하여 다양한 이해관계를 포섭할 수 있는 각 직역별 혹은 분야별 대표 구성 방식으로 바뀌어야 한다.

다만 다양한 출신의 정치인 수가 늘어날 필요는 있지만, 그전에 정경 유착의 소지를 없애기 위해 투명한 절차, 활성화된 자율 감시 체제 그리고 엄격한 회피 및 제척 시스템을 갖추어야 한다. 예컨대, 정무위 소속 의원이 자신의 기업을 위해 금융 감독 당국과 공정거래 당국을 움직일 수 있는 여지를 차단하는 것을 들 수 있다(금융위원회와 공정거래위원회는 상임위원회 기준으로 보면 국회 정무위 소속이다).

입법 활동과
남겨진 숙제들

2014년에 국회는 법안 누적 5만 건 제출이라는 엄청난 성과를 냈다. 국회의원들이 그만큼 열심히 했다. 그런데 아쉽게도 그중에는 좋은 법안도 있지만 내용이 부실한 법안도 있다. 또한 관련된 여러 이해관계를 고려하지 못하고 특정 입장에 선 안이 만들어지고 본회의를 통과해서 부작용을 일으키는 것도 있다. 특히 의원입법의 경우 규제 영향 평가를 받지 않는 등 행정부가 발의하는 법안에 비해 비교적 간소화된 절차에 의해 만들어지는 것인지라 행정부가 우회적으로 부탁하는 청부 입법도 나타난다. 그러나 특정 이익 단체가 나서서 하는 청부 입법이 일반적이다.

역대 정부에서 규제는 항상 주요한 이슈였다. 그런데 의원입법의 양이 크게 증가하면서 규제를 포함하는 의원입법이 증가했다. 규제 철폐를 주장하는 입장에서는 의원입법을 '규제'해야 한다고 주장한다. 심정은 이해하나 위험한 주장이며 민주주의 제도의 근간을 훼손할 수 있다. 의원입법의 과정 개선을 통해서 부작용을 일으킬 수 있는 요소를 걸러내야 할 필요는 있지만, 의회 고유의 입법 권한을 제한한다는 것은 허용될 수 없다.

의원입법의 개선을 위한 방안은 여러 가지가 있다. 가장 중요한 것이 양적지표에서 질적지표로 전환하는 것이다. 시민 단체 등에서 의원들의 의정 활동을 평가하는 척도 중 하나가 법안 발의 실적이다. 발의 실적을 중시하다 보니 질은 담보되지 않는다. 마치 교수들의 연구 실적을 양으로 평가하다 보니 높은 수준의 연구 결과가 나오기 어려운 것과 비슷한 것이다.

발의 실적을 의식하다 보니 대표 발의와 공동 발의가 남발된다. 그런데 가끔씩 자신이 대표 발의한 안에 대해서 표결에 참여하지도 않거나, 자신의 이름이 공동 발의안에 들어 있는데 이에 반대표를 던지는 황당한 일도 발생한다. 법률소비자연맹이 18대 국회 개원 후 가결된 법안 중 130개의 법률안에 대해 분석한 결과가 보도된 바 있다. 모 의원이 대표발의한 보상 법안의 발의 의원은 13명이었다. 그런데 표결에 참석한 의원은 1명뿐이었다. 이보다 더한 경우도 있다. 대표 발의한 의원이 표결 과정에 불참한 경우다. 보증, 도로, 통신, 피해 주민 지원과 같은 주요 법안에서 일어난 일이다. 더 나아가 자신이 대표 또는 공동 발의한 안에 대해서 자신이 반대한 경우도 있다. 은행과 농어촌세, 통계 관련한 법률안에서 일어난 일이다.

국회 관련 보도를 보면, 민생 법안과 다른 정치적 이슈를 함께 일괄 타결을 한다는 이야기가 자주 나온다. 해당 법안에서 대립되는 부분을 다른 정치적 숙제를 풀어가기 위해서 타협을 해준다는 것이다. 그러다 보니 일부러 협상을 위해 법안에 대해 대립각을 강하게 세우는 경우도 발생한다. 각각의 법안과 정치적 이슈는 별개의 것이다. 특정 법안에 대해서 여야가 싸우는 것은 수용 가능한 안을 도출하기 위한 것이다. 그런데 법안을 만들 때 그러한 공방이 아닌 다른 사안을 해결하기 위해 주고받는 것은 바람직하지 않다. '부당 결부 금지의 원칙'이라는 것이 있다. 원인과 목적을 고려하여 서로 관계없는 사안을 연결시켜 불이익을 주는 것을 금지한다는 것이다. 그런데 부당한 결부는 입법의 과정에서도 이루어지고 있다.

입법권과 함께 국회의 가장 큰 역할 중 하나가 행정부에 대한 통제권이다. 이를 미국에서는 '견제와 균형checks and balance'이라고 한다. 대정부 질의도 하고, 청문회도 하고, 예산을 의결하기도 하는 것들이 모두 견제와 균형의 작용이다. 이런 활동을 하기 위해서 국회 역시 전문성이 필요하다. 과거에는 행정부가 전문성의 측면에서 우위에 섰다. 그러다 보니 전문가 행정부 대 비전문가 국회의원의 구도가 되어 있었다. 국회도 전문성을 키우고 싶었다. 그래서 국회 내에 입법조사처, 예산정책처 같은 조직을 만들고 자체적인 조사와 연구를 진행한다. 전문성 면에서 국회와 행정부가 점점 더 대등한 당사자가 되어가고 있다. 그러다 보니 행정부는 정책과 법안을 만들 때 여간 신경 쓰이는 게 아니다. 국회 역시 조직을 만들었으니 더 정교하고 합리적인 입법을 해야 하는 과제가 있다. 국회와 행정부는 힘들겠지만 그것이 국민이 그들에게 권한을 준 이유다.

의회와
행정부의 긴장

몽테스키외Montesquieu, Charles De의 삼권분립separation of powers이 근

간에 두고 있는 민주주의는 고대 그리스의 자유 시민의 공직자 투표에서 시작됐다. 당시 공직자 선발 과정에서 선거권과 피선거권을 행사하기 위해서는 중갑병으로 복무를 했어야 했다. 국가에 대한 의무를 다했다는 점과 국방의 중추로서 중갑병 간 연대 의식이 그 이유였다.[48] 특히 자신들을 대신해서 국가를 운영하는 사람을 뽑는다는 것은 상호 신뢰가 있어야 한다는 점에서 연대 의식은 중요한 가치였다. 오늘날 대의제 민주주의의 꽃은 의회다. 하지만 대통령도 대의제 민주주의의 한 형태다. 직접 선출하기 때문이다. 사법부만이 직접 선출하지 않는 권력이었다(미국처럼 일부 선출하는 경우도 있다). 물론 과거에는 사법권이 행정권과 구분되지 않았기 때문에 직접 선출된 권력이었지만 오늘날은 분리된 권력으로 대통령과 의회의 협력을 통해 구성된다. 대법관의 임명은 의회의 인준과 대통령의 임명 행위가 함께 해야 하는 일종의 합동 작업이다. 결국 사법부도 비록 간접적이지만 국민의 힘이라는 원천에서 나오는 것이다.

삼권의 균형과
붕괴

삼권분립은 오늘날 민주주의 제도의 금과옥조처럼 여겨져오고 있다. 전통적인 삼권분립이라면 입법부가 법을 만들고, 행정부가 법을 집행하고, 문제가 발생하면 사법부가 법으로 심사한다. '삼부 요인'이라는 단어는 이들 삼부의 수장이 그만큼 동등한 지위에 있다는 것을 반영한 것이다.

몽테스키외의 핵심적인 메시지는 삼권의 분립이었지만, 기본적인 사고의 출발점은 모든 권력은 견제받지 않으면 남용된다는 것이었다. 즉 행정부 내에서 감사 기능과 정책 조율 기능이 존재하는 것, 검찰의 수사권에 대해 피의자와 참고인의 권리들이 보장되어야 하는 것, 법원의 판단에 대해서 항소할 수 있고 재심을 청구할 수 있는 것, 국회 윤리위원회의 역할 등은 각각 내부적인 통제와 힘의 균형을 이루어내기 위함이다. 물론 이런 기능들이 신속한 의사 결정을 방해할 수 있다는 푸념도 나온다. 하지만 신속함보다는 지켜야 할 것의 가치가 더 크다.

삼권분립의 문제에서 사법부의 역할은 무엇인가? 미국 법의 역사에서 지금도 존경받는 홈즈Oliver Wendell Holmes 대법관Justice이 있다. 대법관은 못했지만 미국 법조계에서 존경받는 핸드Learned Hand 판사Judge가 있다. 어느 토요일에 두 사람이 함께 길을 걸어 내려오다가 헤어질 무렵이었다.

"안녕히 가세요, 대법관님. 정의를 실천하세요."

(Goodbye Sir, Justice. Do Justice.)

핸드 판사가 인사를 건넸다. 홈즈 대법관이 뒤를 돌아보며 이렇게 말했다.

"그것은 내 일이 아니네. 내 일은 법에 따라 게임을 진행하는 것이네(법을 적용하는 것이네)."

(That is not my job. My job is to play the game according to the rules.)

별것 아닐 것 같은 이 짧은 대화는 논문의 주제로 쓰이고 미국 법의 해석과 적용에 대한 많은 문헌에 소개가 될 정도였다. 왜? 무슨 의미가 있기에?

판사의 역할이 정의를 실현하기 위해서 비약에 가까운 법률 해석을 하거나 법령에 규정되어 있지 않은 사항을 정의의 이름으로 이끌어 내어 판단을 하는 것은 허용되지 않는다는 것이다. 판사는 주어진 법령의 범위 내에서 이를 해석하는 역할을 하며, 해석의 범주를 벗어나 새로운 권리와 의무를 창설해서는 안 된다. 그것이 설령 정의를 위한 것이라도 말이다. 만약 이를 허용하게 되면 그 반대로 부정의를 위해 남용될 수 있기 때문이다. 그래서 판사는 스포츠 경기에서 심판과 같다고 한다. 심판은 파울인지, 아닌지만을 결정하지 선수들 플레이의 질과 전술까지 논하지는 않는다.

그런데 문제가 있다. 애초에 법을 만들 때 생각하지 못했던 상황이 벌어진 것이다. 법을 해석하는 데 있어 애매한 것들이 있다. 애매할 때 법을 어떻게 해석할 것인가? 다음 중 어느 입장을 택하겠는가?

1. 법률 문장 그 자체만 집중해서 해석한다.
2. 국회가 그 법을 만들었을 때 남겼던 자료를 보고 당시 이 법을 만든 국회의 의도가 무엇인지 판단한다.
3. 일반인의 평균의 시각으로 그 법조문을 해석하려고 한다.

답은 없다. 아직도 어느 입장을 선택할 것인가에 대해서는 논쟁이 이어지고 있다.

행정부는 국회가 제정한 법률을 집행하는 역할을 한다. 그러다 보니 법률을 구체화하여 대통령령, 총리령, 부령(장관령)이라는 시행령을 만들어낸다. 이러한 행정입법은 법률이 정한 한계 내에서 만들어지게 되며, 만약 법률이 위임하지도 않은 것을 집어넣는 경우 위법한 명령이 된다. 그러다 보니 국회법은 행정부가 시행령을 만들면 국회의 확인을 거칠 것을 규정해두고 있다. 국회가 봐서 만약 시행령이 국회가 원래 만들었던 취지와 내용 면에서 이상하면 행정부에게 이의를 제기할 수 있다.

그런데 그 수정이 강제인지, 권고인지에 따라 문제가 좀 복잡해진다. 권고라면 아무 문제없는데, 강제라면 위헌인지 아닌지 견해가 갈리게 된다. 청와대와 국회가 서로 충돌한 사건의 본질이다. 여당과 야당이 합쳐서 압도적으로 국회법 개정안에 찬성한다. 개정안의 내용은 행정부가 정하는 행정입법이 법률이 규정하고 있는 것과 다른 내용을 가지고 있거나 법률에서 행정입법으로 정할 수 있는 사항을 제한하고 있는데, 그 한계를 넘어갔다고 생각한 경우에 국회가 행정부에 수정을 요구할 수 있다고 규정한 것이다. 문제가 되었던 국회법 개정안 제98조의 2 제3항은 '상임위원회는 소관 중앙 행정기관의 장이 제출한 대통령령·총리령·부령 등 행정입법이 법률의 취지 또는 내용에 합치되지 아니한다고 판단되는 경우 소관 중앙 행정기관의 장은 수정·변경 요구받은 사항을 처리하고 그 결과를 소관 상임위원회에 보고하여야 한다'고 규정하고 있었다.

논쟁의 핵심은 국회가 행정부에게 행정입법을 수정하라고 강제할 수 있는가다. 학자들도 의견이 갈린다. 국회가 처음부터 세세하게 가급적 많은 것을 법률에 규정해놓으면 좋은데 그렇게 하다 보면 현실 대응력이 떨어질 수 있다. 약간 공백을 두어놓고 현장에서 집행하는 행정권에 맡기는 것이 상황 대응력 면에서는 좋을 수 있다.

다른 나라는 어떨까? 미국은 의회가 주요한 행정입법에 대해서 사전 심사를 할 수 있고, 시행을 위해서는 의회 결의가 필요하다. 영국은 규정의 내용에 따라 중요한 것들에 대해서는 의회가 승인권을 가지고 있으며, 거부 결의도 가능하다. 독일은 행정입법에 대해서 동의권, 변경권, 폐지권을 가지고 있다. 일본은 의회가 별로 개입하지 않는다. 프랑스는 의회가 별도의 통제 장치를 가지고 있지 않다.

여기에서 우리는 한 가지 사항에 주목해야 한다. 정치 형태와 전통이다. 영국과 독일은 의원내각제 국가다. 의회가 행정권의 출발점이다. 그리고 행정부의 구성원은 의회 다수당에서 온 사람들이다. 그러다 보니 강한 통제가 가능하다. 일본은 비공식적 접촉이 활발한 나라이며, 사건이 불거지기 전에 내부적으로 해결을 보는 편이다. 프랑스는 전통적으로 강한 행정국가로서 의회의 역할은 소극적이다. 행정권의 권한이 강하다. 법률로 정해야 하는 사항도 다른 나라에 비해서 적다. 따라서 의회가 개입할 여지는 줄어들며, 행정입법에 대한 판단은 사법부가 담당한다. 참고로 할만한 나라는 미국이 가장 적합할 수 있다. 대통령중심제 국가이기 때문이다. 의회의 위상도 고려해야 한다. 미국 의회는 전통적으로 행정부를 견제할 수 있는 매우 강력한 권한을 가지고 있다.

최초에 헌법을 만들었던 사람들이 행정입법권을 규정할 때 무엇을 의도했는지가 명확하지 않다면 어떤 해석도 가능하다. 과도한 국회의 개입은 행정부의 권한을 침해한다는 것과, 국회가 행정부에 권한을 위임한 것이므로 개입할 수 있다는 양쪽의 주장 모두 일리가 있다. 남은 것은 국회가 어떻게 합의를 통해 어떤 정치적 결론을 이끌어내는가다. 법 이전에 필요한 것이 정치 행위이며, 그 정치 행위 중 가장 중요한 것이 타협과 합의다. 많은 법률 전문가들이 언론을 통해 자신의 의견을 이야기한다. 하지만 어떤 것이 명확히 옳다고 이야기할 수 없는 사안이고, 논의를 해봐야 각자의 입장을 옹호하는 논리는 끊임없이 원하는 대로 나올 수 있고, 만들어낼 수도 있다. 결국 해결책은 정치 행위다.

최선의 답과
최후의 답

국회가 재의결을 해서 법안을 통과시킬 경우 정부는 헌법재판소에 소송을 제기하여 사법적 판단을 해줄 것을 요청할 수 있다. 헌법재판소의 판단이 정말 옳은 것인가는 아무도 모른다. 다만 우리는 헌법재판소라는 것을 만들어놓고 여기서 결정하면 따르는 것으로 미리 약속을 해두고 있기 때문에 헌법재판소의 결정이 나면 따르는 것이다.

물론 그전에 헌법에 따라 대통령이 거부권을 행사할 수도 있고, 국회가 재의를 하면 된다. 우리나라는 지금까지 약 73번이나 대통령의 거부권을 경험했다. 대법원이 판단할 수도 있다. 시행령의 적용 과정에서 누군가가 소송을 제기한다. 소송의 제기 과정에서 시행령이 법률에 위반되었는지 여부를 심사해달라고 요구한다. 그때는 최종적으로 대법원이 판단한다.

시행령을 만드는 과정에 참여하다 보면 느끼는 것이 매우 세밀하고 조심스럽다는 것이다. 하나하나 위임한 법률에서 벗어나지 않았는지 정말 세밀하게 따져가면서 만든다. 당시 사건을 보면서 느낀 것은 문제되었던 '세월호법 시행령'이 매우 민감한 정치적 사안이라는 점이다. 실지로 시행령이 문제되었던 거의 대부분의 사안이 여야 혹은 행정부와 국회가 첨예하게 대립되는 부분이다. 그렇다면 이 문제는 어떻게 해야 할까? 바람직한 해결의 방안은 행정입법의 통제 방향을 국회와 행정부가 합의하는 것이다. 이미 언급한 대로 '국회법을 일단 통과시켜놓고 헌법재판소에 권한쟁의 심판을 제기해서 위헌인지 아닌지 겨루어보자'는 것도 하나의 방법이겠지만 방관자적이다. 입법, 행정, 사법은 삼자가 끊임없이 반응하고 견제하면서 국민을 위한 대안을 찾아나가는 것이다. 정치적인 이슈로 인해 촉발한 분쟁을 정치가 먼저 해결하려는 시도를 하지 않고 사법에 맡겨둔다는 것은 '가장 최선의 답'을 내기보다는 '가장 최후의 답'을 내는 것이다. 사법이 정치와 정책을 모두 결정하는 과도한 사법司法국가화의 경향은 바람직하지 않다. 최후의 수단으로 사법권의 판단에 맡긴다고 하더라도 그전에 최선의 답을 내는 노력이 필요한 것이다.

국회와 헌법재판소와의 관계에 있어 서로 중립적인 영역이 있다. 일종의 공동경비구역JSA이다. 아무리 헌법재판소라고 해도 법률이 헌법에 위반되었다고 곧바로 레드카드를 꺼내어 법률을 경기장에서 퇴장시키지는 않는다. 이유는 경기장에서 갑자기 선수를 퇴장시키면 경기를 할 사람이 없기 때문이다. 어떤 법률이 위헌이라고 선언되는 순간 그 법률이 담당하던 곳에 커다란 구멍이 생기게 된다. 그래서 위헌이기는 한데, 국회가 그 법률을 고칠 때까지 잠시 동안만 효력을 유지하자는 방안이 나온다. 이를 '헌법 불합치' 판결이라고 한다.

예를 들면, 인구가 많이 사는 선거구나 인구가 적게 사는 선거구나 각각 한 명의 국회의원을 뽑는다면, 각 유권자들이 가지는 표의 가치는 큰 차이를 보이게 된다. 2014년 당시 공직선거법은 그 차이가 약 33% 이상이 되는 것도 허용하고 있었는데 이는 위헌이지만 그렇다고 공직선거법상의 조항을 위헌 결정하면 법적 공백이 생기므로 효력을 당분간 유지시키면서 국회가 법을 개정할 수 있도록 기회를 준 것이다.[49] 일종의 완충장치buffer 같은 것이다.

또 다른 완충장치로는 '한정 위헌'이라는 것이 있다. 어떤 법률의 조항을 이렇게 해석하면 위헌이므로 다른 쪽으로 해석해야 한다는 것이다. 가장 많이 드는 예가 민법 제764조인데, 법원은 다른 사람의 명예를 훼손한 사람에게 법원이 손해배상 말고도 다른 적절한 조치를 명령할 수 있다고 규정하고 있다. 이 조항 자체는 합헌인데, 이 조항에서의 적절한 조치에 사죄 광고도 포함된다고 해석하는 것은 위헌이라는 것이다. 왜냐하면 내가 사죄하고 싶지도 않은데 강제로 사죄를 강요하는 것은 양심의 자유를 침해하기 때문이다.[50]

국가를 구성하고 있는 세 개의 큰 축은 누구 하나가 큰 힘으로 군림하거나 누구 하나의 존재 의미가 사라지지 않게 해서 견제와 균형을 유지하고 있다. 마치 팽팽한 줄로 세 개의 축을 연결하고 끊임없이 긴장을 놓지 않게 하는 모습이다. 몽테스키외가 처음에 생각했던 삼권분립의 모습과는 다른 변형된 혹은 발전된 새로운 모습이지만 죽은 몽테스키외의 이상은 아직도 살아 숨쉬고 있다.

공적인
권력

경찰과
공권력

공권력은 국가가 공공의 이익을 위해 법에 의거하여 발현하는 강제력이다. 이러한 강제력의 가장 전형적인 형태가 경찰 활동이다. '경찰'이라는 단어의 학문적 의미는 국가의 질서유지 행위다. 한 사회가 법을 통해서 구축해놓은 질서의 체계를 지키도록 강제하고 위반 시 제재를 가하는 것이다.

경찰의 종류에는 여러 가지가 있다. 예를 들어, 서울시 식품위생 단속반이 음식 재료 업체의 창고를 뒤져 유통기한이 지난 음식 재료를 적발하여 창고를 봉하고 제품을 폐기하는 것, 세관이 신고하지 않은 물품을 압수하는 것, 산에 올라갈 때 산림청 직원이 라이터를 내놓고 가라고 하는 것, 청와대 경호실이 대통령 가족에 대한 위해 행위에 대해 수사하는 것 등 이런 모든 활동이 경찰 활동이다. 그래서 요즘 뉴스를 보면 서울시 등 지방자치단체 공무원이 단속 나갈 때 조끼를 입는데 거기에 '특별 사법경찰'이라고 쓰여 있는 것이다.

최근에 미국은 매우 시끄럽다. 연일 계속되는 인종차별 이슈 때문이다. 반대로 경찰에 대한 위해 행위도 증가했다. 서로의 긴장 관계가 상승적으로 상호작용하고 있는 형국이다. 그러다 보니 경찰은 더욱 강하게 무장하고 경찰의 준군사 조직화가 비판의 대상이 되기도 한다. 미국 정부는 이라크 전쟁 후 남은 잉여 국방물자를 경찰에 매각하였다. 현재 미국 경찰이 무장하고 있는 중기관총과 장갑차 등이다.

이에 반해 우리의 경찰에 대한 기사는 경찰관이 단속 현장에서 다치거나 술에 취한 행인이 치안 센터에서 집기를 부수거나 하는 일들이 넘쳐난다. 이런 단면을 볼 수 있는 것이 영화 〈공공의 적〉에서 현장에 출동한 담당 검사가 형사들에게 이런 지시를 한다. (이것도 좀 억지 설정이지만) '웬만한 것 몸으로 막고 칼을 들지 않는 한 총 쓰지 마세요.' 주요한 원인은 무기 사용으로 인한 인명 피해 시 혹은 강력한 대응 시 정당한 공권력의 여부를 가리지 않고 일단 '과도하다'는 주장이 제기되고, 경찰 스스로도 시끄러워져서 좋을 것이 없다는 생각을 하기 때문이다. 그러다 보니 적법한 공권력의 행사에도 불구하고 경찰권의 행사는 위축되는 것이 사실이다.

우리나라 경찰의 수는 2014년 현재 의무경찰을 제외하고 순경 이후부터 경찰 총수인 치안총감까지 해서 총 10만 9364명이다. 경찰

경찰 인력 및 범죄 발생 건수 추이

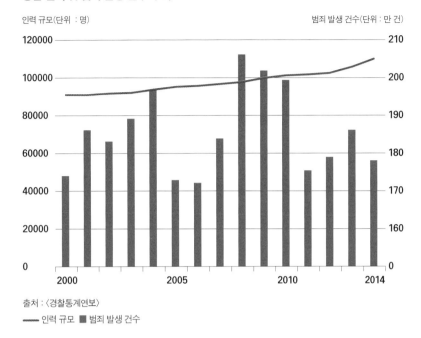

인력 규모(단위 : 명)   범죄 발생 건수(단위 : 만 건)

출처 : 〈경찰통계연보〉

── 인력 규모 ■ 범죄 발생 건수

1인당 국민 수는 469명이다. 외국의 경우를 보면 2011년 기준으로 독일은 301명, 미국은 354명 정도이며 일본은 494명이다. 독일과 미국에 비해서는 적은 수지만, 그래도 양호한 편이다. 문제는 그 인력을 얼마나 적절하게 배치하고 활용하는가가 관건이다.

지난 2014년 말 세계적인 통계조사 기관인 갤럽이 자료 하나를 내어놓았다. 우리나라 사람들이 경찰에 대해서 가지는 신뢰가 OECD 회원국 총 34개국 중 밑에서 두 번째라는 것이다. 우리나라 일선 경찰 공무원들이 풍찬노숙風餐露宿하면서 정말 열심히 일하는데 왜 그럴까?

우리나라 아래가 멕시코다. 멕시코의 사회 불안은 이미 그 악명이 높고, 그만큼 경찰에 대한 신뢰가 낮다. 하지만 우리 사회의 현실은 멕시코와 비교할 수 없을 만큼 안정되어 있다. 그런데 한 계단 차이밖에 나지 않는다. 통계의 신뢰성이 의심되기도 한다.

가장 신뢰도가 높은 경찰은 무뚝뚝한 스위스 경찰이었다. 각종 과잉 대응으로 시민들의 신뢰를 잃었을 것 같은 미국 경찰도 중상위에 랭크되었다. 조사 기간을 보면 약간의 이해가 가는 부분이 있다. 2013년 4월부터 2014년 10월 사이였으니까, '세월호 참사' 때 속수무책이었던 해양경찰의 모습이 낮은 순위에 일조했으리라고 보인다. 그렇다 할지라도 경찰에 대한 국민의 신뢰 문제는 고민해볼 이유가 충분히 있다.

독일과 미국의 공권력은 매우 강한 편이다. 적법한 범위 내에서 절차에 따라 집행하고 저항할 경우 매우 강력하게 제압한다. 물론 공권력의 크기와 강도에 대해서 의견들이 분분하다. 미국에서는 '퍼거슨 시 흑인 청년 사살 사건' 이후 논란이 일어 경찰력의 행사와 그 한계에 대한 세미나가 여러 차례 개최되었다. 직접 참여해본 두 건의 세미나에서 양측의 입장은 팽팽했다. 경찰 측에서는 2011년을 제외하고 1974년부터 지금까지 범죄 진압 과정에서 꾸준히 경찰 사망이 늘고 있다는 통계를 제시했다. 그리고 문화나 인종적 편견에 대해서는 경찰학교에서 문화 다양성cultural diversity에 대한 교육 시간이 꾸준히 증가하고 있고, 중요 과목으로 다루어지고 있다고 주장했다. 1970년에 경찰은 6주만 교육을 받으면 되었고 지금은 경찰학교에서 9개월을

바디 카메라

교육을 받는다고 한다. 그런데 반대의 입장에서는 가장 근본적으로 교육받은 대로 경찰이 현장에서 행동하지 않는다고 맞서고 있다.

수년 전부터 미국 경찰은 경찰관의 몸에 카메라를 장착하고 현장을 촬영하는 것을 확대해나가고 있다. 일명 '바디 카메라Body Camera 다. 우리나라도 일부 도입하고 있고 이를 확대할 것인가에 대해서는 논의가 진행 중이다. 반대 의견은 사생활 침해를 우려하고 있다. 그러나 경찰관 스스로에게 자기통제의 동기를 부여하고, 법적 분쟁 발생 시 판단에 유용한 자료로 활용되고 있어 사용이 증가하고 있다. 미국에서 경찰권의 문제는 합법적 대응은 엄정하게 하되, 권한의 남용 통제와 책임성Accountability 제고의 문제로 집중되어 있다.

우리나라 경찰은 역사적으로 큰 약점을 가지고 있다. 하나는 일제 식민지의 잔재를 정리하지 못하고 경찰 조직이 형성되었다는 점이다. 일본의 경찰이었던 사람들이 어느 날 대한민국의 경찰 제복을 입고 나타났을 때 이를 바라보는 국민은 매우 불편했다. 해방 후 우리의 정치사에서 경찰권은 정치권력에 의해 남용되었다. 1970년대와 1980년대 민주화의 과정에서도 경찰이 독재를 보호하고 민주화를 탄압하는 데 이용되었다. 그 당시 경찰에 맞서는 것은 민주화를 향한 정당한 요구로 받아들여졌다. 그러다 보니 그 기억들이 잔재로 남아 경찰력에 대해서 저항하는 것이 마치 옳은 일인 양 받아들여지기도 했다. 이러한 역사적 이유에 근거한 시민들의 부정적인 반응은 정당한 공권력의 행사마저도 경찰 스스로 위축되어 행사하게 만들었다. 또 다른 이유는 신문지상을 오르내리는 초동수사의 미흡, 수사 과정에서의 인권침해 등이다. 주위에서 발생하는 사소한 분쟁 해결이 사실은 경찰에 대한 신뢰 제고에 큰 영향을 미친다. 인사에서는 큰 힘을 발휘하는 빛나는 사건의 해결이 중요하지만 시민들과의 접점에서 신뢰는 생겨난다. 수많은 경찰관들의 현장에서의 헌신적 자세들이 오늘날 부정적 역사를 딛고 경찰에 대한 신뢰 제고에 일조한 것들이 그 예다.

공권력의 행사는 현장에 있는 경찰의 판단에 의한다. 즉 원칙적으로 재량권이 있다. 가볍게 판단하여 적절하게 대응하지 못한 경우, 너무 무겁게 판단하여 과도하게 대응한 경우는 모두 위법한 직무 집행에 속한다. 그러나 어느 것이 너무 가벼웠고 어느 것이 무거웠는지는 상황별로 판단할 수밖에 없다. 공권력이 개입해야 함에도 불구하고 경찰이 의도적으로 개입하지 않거나 판단의 오류로 사건을 매우 가볍게 판단하여 개입하지 않은 경우를 통제하기 위해서 독일은 '재량권의 영Zero으로의 수축'이라는 논리를 개발해낸다. 이는 우리나라에도 도입되어 있다. 공권력의 발동이 경찰관의 판단에 의한 것이지만 만약 시민이 외부에 의해 생명과 안전이 위협받고 있으면 가지고 있는 재량이 영Zero이 되어 반드시 개입해야 한다. 개입하지 않으면 위법이 된다. 개입을 해야 하는데 개입하지 않아서 시민이 피해를 본 경우 국가를 상대로 손해배상을 청구할 수도 있다. 공권력은 위험에 비례적으로 발동되어야 한다. 예컨대 관공서 앞에서 아주머니 서너 명이 몸에 팻말을 걸고 서 있는데, 이에 대응하는 경찰관이 총기를 사용했다면 위법하다.

공권력은 얼마나 강해야 할까? 답은 매우 추상적일 수밖에 없다. 구체적으로 계량화된 수치나 답은 존재하지 않기 때문이다. '적법한 절차에 따라 법률에 근거한 권한을 행사하되, 공익을 보호하기 위한 적절한 수준의 공권력이 발현되어야 하며, 비례적이어야 한다'가 답이 될 것이다. 필요하다면 바디 카메라든, 무엇이든 적절한 장비의 사용도 적극적으로 고려해볼 필요가 있다. 현장에서 뛰는 사람에 대해 정신 자세만을 강조하기 어려운 것은 축구나 행정이나 마찬가지다.

벌금과

효과

핀란드의 한 사업가가 2013년 10월, 속도 위반으로 범칙금 통지서를 받았다. 벌금은 9만 5000유로(당시 환율로 계산하면 우리 돈 약 1억 3700만 원)이다. 시속 50km 제한 구간에서 시속 77km를 달렸다고 한다. 27km/h를 위반한 것 치고는 가혹하다. 같은 나라의 유명한 통신 기업의 중역 역시 약 25km/h를 초과하여 달려 1억 6700만 원 정도의 범칙금을 납부한 적이 있다고 한다. 물론 소득은 세무 당국을 통해 확인한다. 핀란드뿐만 아니라 노르웨이, 스웨덴, 오스트리아 등도 이 정도는 아니지만 소득을 감안하여 범칙금의 수준을 조정한다고 한다.[51] 핀란드의 경우에는 과한 면이 있지만 위법의 동기를 약화시키는 데는 소득수준에 따라 범칙금의 수준을 조정하는 것도 나름 일리가 있어 보이기는 한다. 물론 평등의 원칙 위반, 과잉 규제 등 반대 논리도 만만치 않을 것이다. 특히 우리나라의 상황이라면 유리알 지갑을 가진 봉급생활자는 많은 벌금을 내는데 이에 반해 사업을 하거나 전문직인 경우에는 상대적으로 벌금 역시도 회피 가능성이 높다고 할 수 있을 것이다. 조세의 투명성이 확보되지 않고 세정에 대한 불만족이 높은 상황에서는 섣불리 채택하기 어려운 제도임에는 분명하다.

미국의 교통 규제에는 재미있는 것이 많다. 신호 위반, 도로변 쓰레기 투기 등의 경우 대놓고 여기에서는 벌금이 얼마로 정해둔다. 횡단보도에 '여기에서 빨간불인데 지나가면 벌금 107달러' 이런 식으로 표지판에 써놓는다. 캘리포니아의 주도州都인 세크라멘토로 가는 길목에는 표지판에 '여기에서 쓰레기 버리면 벌금 1000달러' 이렇게 쓰여 있다. 쓰레기를 던졌다간 120만 원의 벌금을 물어야 한다. 우리의 기준으로 보면 벌금 치고는 미국도 좀 센 편이다.

쓰레기 불법 투기 벌금 경고판
(출처 : Coolcaesar from en.wikipedia.org)

가중 부과하는 곳Double Fine Zone도 있다. 여기서 위반하면 벌금
두 배다. 두 배 벌금 지역을 보면 나름 수긍할만하다. 교통량이 많아
사고가 빈발하는 지역에 설정되는 것이 일반적이다. 일시적으로 두 배
벌금 지역이 운영되는 곳이 있다. 예컨대 도로 공사를 하는 지역에서
는 공사 근로자와 공사 현장의 보호를 위하여 과속하거나 신호를 위
반하는 경우 두 배 벌금을 내야 한다. 그러다 보니 자연스럽게 규칙을
준수하게 된다. 혹시 이러한 높은 수준의 벌금이 단속 원가에 의한 것
은 아닐까 생각할 수도 있다. 미국의 지방자치단체(카운티 혹은 시)는
돈이 별로 없다. 재정난에 허덕이는 자치단체가 부지기수다. 그러다
보니 이런 벌금 수익은 지방자치단체의 재정에 짭짤한 수익이 된다.
어떤 지방자치단체의 장은 단속을 많이 한 경찰에게 연말에 감사의 편지를 보냈다는 이야기도 들릴 정도다. 그만큼 장비를 동원할 여력도 크지 않다. 워낙 땅이 넓어서 그 땅 모두를 커버 할 장비도 없거니와 인구가 밀집한 지역에도 고가의 장비를 들이기는 쉽지 않다(땅이 넓어 하루 통행량이 많지 않다면 비싼 고가의 단속 장비를 설치하는 것은 비효율적이다). 그러다 보니 벌금을 높게 해서 한 번 걸리면 확실하게 각인을 시켜주는 것이다. 미국에 사는 사람들의 대부분은 교통법규 위반 시 그 절차의 복잡성을 이야기한다. 법정에도 나가야 하고 드라이빙 스쿨에서 재교육을 받기도 해야 한다. 혹자들은 이러 복잡한 절차를 개선하지 않은 이유가 위반하면 시간도 뺏기고 돈도 뺏긴다는 것을 확실히 심어주기 위한 것이라는 우스갯소리도 한다. 그런데 실제로 운전자들은 그 절차의 복잡성 때문에서라도 과속과 신호 위반을 조심한다고 한다.

벌금이 얼마라고 대놓고 써놓는 것 역시 미국의 특징이다. 실용성의 한 모습이다. 미국 법의 실용성이 강한 이유는 최초 법의 형성 과정에서 모국인 영국에서와 같은 권위라는 요소를 가져올 수 없었기 때문이며, 결국 입법자들은 권위에 의한 순응보다는 실용성에 따른 자발적 순응을 기대하는 방식을 택했기 때문이다. 그리고 개척 시대의 혼란에 대응하기 위해서는 실생활에 기반을 둘 수밖에 없었다. 우리의 경우 벌금은 대체로 길가에 게시하여 놓지는 않는다. 아무래도 돈 이야기를 대놓고 하는 것이 우리의 정서에는 맞지 않기 때문이다. 그런데 벌금을 대놓고 써두는 것은 효과가 꽤 좋다. 생각해보라. 길을 달리고 있는데 '과속 금지, 전방 500미터 앞 단속 카메라'라고만 쓰여 있는 것 보다는 여기에 더해 '과속하면 30만 원, 신호 위반하면 25만 원' 이렇게 쓰여 있으면 스스로 규칙을 더 준수하지 않을까? 이런 것을 보고 형사법에서는 일반예방적 효과라고 표현한다. 제재 사항을 고지하게 되면서 사람들 스스로 조심하도록 한다는 것이다.

이와는 약간 다른 예방적 광고가 있다. 독일의 아우토반Autobahn을 가다 보면 옅은 초콜릿 색깔의 커다란 광고판들을 볼 수 있다. 흑백사진 형태의 가족사진들이다. 아우토반에서 사고로 죽은 가족들의 사진이다. 회색빛 사진 속에서 환하게 웃고 있는 모습을 보면 가슴이 저려온다. 매우 정서적인 방식이다. 아우토반에 속도 제한이 없지는 않다. 요즘 아우토반에는 무제한 속도 구간보다는 속도 제한 구간이 더 많다. 한때 나도 무제한 구간에서 시속 200~230km를 넘나든 적이 있다. 하지만 무제한 속도 구간에서 이런 사진들을 보면 저절로 브레이크에 발이 가게 된다. 서양이 우리보다 표현이 보다 적나라하다.

뉴스를 보다 보면 과징금, 과태료 이런 이야기를 많이 듣게 된다. 무엇이 과징금이고, 무엇이 과태료인지 구분하는 것은 그리 쉽지 않다. 왜냐하면 각각의 목적이 원래는 명확히 달랐는데 오늘날은 혼재되어서 사용하기 때문이다. 과징금은 경제적 이익을 목적으로 위법 행위를 한 경우에 그 이득분을 환수하려는 데 목적이 있다. 예를 들어, 과자 회사들이 모 호텔에서 만나 과자 가격을 서로 동시에 같이 올리자고 합의하고 같은 날 과자 가격을 올렸다고 하자. 이런 행위를 막기 위해 가장 유용한 것은 가격을 올려서 추가적으로 얻은 이익분을 모조리 환수하는 것이다. 더 나아가 징벌적 과징금으로 얻은 추가 이익분에 더해 그 행위가 괘씸하므로 더 많은 금액을 추가하여 환수하는 것이다. 이 경우에는 그 효과가 더 커지게 된다. 사회적 지위, 명예, 염치보다는 돈이 더 중시되는 사회에서는 더욱 그렇다.

과태료는 대체로 단순한 행정상 의무 위반에 적용되고 과징금에 비해 금액이 크지 않다. 예를 들어 출생신고를 늦게 한 경우, 예비군 신고를 늦게 한 경우 등을 들 수 있다. 물론 요즘에는 과징금과 과태료에 구분이 없어져서 경제적 이익의 환수 목적이 아닌 의무 위반에 대한 제재로도 과징금이 사용되기도 한다. 법률가도 과징금과 과태료가 헛갈리고, 공무원도 마찬가지다. 환경 분야에서는 변형적 과징금이라는 것도 있다. 예를 들어, 오염 물질을 배출하지만 공장을 폐쇄하기에는 국가경제 혹은 안보적으로 영향이 큰 경우 등에는 배출은 시키되 과징금을 부과하는 경우다. 중요한 것은 양자의 구분보다는 그 수준이 문제다. 과태료를 어느 정도로 해야지 의무 위반이 줄어들까? 징벌적 과징금을 부과한다면 이익으로 얻은 부분 이외에 징벌 부분은 어느 정도로 해야지 위법한 행위를 하려는 의지를 꺾을 수 있는가다. 우리나라는 과징금이나 과태료 수준을 올리는 것을 부담스러워 한다. 당장 먹고살기 어려운데 부담을 가중시킨다는 비판에 직면하기 때문이다.

과징금이 가장 많이 쓰이고 가장 유효한 제재 수단이 되는 곳이 바로 공정거래 분야다. 사실 공정거래 분야는 일반인들에게는 익숙하지 않다. 한마디로 시장 원리에 의해서 시장이 돌아가야 하는데, 시장 참가자들이 자신의 이익을 위해 의도적으로 시장을 조작하는 행위를 주된 규제 대상으로 한다. 공정거래위원회의 모델은 미국의 FTC^{Fair} ^{Trade Commission}이다. 중소기업체의 상품을 이윤이 거의 남지 않을 만큼 낮은 가격으로 마트나 홈쇼핑에서 납품받는다고 하자. 이러한 경우는 종종 신문지상을 오르내린다. 이때 대형 유통 업체인 갑이 취할 수 있는 이익의 크기는 커지지만 납품 업체인 을이 얻는 것은 별로 없다. 거래에서는 '평평한 운동장level playing field'이 중요하다. 스포츠에서도 선수끼리 평평하지 않은 땅이 허용되는 것은 야구의 투수 마운드뿐이다. 땅이 평평하지 않아서 생긴 일을 해결하기 위해서는 여기에서 얻어진 이익을 갖지 못하도록 하는 것이 가장 효과적이다. 이익이 나지 않을 일을 처벌을 감수하고 왜 하겠는가?

'규제 사회는 부정성의 사회'다. 한병철의 《피로 사회》에서 나오는 한 구절이다. 규제 사회에서는 무엇 무엇을 해서는 안 된다가 지배한다고 한다. 그런데 그 부정성의 사회에서 핵심이었던 금지와 명령의 자리를 모티베이션motivation(동기의 촉진), 이노베이션innovation(혁신)이 대체하고 있다고 이야기한다.[52] 이는 규제에도 적용될 수 있다. 사회적으로 부정적 효과를 야기하는 일에 대해 국가가 강제적으로 일정액을 부과하는 제재금 방식이 아닌 다른 방식이 있다. 가격체계를 이용하는 것이다. 바로 탄소 배출권 거래 제도다. 기업별로 일정한 탄소 배출량을 받아 그 양 내에서만 온실가스를 배출하도록 하고 만약 부족한 경우 시장에서 배출권을 사서 쓰도록 하는 것이다. 여기에서는 배출권의 가격이 핵심이다. 물론 가격은 시장 원리에 따라 수요와 공급의 교차점에서 결정된다. 그런데 그 결정된 가격이 매우 낮은 경우 기업들은 시장에서 싼값에 배출권을 사와 마구 배출하게 된다. 너무 비싼 경우도 문제다. 사서 쓸 수 없을 만큼 비싼 경우 두 가지 반응이 나올 수 있다. 하나는 더 이상 생산을 하지 않는 경우이고, 다른 하나는 몰래 배출하는 경우다. 생각해보자. 어떤 쪽이 발생할 가능성이 높은가? 답은 비교적 명확해 보인다. 배출권 가격의 합리적 수준은 불법으로 몰래 배출하다 적발되어 받게 되는 벌금보다는 싸야 하며, 제품의 생산을 통해 얻을 수 있는 이윤보다 싸야 한다. 이때 비로소 배출권 제도의 준수력이 발생하게 되는 것이다.

위법 행위를 제어하기 위해서는 여러 가지 수단이 사용된다. 과거에는 교도소에 가는 일이 가장 심각하게 받아들여지는 제재 수단이었다. 그런데 요즘에는 좀 달라진 것 같다. 먹고살기가 힘들어져서인지, 교도소에 다녀오더라도 몇 년 살고 나오면 많은 돈을 가질 수 있다면 그쯤이야 하는 경우가 많아졌다. 이를 꺾는 것은 돈을 갖지 못하도록 하는 것이다. 돈의 천적은 바로 돈이다.

국경의
규칙

국경을 넘는
거래에 관한 규칙[53]

　　현대사회에서 국제적인 거래가 일상화되면서 일국의 국내에서 벌어진 행위가 타국에 있는 소비자에게 피해를 주었다면 다른 나라의 법이 적용될 수 있다. 이를 법률 용어로 '국내법의 역외 적용'이라고 하고 그 대표적인 분야가 공정거래법 분야다. 이러한 논리의 이론적 기초는 '효과주의'라는 것이다. 우리나라만 배타적 혹은 세계시장을 주로 장악하고 있는 물건이 있다고 하자. 국내 기업 관계자들이 제주도에서 관광하러 왔다가 우연히 마주친 것처럼 위장하고 미국에 대한 수출 가격을 개당 100원으로 하자고 담합했다면, 그래서 미국 샌프란시스코에 있는 소비자가 원래 50원에 살 수 있었던 것을 100원에 살 수밖에 없었다고 하자. 한국에서 일어난 일이라도 미국에 영향을 주었으므로 미국 법에 의해서 한국에 있는 한국민을 처벌한다는 것이다. 국제 공정거래 영역에서 미국이 '효과주의'를 들고 나왔을 때 많은 사람들이 '효과'라는 것에 대한 자의적인 판단 가능성에 우려를 표했다. '강대국의 만용이 아닌가? 힘이 있다고 그러면 되나?' 그런데 아이러니 하게도 오늘날 거의 대부분의 나라들이 이러한 효과주의를 채택하고 있다. 물론 중간에 유럽 국가들이 효과주의에 대한 반발로 다른 이론적 접근을 시도했으나, 결국에는 자국 산업계의 압력에 못 이겨 다시 효과주의로 돌아왔다. 사실 자국의 법을 다른 나라에 적용하기 위해서는 효과주의만 한 것이 없다. '네가 다른 나라에서 잘못한 것이 나에게 부정적인 효과를 주었어. 그래서 너는 벌을 받아야 해.'

　미국이 효과주의를 채택하게 된 배경에는 1940년대 중반의 경험이 있다. 스위스와 캐나다 등의 알루미늄 원료 생산업자들이 의도적으로 생산량을 통제하였고, 이들로부터 알루미늄을 수입하여 제품을 생산하는 미국 알루미늄 산업이 큰 타격을 입었다. 그러자 당시 담합에 참여했던 회사에 대해 효과주의에 기초하여 미국의 독점 금지법이 적용된다. 법원(제2항소법원)[54]의 판결(1945년)은 독점 금지법의 위반 행위가 미국 영토 밖에서 이루어졌다고 해도 미국으로의 수입에 '직접적이고, 예측 가능하며, 중대한 영향을 미치고 그것이 행위자에 의해 의도된 경우'에는 효과주의를 적용할 수 있다고 했다. 이후 약간의 변동은 있었지만 효과주의는 국경을 넘는 공권력에 대한 기본적 입장으로 유지되었다. 물론 영국, 프랑스, 캐나다 등의 반발이 있었다. 이들 국가들은 미국 독점 규제 당국의 조사에 대해 이를 거부할 수 있는 권리와 자료 제출을 금지하는 것을 내용으로 하는 법률들을 제정하기도 했다. 국가 간의 일이라고 너무 거창하고 마치 거룩하고 고상할 것 같다는 선입견을 버릴 필요가 있다. 여러 나라 사람들이 모여 화려한 샹들리에 밑에서 환한 미소를 머금고 샴페인 잔을 기울인다고 생각하면 오산이다. 사실 본질은 개인의 일과 크게 차이를 보이지 않는다. 속상해하고, 상심해하고, 복수하고, 화해하고 똑같다. 유럽 국가들은 초기에는 효과주의 대신에 다른 나라에서 독점 금지법을 위반한 자회사는 본국에 있는 모회사와 경제적으로 단일체라는 생각으로 다른 나라의 기업에 대해 독점 금지법을 적용하거나, 법을 위반하려는 계획을 다른 나라에서 했을지라도 그 나쁜 일들이 자국에서 실제로 행해졌다면 자국의 법이 다른 나라에 적용이 될 수 있다는 등 다양한 생각을 했다. 그러나 결국 유럽연합 역시 '심플한' 효과주의를 받아들인다.

효과주의를 적용하기 위해서는 다른 나라에 악영향을 미쳤는지 안 미쳤는지에 대한 판단이 합리적이어야 한다. 불합리한 판단에 의한 제재 결정을 다른 나라에 자유롭게 확장시키는 것은 무역 분쟁으로 비화될 수 있기 때문이다. 그런데 악영향을 미치는가의 여부에 대한 판단이 자의적일 수 있다. 각자가 자신의 입장에서 판단하기 때문이다. 2000년 미국의 GE와 하니웰Honeywell이 합병을 하려고 했다. GE는 항공기 제트엔진에서, 하니웰은 항공 전자 기술에서 세계 주요 기업이다. GE는 요즘에는 제2금융권으로 더 알려져 있으나 모터가 원래 전공인 기업이다. 냉장고도 결국에는 모터가 핵심이라 GE의 냉장고는 한때 전 세계를 평정하기도 했었다. 그런데 양자가 합병을 하면서 전 세계 항공기 엔진 분야에 거대한 기업이 탄생하게 되었다. 거대 기업의 탄생을 두고 미국 공정거래 당국은 새롭게 태어날 기업이 독점적 지위를 남용할 가능성은 없다고 판단했다. 반면 유럽연합EU은 거대 기업이 향후 시장에서 독점적 지위를 남용할 거라고 우려를 표명하고 승인을 거부했다. 결국 GE와 하니웰의 합병은 무산되었다. 미국에서 합병을 승인해도 유럽연합이 승인하지 않는다면 합병한 회사는 유럽 시장에 물건을 팔 수 없다. 유럽은 당시 가장 구매력이 큰 시장이었다. 법의 이름을 빌어 모두 자국의 입장에서 판단했다.

　이쯤 되면 머릿속에 들어오는 것이 있다. 맞다. 국제적인 공정거래의 사건에서는 시장이 큰 나라가 왕이다. 구매력이 있고 시장이 큰 나라의 당국 결정에 그 나라에 물건을 팔기 위한 모든 다국적 기업이 고개를 숙여야 하는 것이다. 요즘 중국의 공정거래법에 대해 외국 기업들은 두려워한다. 이유는 중국 당국이 내린 결정에 따르지 않을 경우 거대한 중국 시장을 잃을 수 있기 때문이다. 중국 공정거래 당국도 그것을 잘 알고 있다. 그래서 그들은 눈치 보지 않고 맘껏 칼을 휘두르고 있다. 우리 생활과 가까운 사건도 있다. 우리가 자주 먹는 비타민의 원료는 외국의 제약 회사로부터 수입해온다. 아마 우리나라 제약 회사가 과일에서 비타민을 추출하는 것으로 생각했을 것이다. 2003년 비타민의 원료가 되는 기초 물질을 생산하는 스위스, 독일, 프랑스, 일본, 네덜란드 국적의 6개 회사들이 담합을 했다. 그리고는 우리나라에 비싸게 팔았다. 우리나라 공정거래 당국이 담합으로 판단하고 이들에게 34억 원의 과징금을 부과했다. 한 나라의 주권이 미치는 곳은 영토와 영해, 영공이 원칙이다. 그런데 그 주권이 이제 국경을 넘나들고 있다. 세상이 바뀌어가고 있다.

이미 국경의 장벽이 무너진 공간이 있다. 바로 인터넷이다. 이곳에서 효과주의는 무기력하다. 외국에 서버를 두고 있는 포르노 사이트를 국내에서는 볼 수 없도록 차단 조치를 취했다. 인터넷 접속자는 우리나라의 IP를 사용하는 사람이므로 우리의 공권력이 작용한다. 일단 국내 접속자들의 접속을 차단할 수는 있지만 서버가 해외에 있다면 해외 접속까지 근본적으로 차단하기는 어렵다. 한편, 국내 포털 사업자에게는 음란물 등과 같이 사회적으로 부정적인 영향을 미칠 수 있는 정보에 대하여 '인터넷 검색 서비스 가이드라인'과 같은 지침이 부여된다. 물론 외국 포털에도 마찬가지로 이러한 지침이 통보되지만 서버가 외국에 있는 포털들은 별로 신경 쓰지 않는다. 비단 우리뿐만 아니라 오늘날 많은 나라들이 이 문제로 머리 아파하고 있다.

소셜 네트워크의 공간에서도 국경은 없다. 검찰이 카카오톡 등에서 제공하는 모바일 메신저에 대해 자료 제출을 강제했다는 기사가 보도되자 사람들은 해외에 서버를 둔 텔레그램으로 순식간에 이동을 했다. 이를 '인터넷 망명'이라고 한다. 국가 간 망명의 절차는 매우 복잡하지만, 인터넷 망명은 불과 몇 분이면 끝난다. 해외에서 운영되는 서버라 우리나라 사법 당국의 힘이 미치지 못한다. 그런데 인터넷 공간에서 저작권의 침해 문제는 좀 다르다. 국제적인 저작권 협약 등이 적극적으로 모색되면서 모든 나라들이 공동 보조를 맞추기 시작했기 때문이다. 그래서 유럽의 유명한 화가의 그림 저작권을 관리하는 회사는 지구촌 곳곳에서 해당 국가의 법원에 손해배상 청구 소송을 제기하고 승소해서 돈을 받아가고 있다. 외국 소재 서버라고 할지라도 인권침해 등 인류가 가지고 있는 보편적 가치에 대한 침해에 대해서는 현재에도 공동 보조가 이루어지고 있다. 그러나 이외의 문제에 대해서 각국의 문화와 사정이 다른 경우라면 국제적인 공동 대응의 합의는 쉽지 않은 것이 현실이다. 더구나 인터넷에 올라와 있는 정보를 제한한다는 것이 악용될 경우 표현의 자유를 침해할 수 있다는 점은 이러한 정보 흐름의 제한에 가장 민감한 부분이라고 할 수 있다. 앞으로 상당 기간 동안 이 문제는 숙제가 될 것 같다.

오늘날 금융 규제는 글로벌화 되었다. 2007년과 2008년 미국발 금융 위기 이후 열린 G20 정상 회의에서 금융 규제 방안이 나온 것은 그 하나의 예다. 금융 규제 공조는 국제기구에서 가이드라인을 만들고 해당 가이드라인을 받아들이기로 한 나라들이 그 내용을 국내법화 하는 방식이다. 또 다른 방식도 있다. 미국의 도드-프랭크 법Dodd-Frank Act처럼 미국의 법이 국경을 넘어서 다른 나라 금융기관도 규제하는 것이다. 불합리하다는 생각을 할 수 있을 것이다. 그런데 나름의 이유가 있다. 첫째, 주요 금융기관들이 그들의 업무 중 리스크가 큰 업무를 자국인 미국의 엄격한 규제를 피해 규제가 느슨한 나라로 옮겨 놓기 때문이다. 실질은 미국 기업인데 몸만 다른 나라에 가 있는 것이다. 통신 기술의 발달로 크게 어려운 일도 아니다. 둘째, 미국 금융기관이 부실한 외국의 금융기관과 거래를 한 후 부실이 현실로 발생하면 그 영향이 곧바로 미국 금융시장에 미치기 때문이다. 셋째, 일부 나라들은 일부러 규제를 방치함으로써 규제 차익을 노리는 금융기관들을 유치해서 수익을 얻기도 한다. 이런 지역들을 조세 회피처에 비유해서 규제 회피처라고 부르기도 하고 '금융 카지노financial casinos'라고 부르기도 한다.[55] 이 때문에 외국 소재 금융기관에 대해서 규제를 할 필요도 인정되기는 하지만, 그 구체적인 개입 수준과 관련해서는 여전히 논란이 있다. 예컨대 미국 은행과 거래하는 외국의 딜러들은 미국 규제 당국에 딜러로 등록을 해야 하는데, 그러다 보니 여러 가지 불만을 제기한다. 하지만 미국 금융기관이 국제금융시장에서의 주요한 파트너라는 점에서 도드-프랭크 법에서 외국 금융기관들에게 부과하고 있는 의무는 실질적 효력을 가질 수밖에 없다.

국경을 넘는
사람에 대한 규칙

2015년 3월 기준으로 현재 미국의 이민 사회에서 가장 큰 집단을 구성하고 있는 것이 독일계다. 전체 3억 인구 중에서 약 4600만 명이나 된다. 그 다음이 아일랜드계다. 그리고 이탈리아계, 히스패닉계, 아시안계 등이다. 히스패닉계의 이민은 눈에 띄게 증가하고 있고, 새로운 정치 세력으로 급성장하고 있다. 지금도 수많은 사람들이 미국에서의 새로운 삶을 위해 몰래 멕시코 국경을 넘어서 혹은 쿠바의 해안에서 보트를 타고 미국으로 향한다. 한때 우리나라에서도 널리 알려졌던 노래가 있다. 히스패닉계 미국 가수인 티시 이노호사Tish Hinojosa가 부른 〈돈데 보이Donde Voy〉이다. 노래의 제목은 우리말로 '어디로 갈까'라는 의미다. 밤에 국경을 넘어온 불법 이민자의 애환을 그린 노랫말이다.

미국 이민사에서는 각 민족 또는 나라의 다양한 역사가 나타난다. 한 민족의 이민사는 하와이의 사탕수수 농장에서 시작되어 미국 본토로 넘어오는 역사다. 일부는 당시의 서부 개발 시대와 맞물려 큰 농장을 소유하기도 했지만, 일부는 정착 과정에서의 착취와 사기로 매우 척박한 삶을 살았다. 일본의 이민사도 굴곡이 많다. 진주만 공격 이후, 대통령 행정명령 9066호에 의해 미국에 거주하고 있던—주로 서부 지역에 거주하고 있던—약 12만 명의 일본인들은 삶의 터전을 송두리째 잃게 된다. 특히 미국에서 태어나 미국 국적을 가지고 있는 일본계 미국인들에 대한 강제격리는 심각한 법적 문제점을 지니고 있었다. 당시 대법원은 이들의 강제격리가 합헌적이라는 판결56을 내렸고, 이는 미국 사법 역사에 오점 중 하나로 남게 된다.

유럽인들의 이민사 중 드라마틱한 역정을 보여주는 것이 바로 이탈리아 인들의 이민사다. 영화 〈대부The Godfather〉의 영향으로 중절모에 톰슨 기관총을 든 마피아가 먼저 떠오르겠지만 마피아가 나타나기 이전에 기억할만한 이민사가 있다. 고생은 주로 북이탈리아 인들보다는 시실리 등의 남이탈리아 인들이 더 많이 했다(밀라노는 북쪽에 있고, 시실리는 남쪽에 있다). 북이탈리아 인들이 교육 수준이 높은 엘리트라면 남이탈리아 인들은 그 반대였다. 북이탈리아 인들이 하얀 피부색을 가졌다면 남이탈리아 인들은 가무잡잡한 피부색을 가졌다. 동부에서의 이민사와 서부에서의 이민사 역시 달랐다. 남이탈리아의 바다에서 물고기를 잡았던 사람들은 미국 서부에 와서도 어업에 종사한다. 샌프란시스코에서 그럭저럭 물고기도 잡고 하면서 삶의 기반을 마련하고 이제 좀 먹고사는 문제가 해결된 즈음에 역사상 최고의 강진이 이 인근을 덮친다. 이탈리아 인들의 삶은 속속들이 무너져내린다. 그때 손을 내밀었던 사람이 고국에서 온 이민자를 상대로 은행업을 하던 아마데오 지아니니Amadeo Giannini였다. 지아니니가 운영하던 은행은 이탈리아 이민자를 위한 신용협동조합에서 조금 규모를 키운 작은 규모의 '이탈리아 은행Bank of Italy'이었다. 그는 지진으로 무너진 이탈리아 인의 삶의 터전을 복구하는 데 자금을 댄다. 조국에서 겪었던 기득권에 대한 불신으로 은행가에 대한 편견을 가지고 있던 이탈리아 남부 이민자들도 지아니니에게 마음을 열기 시작한다. 삶이 회복된 후 이탈리아 인들은 자신의 재산을 그에게 맡긴다. 그만큼 은행은 점점 규모가 커지고 고객들도 다양해지면서 지점은 더욱 늘어나게 된다. 이제 더 이상 이탈리아 인의 은행이 아니었다. 그는 이렇게 이야기했다. '우리는 이탈리아 인이지만 우리는 미국인입니다.' 주류 사회에 편입을 해야 한다는 이야기다. 이탈리아 인으로 뿌리를 가지고 있지만 미국인이 되어야 한다는 것이다. 그의 은행은 이름을 바꾼다. 바로 미국 최대의 은행이자 세계적인 은행인 '아메리카 은행Bank of America'이다.

국적과 사는 나라가 다른 경우도 있지만 일반적으로 국적은 그 사람이 살고 있는 곳과 문화를 짐작할 수 있도록 해준다. 이민 역시 한 나라의 문화를 수용하고 동화할 것인가를 핵심적인 과제로 삼고 있으며, 대체로 국적(시민권)을 수반한다. 그래서 양자는 밀접한 관련을 지닌다. 이민을 가서 새로운 국적을 얻게 된다면 그 나라 사람으로서 책임과 의무가 주어진다. 한편으로 국적을 가진다면 그 나라가 제공하는 보호와 혜택을 받을 수 있는 권리가 주어진다. 하루가 다르게 세계가 가까워져가면서 국적을 바꾸고 이민을 가는 문제는 다반사가 되었다. 하지만 국적과 이민을 둘러싸고는 수많은 법적 문제들이 있다. 출입국관리법, 국적법, 난민법, 조세법, 사회복지법, 선거법, 병역법, 공무원법, 여권법 등 수많은 법들이 국경을 넘어선 사람의 움직임과 함께한다.

최근에는 유럽으로 향한 시리아 난민으로 인해 난민 문제가 국제사회의 중요한 이슈로 부각되었다. 난민 중에서 테러범들이 발견되면서 각국의 난민 정책은 복잡한 양상을 보이고 있다. 인도주의적 입장에서의 난민법과 국가 안보 측면에서의 대테러 법 간 긴장이 발생한다. 이민과 난민은 다르다. 난민은 인도주의 원칙과 난민 협약 등에 따라 받아들여야 한다. 물론 요즘에는 각국이 먹고살기가 힘든 탓에 인도주의 원칙이고 뭐고 생각할 겨를이 없다. 그래도 난민에 대해서는 아직 보호의 대상이라고 보는 시각이 강하다. 난민들은 난민법에 따라 난민으로서 지위와 권리를 인정받고, 국적법에 따라 국적을 얻어 새로운 나라의 국민이 된다.

지금은 사고로 물러나 있지만 F1의 전설로 남아 있는 슈마허 Michael Schumacher라는 카레이서가 있다. 그의 국적은 독일이다. 사는 곳은 스위스다. 경기는 모나코, 이탈리아, 미국, 일본 등 세계 여러 나라에서 한다. 그는 세금을 어디에 낼까? 그의 수입은 각국의 GDP와 GNP에 어떻게 잡힐까? 독일에서 경제학을 공부할 때 '거시경제학' 첫 수업 때 교수의 질문이었다. 이러한 경계인의 문제는 전통적인 국적과 이민의 문제보다 더 복잡하다.

하지만 가장 일반적인 문제는 국적에 대한 권리와 의무, 이민에 따른 국적의 취득과 문화적 동화, 새로운 나라에 대한 의무와 권리의 문제다. 이러한 이민이나 국적을 이탈하고 새로운 국적을 얻는 이유는 여러 가지가 있겠지만 대체로 경제 위기가 큰 작용을 하고 있다. 크고 작은 경제 위기 이후 유럽 국가로의 이민이 크게 증가했다고 한다. 그리고 이민의 과정에서 가장 빨리 성공적으로 정착하는 것을 보면 교육을 받은 백인이 가장 먼저, 다음이 교육을 덜 받은 백인, 그 다음이 교육을 받은 유색인, 교육을 덜 받은 유색인 순이라고 한다.[57] 따라서 우리 교민의 이민사에서도 그들이 외국에서 정착하는 과정에서 얼마나 어려움을 겪었는지를 짐작할 수 있다. 아무리 세상이 변했다고 해도 백인이 주류인 사회에서 유색인종에 대한 편견과 차별의 문제는 존재한다. 쟁점은 이렇다. 첫째, 그 정도가 어느 정도인가? 둘째, 차별과 편견의 주체가 국가인가, 개인인가? 셋째, 사회가 이러한 편견과 차별을 없애려는 노력을 하고 있는가? 우리나라의 경우 IMF 이후 나라를 떠나는 경우가 크게 증가했다. 사회적 큰 참사 이후 나라를 등지고 떠나

귀화·국적 회복 및 국적 상실·이탈 추이

(단위 : 명)

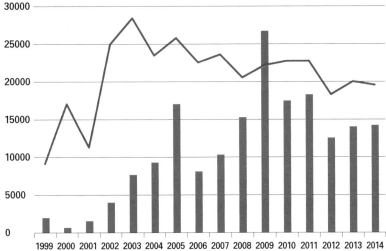

출처 : 〈출입국·외국인정책본부 통계연보〉, 법무부
● 귀화/국적 회복 ● 국적 상실/이탈

는 경우도 발생하고 있다. 이민자의 삶이 힘듦에도 불구하고. 때로는 이민을 통해 정착했던 나라가 어려워져 다시 돌아오는 경우도 있다. 우리나라의 국적을 새로 취득하는 사람도 많아지고 있다. 출입국 외국인 정책 통계 연보에 따르면 2014년 현재 약 180만 명에 달한다.

국적을 가지게 되면 국민으로서 의무를 진다. 세금도 내야 하고, 군 복무도 해야 한다. 특히 군 복무의 문제는 국적 그리고 이민의 문제와 관련하여 가장 뜨거운 이슈다. 선거철과 청문회철마다 병역 문제는 나라를 뜨겁게 달군다. 이유는 하나다. 대부분이 군에 가고 소수가 면제를 받기 때문이다. 대부분이 간다는 것은 사회의 공통적 의무를 의미한다. 만약 국민이 의무를 이행하지 않는다면 일반적이지 않는 특별하고 합당한 이유가 있어야 한다. 사회적 지위가 올라갈수록 군대를 갔다 온 비율이 현격히 줄어드는 모습은 그 특별하고 합당함에 대해 늘 의구심을 갖게 한다. 의무에 상응하게 새로운 국적을 취득한 사람에게는 권리도 주어진다. 선거권, 공무담임권, 사회복지수급권 등 우리 국민이 향유하는 모든 권리가 주어진다. 이민의 문제와 관련하여 불법체류자의 문제나 외국인 범죄의 증가는 우리 사회가 대응해야 할 또 다른 문제다.

통상 이민법이라고 하면 출입국관리법과 국적법을 통칭한다. 하지만 출입국관리법은 본격적인 다문화 사회를 염두에 둔 것이 아니었기 때문에 보완이 필요하다. 국적법은 해외에 살고 있는 교포에 대한 내용을 다듬을 필요가 있다. 현재 해외 동포들과 관련해서는 선천적 복수국적 즉, 속지주의인 외국에서 태어난 사람으로서 대한민국의 국적을 신고 없이 자동으로 상실하게 하는 '선천적 복수국적 자동 상실 제도'가 쟁점이 되고 있다. 이 제도의 핵심적인 쟁점은 두 가지다. 자동 상실을 찬성하는 입장에서는 복수국적으로 인해 미국 내 취업에 제한이 있고, 18세에 이탈하지 않으면 38세가 될 때까지 이탈하지 못해 여러 가지 불이익이 많다는 것이다. 그리고 이를 반대하는 입장에서는 원정 출산으로 미국에서 출생하여 자동으로 한국 국적을 이탈하지만 결국 생활은 한국에서 하는 경우, 병역 의무는 저버리고, 한국 납세자의 돈으로 마련한 국민의 혜택은 모두 누리려는 것이라고 주장한다.

오늘날은 새로운 유목 사회라고 할 수 있다. 세계를 자유롭게 다니며 일을 하고 거주하며 생활을 하는 것이 일상화 되었다. 하지만 국내적으로는 국민으로서 권리와 의무는 상응해야 한다는 가치 역시 중요하다. 특히 우리의 경우에는 대통령 선거에서도 당락을 가르는 병역이라는 민감한 이슈가 있다. 새로운 시대에 양자의 공존을 위한 새로운 이슈들이 제기되고 있는 것이다.

5장

법과
시장의
욕망

상인과
제도의
변천

상인 세력과
정치 세력

하나라, 은나라, 주나라가 있다. 하나라가 실제로 존재하였는지는 확실하지 않지만 은나라는 교과서에서 거북이 등에 글을 남겼다고 해서 갑골문자로 유명한 나라다. 기원전^{BC} 1600년부터 기원전 1046년까지 존재했다. 이 은나라의 다른 이름이 상商나라다. 상나라는 주나라의 천하 통일 과정에서 멸망했는데, 마지막까지 격렬하게 저항했던 것으로 알려졌다. 당시 상나라 사람들은 삶의 의지가 강하고 머리가 좋기로 유명했다고 한다.

주나라에 격렬하게 저항한 탓으로 상나라 유민들은 주나라에 의해 철저하게 응징당한다. 천하를 통일한 주나라는 상나라 사람들의 주요한 재산을 몰수하고 관직에도 진출하지 못하게 했다. 그러나 수완이 좋은 상나라 사람들은 관직대신 그리 멀지 않은 시간 안에 장터의 지배권을 장악해나가기 시작한다. 통일이 되었지만 장터에서의 대화는 자연스럽게 '어느 나라 사람이었소?'라고 시작한다. 여기저기에서 '상나라요.'라는 말이 들리고 사람들은 으레 시장에 가면 상인商人(상나라 사람)이 있다고 이야기하게 되었다. 그래서 시장에서의 거래관계를 규율하는 법을 상법商法이라고 하며, 상인들 간에 지켜야 할 관습적인 도덕을 상도덕이라고 한다.

상인들은 어떤 사람들이었을까? 삶에 대한 애착과 뛰어난 두뇌, 창의력을 갖추었을 것으로 추측된다. 주나라에 의해 철저하게 짓밟혔음에도 불구하고 변변치 않은 남은 재산으로 중국 전체를 장악해서 '시장에는 상인이 있다'는 공식을 만들어낸 것을 보면 미루어 짐작할 수 있다. 상인들이 도덕성을 기반으로 한 상인 정신을 가졌는지는 알 수 없다. 하지만 그 당시부터 상도商道라는 것이 전해져 내려왔다는 것을 보면 나름대로의 합리성과 함께, 삼가야 할 부분은 정해두었던 것으로 보인다.

16세기 지리상의 발견 이후 상인에 대한 역사를 보면 적자생존의 원칙이 지배했다고 할 수 있다. 물론 오늘날도 이러한 원칙은 여전하지만 많은 변칙적 거래들이 다양한 이해관계자들에 의해서 조율되고 있다. 상업의 원리와 거래에 참여하는 사람 수가 많아진 것이 주요한 이유다. 옛날 상인들도 사회 공헌 활동을 했다. 그러나 현재와 같이 기업 활동의 중요한 일부분으로 기업의 사회적 책임SR, Social

Responsibility개념이 정립된 것은 아니며, 그러다 보니 산발적으로 이루어졌다. 19세기 거상巨商 임상옥林尚沃은 인삼과 홍삼의 거래를 통해 큰 부를 축적했다. 그러나 그는 축적한 부의 일부를 빈민 구제에 씀으로써 모든 이의 칭송을 받았다. 지금으로 보면 기업의 사회적 책임 활동의 하나로 파악할 수 있을 것이다.

역사상 상인 세력과 정치 세력은 늘 함께해 왔던 것이 사실이다. 상인은 자신들만의 단체인 길드guild를 조직하고 독점권을 보장해줄 수 있는 든든한 방패가 필요했다. 왕과 그를 둘러싼 정치 세력들은 힘을 기르기 위해 강한 군대가 필요했고 이를 위해서는 많은 돈이 필요했다. 사실 인류 역사에서 다른 나라를 침략하지 않고 스스로의 경제 성장과 다른 나라와의 거래를 통해 국부를 축적했던 역사는 그리 오래되지 않는다. 군대는 경제활동의 일환이라고까지 할 수 있던 시절이다. 유럽의 패권 전쟁과 지리상의 발견이 절정에 다다랐던 절대주의 시대와 힘의 팽창기인 제국주의 시대에 군대와 상인은 잘 결합되었다.

프랑스의 콜베르Colbert, Jean Baptiste, 이탈리아의 메디치Medici, Cosimo 모두 상인이지만 정치가였으며, 왕의 든든한 책사였다. 특히 콜베르는 프랑스에서 상법이 크게 발전하는 데 기여한다. 루이 14세의 재무장관이었던 콜베르 덕택으로 프랑스는 1673년 '상사칙령商事勅令'과 1681년 '해사칙령海事勅令'을 발표하였고, 이는 후일 1807년 '나폴레옹상법전Napoléon商法典'의 기초가 된다(콜베르는 1665년부터 1683년까지 재무장관을 했는데 매우 검소한 삶으로 존경받았다).

물론 그 이전에도 상인과 정치의 결합은 쉽게 찾아볼 수 있다. 십

자군 전쟁 역시 새로운 사업의 기회로 활용되었다. 당시 교황 우르반 2세Urbanus II는 십자군 원정을 통해 교황의 권위를 세울 수 있었으며, 국왕은 군사를 일으키면서 강력한 중앙집권 체제를 다질 수 있었고, 기사들은 존재의 이유를 찾을 수 있었으며, 상인들은 새로운 사업의 기회와 무역로를 개척할 수 있었다.

동양에서 실크로드의 개척이 이루어진 것도, 그 유명한 명나라의 환관 정화鄭和가 이끈 대함대가 대양을 항해했던 것도 모두 황제의 권위를 높이려는 정치적 이해와 부를 축적하려는 경제적 이해가 결합된 것이다. 정화의 원정대는 콜럼버스보다 90년이나 앞서서 출발했다. 62척의 대함대로, 승선 인원은 약 2만 7000명이었고, 약 2년 4개월 동안 아프리카 남단 모가디슈Muqdisho까지 항해했다고 한다. 이 모든 과정은 결과적으로 무역뿐만 아니라 문화 교류를 통해 문명 발달에 기여했다.

조선 시대의 육의전六矣廛 역시 권력과 돈의 적절한 결합이라고 할 수 있다. 물론 국가에 바치는 공물을 공급하기 위해서는 자격 요건을 갖춘 사람이 필요하다는 이유도 있겠지만 육의전은 나중에 시장 진입 장벽이라는 부작용으로 나타난다. 오늘날로 보면 조달청에 물건을 납품할 수 있는 상인들의 그룹이라고 보면 된다. 이들 상인들은 시장에서 자유롭게 물건을 팔고자 하는 상인들의 진입을 금지하는 '금난전권禁亂廛權'이라는 단속권을 행사했다.

실지로 이러한 독과점을 누리던 상인들이 사라지고 누구나 장터에 나와 물건을 팔수 있도록 완전 자유화가 이루어진 것은 고종 때다.

이러한 자유화의 배경은 새로운 상품과 마케팅 기법으로 무장한 난전의 거대한 물결을 더 이상 기존 독과점 체제가 견뎌내지 못했기 때문이다. 현재는 관청에 물건을 납품하는 과정에 누구라도 참가할 수 있도록 개방되어 있다.

광기의 시대와
시장의 질서

상인들은 인류 역사의 발전에 많은 동기를 부여했다. 기술을 현금으로 바꿔주는 상인들의 연금술이 없었다면 아마 산업혁명은 존재하지도 않았을 수 있다. 나아가 상인들은 새로운 기술을 스스로 만들어내는 데 투자를 하기도 했다. 기술의 발전에 자본력이 뒷받침되었음을 모두가 다 알고 있는 사실이다.

그런데 새로운 문제들이 나타나기 시작했다. 상인들의 이윤 추구 행위가 과도해지면서 공동체의 이익 그리고 소비자의 후생이라는 부분과 충돌하기 시작했다는 점이다. 즉 정상적인 거래 순환 고리를 벗어나 이를 조작하거나 왜곡시켜서 뒤틀린 틈 속에서 이윤을 극대화하려는 시도가 나타났다.

17세기에 발생한 네덜란드의 '튤립tulip 투기'는 그 하나의 예다. 당시 튤립 알뿌리 하나가 숙련공의 10년분 급여에 해당할 정도였다. 튤립 알뿌리 하나가 약 3000에서 4000플로린Florin이었는데 반해 당시 숙련공의 연봉은 약 300플로린이었다.[58] 당시 튤립 최고의 품종이었던 셈페르 아우구스투스Semper Augustus는 200페리트perits(튤립 거래의 중량 단위로 1페리트는 곡식 알갱이 하나보다 가벼웠다고 한다)에 5500플로린에 팔렸다. 당시 황소 한 마리가 120플로린이었고, 양 한 마리가 10플로린에 불과했다.[59] 투기의 조장과 그 광기가 미친 폐해가 얼마나 컸는지 짐작할 수 있다.

시장의 질서를 지켜줄 수 있는 게임의 룰이 필요했고 왕의 칙령이 공포되었다. 그러나 본격적으로 시장의 룰이 정립된 것은 20세기에 들어서서다. 시장의 규칙을 왜곡하고 소비자의 권리를 침해하는 등의 행위를 막기 위해 다양한 법률들이 나타났다. 공정거래법, 소비자보호법이 그 대표적인 예다. 금융이 돈의 흐름을 중개하는 것을 넘어서서 자체 산업으로써 부가가치를 창출한다는 것을 알게 되면서 금융에 대한 법률이 폭발적으로 늘어난다. 금융 기업들은 그간 자금의 중개, 공과금의 수납, 정책 자금의 대출 등 공적 기능의 일부를 수행하면서 얻은 '금융기관'이라는 명칭보다 '금융회사'로 불리고 싶었다. 공적 의무를 벗어내고 보다 많은 수익을 창출하고 싶어했다. 국가의 규제와 금융회사들의 이익 창출 간에 끊임없는 긴장이 이어진다.

장사를 하려면 조직이 필요하다. 바로 회사다. 회사는 필요한 자금을 마련하기 위해 다른 사람으로부터 돈을 빌리기도 하고, 주식을 팔아서 돈을 조달하기도 한다. 다른 사람에게 돈을 빌리는 것은 언젠가 갚아야 하는 것이므로 타인자본이라고 하고, 주식을 팔아 번 돈은 주주가 우리 회사 사람이 된 것이므로 자기자본이라고 한다. 주주는 주주총회를 통해 회사의 운영에 대해 개입할 수 있다. 우리나라는 대주주와 경영진이 일치한다. 어느 날 대주주와 비슷한 비율의 주식을 가진 주주가 경영진의 의사 결정에 제동을 건다. 그리고 직접 경영권에 개입하려고 한다. 경영권 방어의 문제가 대두된다. 외국계 사모펀드private equity fund는 최대로 이익을 내야 하기 때문에 경영진의 의사 결정이 자신의 이익에 반하는 경우에는 종종 이를 저지하기도 한다. 헤지펀드hedge fund는 단기적인 이익을 추구하기 때문에 연구 개발비에 대한 투자보다는 배당을 많이 받는 것을 선호한다. 더 나아가 때때로 경영권 분쟁을 일으켜서 경영권 방어의 과정에서 가격이 오른 주식을 매각해 단기 차익을 얻기도 한다. 국가 정서만 가지고 보면 외국자본이 우리나라에 와서 분탕질을 하는 것이 못마땅하다. 하지만 이러한 외국자본들은 대기업의 불투명한 경영 방식에 경종을 울리기도 하고, 의도했든 의도하지 않았든 소액주주의 권리를 보호하는 역할을 하기도 한다.

우리나라 대표 기업 계열사 간 합병을 둘러싸고 한때 해당 기업과 외국계 헤지펀드가 팽팽하게 대립했다. 해당 기업은 정당한 합병이라고 주장했고, 헤지펀드 측은 부당한 합병이라고 항변했다. 소송까지 가서 결국 해당 기업이 이겼다. 그 와중에서 국내 기업의 경영권 방어 문제가 주요한 관심사가 되었다. 외국 헤지펀드로부터 우리의 알짜 기업을 보호하자는 국내 투자자의 애국심도 솟아났다. 외환 위기 이후 오랜만에 보는 것이었다. 이번 경영권 방어의 과정을 보면서 주주 평등주의에 반하는 차등 의결권 제도에 대한 긍정적 인식도 많아졌다. '차등 의결권 제도'란, 원래 1주당 1의결권인데 1주당 10의결권 같이 의결권이 많은 주식을 말한다. 구글과 페이스북 등 세계적인 주요 기업들이 경영권 방어 수단으로 쓰는 방법 중 하나라고 소개되고 있다. 이러한 차등 의결권 제도가 미국을 비롯한 선진국에서는 아주 일반화된 제도처럼 이야기하기도 한다. 그러나 현실에서는 매우 제한적이고 예외적인 상황에서만 사용되는 제도다. 차등 의결권을 도입하기 위해서는 거래소의 심사를 거쳐야 한다. 그리고 그 차등 의결권은 상속·양도가 금지된다. 이미 상장된 회사는 차등 의결권을 도입할 수 없도록 하기도 한다. 1주 1의결권이라는 대원칙에 어긋나기 때문이다.

한편, 이러한 예외적인 경영권 방어 수단을 인정받기 위해서는 대기업 스스로도 지배 구조를 투명하게 하고 주주의 권리를 보장하고 소통해야 한다는 목소리도 함께 나오고 있다. 과거에 비해 우리나라 대기업의 지배 구조는 투명해졌다. 그러나 국내 대표적인 호텔·유통 기업의 경영권 다툼을 둘러싸고 드러난 지배 구조는 국민들에게 매우 큰 충격을 주었다. 주주 중심의 구조가 아닌 복잡한 출자 구조를 통해 작은 지분으로 기업을 지배해 왔기 때문이다. 이사회는 사내와 사외 이사 모두 견제 기능을 발휘하지 못했다. 이러한 지배 구조의 불투명성은 비단 대기업뿐만 아니라 중견 기업에서도 찾아보기 어렵지 않다.

어떤 사람이 우리 회사의 주식을 사 모은다. 회사를 인수·합병 M&A하려는 것이다. 인수·합병을 막기 위해 갖가지 장애물을 설치한다. 적이 본진으로 다가오는 것을 막기 위한 것이다. 그 장애물의 한 예로 재미있는 것이 있다. '황금 낙하산golden parachute'이다. 임원진이

해임되었을 때 거액의 퇴직금, 스톡옵션, 보너스 등을 받도록 고용계약을 할 때 계약서에 써 넣어둠으로써 적대적 인수를 하려는 기업의 출혈을 야기시키는 것이다. 황금 낙하산의 어원이 어디에서 온 것인지는 잘 나와 있지 않다. 다만 처음 황금 낙하산 고용계약이 사용된 것이 1967년 TWA라는 미국 항공사의 CEO인 찰스Charles C. Tillinghast Jr.였다는 점으로 추정해볼 때, 비행기(항공사)에서 떠날 때 쓰는 낙하산에, 거액의 퇴직급여를 지급한다는 의미의 황금이 붙은 것 같다(한마디로 비싼 낙하산을 주고 탈출 준비를 시키는 것이다). 적대적 인수·합병인가 싶을 만큼 상대편 회사의 주식을 사두고, 상대편 회사의 경영권이 약해진 틈을 타서 '경영권이 흔들리네. 어떡하지? 안쓰러워라. 지키고 싶으면 내가 가지고 있는 주식을 사.'라고 하며 비싼 값에 주식을 판다. '그린 메일green mail'이라고 부르는 것이다. 그린이라 왠지 좋은 느낌이지만 그렇지 않다. '갈취, 협박'의 영어 단어인 'blackmail'에서 달러 색깔이 녹색이라는 점에서 착안해 그린 메일로 지은 것이다. 상인들의 세계는 왠지 밀림에서의 생존 싸움을 보는 것 같지 않은가?

최근 문제가 되고 있는 것이 '경영상의 판단'을 어디까지 인정할 것인가다. 기업의 운영 과정에서는 항상 결과적으로 옳은 선택만을 할 수 없다. 따라서 실패의 경우에 이를 면책하지 않을 경우 적극적인 경영전략을 펼치기 어렵다는 문제가 있다. 그러나 반면 너무 광범위한 경영상의 판단을 인정할 경우 주주의 권리가 침해되고 방만한 경영이 될 수 있다. 따라서 경영상 판단의 범위를 어디까지로 할 것인가에 대해서는 끊임없는 논쟁이 벌어진다. 회사에 손해를 끼칠 고의가 없거나 잘못된 판단을 한 과정에서 중과실이 없는 경우에는 경영상 판단으로 인정해주는 것이 좋을 것이다. 새로운 가치의 창출은 늘 위험이 함께하기 마련이다. 판단의 결과를 놓고 평가를 할 때는 주위에서 이런저런 말을 할 수 있겠지만, 정작 중요한 판단을 할 때는 그런 사람들은 보이지 않는다. 단지 무거운 책임을 지고 결정을 해야 하는 사람들만이 있다. 물론 그전에 적재적소에 능력있는 적임자를 앉혔다는 것을 전제로 한다. 적극적으로 일을 추진하다 보면 자신도 모르는 사이에 배임의 위험에 빠질 수 있다. 모든 구성원들이 그 뜻을 이해해준다면 괜찮겠지만, 세상일에는 아무리 공정하게 잘 처리한 일이라도 불만을 가지는 사람이 있다. 차라리 방관과 복지부동이 더 안전할 수 있다. 과거에는 재판부가 적절한 양형을 통해 경영상 판단과 배임의 적정선을 그어주었다. 그런데 대기업 오너들의 전횡으로 인해 악화된 사회 분위기는 배임에 대한 엄격한 잣대를 요구했다. 그만큼 경영상 판단이 인정될 여지도 줄었다. 처벌이 엄해지는 만큼 배임에 대해 혐의 판단과 법 적용이 더욱 신중해져야 한다는 주장[60]이 나오는 이유다.

국제화된
상인 네트워크

오늘날 상인의 룰은 국제화되고 있다. 여러 나라가 모여 끊임없이 서로의 룰을 하나로 만드는 작업을 하고 있다. 왜냐하면 국내시장

만큼 수출이 상거래의 핵심이기 때문이다. 그래서 국제상거래법위원회 UNCITRAL와 같이 UN 산하에 상거래위원회가 만들어지는 등 각 국가의 룰을 통일시켜나가고 있다. 그 대표적인 것이 '국제 상품 매매 계약에 대한 UN 협약CIGS'이다. 여기에서 한 가지 구분 짓고 가야 하는 것이 있는데 세계무역기구WTO의 국제적인 자유무역 규칙은 그 나라 정부를 대상으로 한 것이고(국제공법이라 한다), 유엔 국제상거래위원회의 통일 상법전 작업들은 상인들 간 계약의 방식, 계약상 책임의 분할, 분쟁이 발생했을 때 소송의 방식 등을 정하는 것으로 개인 대 개인 간의 룰을 국제화하는 것을 말한다. 양자는 이러한 점에서 차이가 있다.

WTO라는 무역 체제 내에서 거래의 장벽을 각 나라의 공권력이 없애주고, 장벽이 없는 넓은 공간 위에 상인 대 상인 혹은 상인 대 그냥 보통 사람이 거래하는 것이다. 즉 계약과 재화 또는 서비스의 제공은 상인이 하지만 그 틀은 국가가 서로 약속한다. 개화기 때 우리나라가 열강의 강압에 못 이겨 조약을 체결했는데, 조약의 내용에 '최혜국대우最惠國待遇'가 들어 있다. 쉽게 말해서 '내가 너를 최고로 잘해줄게.'다. 지금까지 다섯 나라에 개항을 허락했는데 새로운 나라가 개항을 요구하면서 '최혜국대우 해줘.'라고 하면 '지금까지 개항한 나라 중에서 제일 좋은 조건을 가지고 있는 나라와 같은 대우를 해줘.'라는 의미다. 이러한 최혜국대우는 오늘날 통상협정의 기본이 되고 있다.

국제적 상거래 활동을 강조하는 국제기구의 활동에서(공법학자로서 한편으로 기울어진 시각인지도 모르겠지만) 가끔은 공공의 이익에 대한 고려가 간과되는 경우를 보게 된다. 국제적으로 위치를 달리하는

WORLD TRADE ORGANIZATION

세계무역기구(WTO) 로고

개인 간의 거래에서 자유롭고 통일적인 상업적 질서가 반드시 필요하지만, 그 사이에 국가의 공공 조달 혹은 미개발국에 대한 지원을 하는 국제 원조 사업ODA이 끼어 있을 때는 단순히 사법私法상 계약의 논리만으로 해결되지 않는 인권, 보건, 안보, 환경 등의 요소가 있기 때문이다. 물론 이러한 요소들은 앞으로 국제적인 상거래 질서를 만들어가는 데 조화되어야 할 요소이지, 제한 요소는 아니다. 지구촌 곳곳의 사람들이 자신이 필요로 하는 재화와 서비스를 공급받고 자유롭게 거래함으로써 새로운 부가가치를 창출해가는 데 상인들의 역할이 예전이나 지금이나 중요한 것은 분명한 사실이다.

규제와
책임의
재구성

규제와 경기의
상관관계

규제란 무엇일까? 사전에는 '주민과 기업 활동에 제한을 가하는 일체의 행정 조치', '조직의 구성원이 특정한 상황에서 일정한 행위를 하도록 명하는 일반 명제' 등이라 정의하고 있다. 'regulation(규제)'라는 단어의 어원인 라틴어 'regular'는 '똑바른, 규칙적인, 균형 잡힌, 법적인'의 뜻으로 사용되었다. 영어에서는 '규칙적인, 정상적인' 혹은 여기에 'ir-'을 붙이면 '불규칙적인, 비정상적인'의 의미로 사용된다. 이를 보면 사회 구성원들이 옳다고 믿는 것을 실현하는 것이 규제라고 할 수 있다.

규제를 흔히 사회적 규제와 경제적 규제로 나눠왔다. 요즘에는 이러한 형태의 구분이 별로 효과적이지도 않고 합리적이지도 않다는 생각이 공유되어 있는 것 같다. 새로운 정부가 들어설 때마다 규제 개혁이 논의되며, 새로 입각한 장관들은 경제적 규제를 획기적으로 풀어 경제를 활성화하겠다고 한다. 사회적 규제의 대표적인 예가 안전 규제다. 그런데 이런 사회적 규제를 풀어달라는 동기는 경제적인 이유다. 기회의 확대, 이윤의 증가, 비용의 감축이 핵심이다. 예를 들어, 강과 바다에서 캐어오는 건설자재들이 부족하게 되면서 산에서 골재를 채취해야 한다. 그런데 채취 허가라는 규제가 있다. 왜 이런 규제를 두었을까? 그냥 골재를 캐어오면 어떤 일이 벌어질까? 폭우가 내리면 산은 붕괴되어 산사태가 발생하고 도로는 막히고 사람이 매몰될 위험도 있다. 식물의 군락 및 생육을 고려하지 않는 경우 자연 생태계가 파괴되고 죽은 산이 될 수 있다. 그래서 단순히 경제적 이익만 고려해서는 안 된다.

규제를 풀면 정말 사회 곳곳에서 경제가 살아나는가? 중국 관광객들이 성형외과로 몰리고 있다. 돈이 되다 보니 성형이 전문 과목이 아닌 의사들마저도 속속 이 길에 들어서고 있다. 많은 중국인 관광객들이 한류에 힘입어 성형을 받으러 한국에 들어온다. 그런데 최근 이 추세가 꺾였다. 이유는 잇단 의료사고다. 급기야 중국의 방송에까지 한국에서의 성형수술 문제가 보도되는 등 손님이 점점 줄고 있다. 만약 치명적 의료사고를 예방하기 위한 적정한 규제가 설정되어서 안전이 확보되었다면 성형수술은 의료 관광의 한 축으로 자리매김하였을 것이다. 경제 단체와 정부와의 규제 협의의 장에서 자주 등장하는 것이 외국인 노동자 고용을 위한 규제 완화다. 업계가 어려운데 이런 요구가 들어오는 것은 당연하다. 그런데 이 문제는 단순히 산업계 차원의 일에 그치는 것이 아닌 좀 복잡한 문제다. 기술적 진보 혹은 유통 과정상의 효율과 같은 생산성 제고 없이 저임금의 유지를 통해 이윤을 확보하기 위해서는 그 임금 조건에 맞거나 그 임금보다 적은 급여를 줄 수 있는 외국인 근로자를 선호하게 된다. 만약 모든 업종에서 규제 완화의 건의 사항으로 외국인 근로자 고용 확대를 요구한다고 하자. 아마 우리 국민이 취업할 수 있는 일자리는 더욱 줄어들며, 최저임금을 포함한 우리 사회의 일자리 수준은 개선되지 않을 것이며, 장기적으로는 국민 전체의 소득이 줄어 소비가 줄어들 수 있다. 결국 시장은 역으로 부메랑을 맞을 수 있다. 단기적으로 회사에 이익을 줄 수 있지만 장기적인 국가 경제의 입장에서는 바람직한 것만은 아니다. 이는 외국인에 대한 차별의 문제가 아니고 순수한 국가 경제정책의 문제다. 업계의 애로 사항을 청취하고 해결해주려고 노력해야겠지만 국가는 적어도 긴 호흡을 하는 사람이 한 명쯤은 있어야 한다. 외국인 근로자의 수요에 대한 대응은 하되, 장기적으로는 일자리의 질적 개선을 통해 우리 국민의 일자리 수요 역시 충족시켜야 한다. 후대를 위해서는 단지 '우리 시대의 평화peace in our time'만을 향유해서는 안 된다.

우리나라에서 푸드 트럭food truck이 규제 개혁의 상징이 된 적이 있다. 미국에서 푸드 트럭은 일반적이다. 그런데 이 역시 식품 안전과 화재 사고의 예방을 이유로 많은 규제가 있다. 가장 큰 문제는 기존 상권과의 충돌이다. 미국은 음식점 이용이 생각보다 쉽지 않은 곳이 많다. 땅이 크고 넓은 탓 그리고 뉴욕이나 샌프란시스코 대도시 번화가의 경우 공급량에 비해 한꺼번에 점심시간 수요가 밀리는 탓도 있다. 그럼에도 불구하고 기존 음식점 주인과 푸드 트럭 간의 싸움은 자주 볼 수 있다. 우리는 어떤가? 외환 위기 이후 많은 직장인들이 직장을 잃고 자영업자로 변신했다. 자영업자들의 대부분은 음식점이다. 한 집 건너 음식점이 빼곡하게 차 있다. 그러다 보니 우리나라 복지 체계의 사회 안전망은 분식집과 치킨집이라는 말이 나오기도 한다. 푸드 트럭보다 영세한 자영업자들도 많다. 여기에 푸드 트럭이 주차를 하고 물건을 팔기가 쉬울까? 대학가, 공원, 산업 단지 등은 가능한 지역일 수 있다. 그러나 그 이외 지역은 어려움이 많다. 탁상과 현실은 사뭇 다르다.

규제를 규제해야
하는 이유

요즘처럼 규제의 본질적 정의 자체가 부정적인 것으로 자리 잡고 있다면 아무도 자기가 규제를 만들지 않았다고 할 것이다. 자기가 한 것은 공익의 보호 장치였지 규제가 아니었다고 할 것이다. 2014년에 한 경제 단체가 규제 개선을 위한 컨퍼런스를 개최한 적이 있다. 발표자 중 한 사람이 의원입법의 문제점을 지적했다. 국회가 규제를 만든다는 것이다. 국민경제의 활력을 위해서 규제를 없애자고 앞다투어 주장하면서도 실제로 의원들이 발의한 입법안에는 상당수 규제들이 포함되어 있다. 의원입법에 대해서도 국회 조직 내에서 규제 심사를 해서 법안을 발의한 의원에게 제공하는 방법을 생각해볼 필요가 있다. 그럼에도 불구하고 받아들이지 않는다면 상임위원회나 본회의에서 표결 처리하면 된다. 우리 국회입법의 문제는 상임위가 제 역할을 못하는 것이 주요한 원인 중 하나다. 국회에서 규제가 한꺼번에 만들어지는 시기는 위기 이후다. 금융 스캔들, 경제적 위기 또는 재난, 참사 이후에는 강력한 규제가 뒤따른다. 이러한 강력한 조치가 뒤따를 수 있는 것은 현 제도의 문제점에 대한 국민적 반발과 분노가 크기 때문이다. 그런데 이렇게 만들어진 규제가 세월이 흘러 위기가 잊혀질 무렵이면 규제라는 이름으로 개혁의 대상이 된다.

경제 활력 촉진을 위한 당정 협의가 이루어지고 정책이 만들어지면 이를 뒷받침할 법률 개정이 뒤따르게 된다. 각종 이익 단체들이 국회에 로비를 하게 된다. 이익 단체를 대변하는 학자들이 이를 뒷받침한다. 전문성이 있는 이익 단체의 로비가 나쁜 것만은 아니다. 국회의 상임위원회가 이익 단체 등의 전문적 의견을 청취하고 반영하는 것은 당연한 과정이다. 그런데 심한 경우에는 이익 단체가 거의 법을 만들어오는 경우도 있다. 여기에 관련 부처까지 함께 가세하는 경우는 더 큰 문제다. 이익 단체는 업계의 이익을 강화하고, 부처는 시장에 영향력이 커지고, 국회의원은 관련 시설이나 공장을 지역구에 유치할 수도 있다. 이러한 이익의 삼각동맹이 일반 국민의 이익과 배치되지 않을 경우에는 좋다. 그런데 그 반대의 경우에는 문제가 된다. 이런 법안에 대해 상임위에서 필터링이 잘 안 되는 이유 중 하나가 각 상임위는 자신이 맡는 영역의 힘이 커지기를 바라기 때문이다.

규제를 규제해야 하는 이유 중 한 가지는 규제가 부패와 연결될 수 있다는 점이다. 규제를 집행하는 공무원들은 막강한 힘을 갖는다. 그리고 해당 규제를 우회하거나 뛰어넘고 싶다면 공무원을 통할 수밖에 없다. 법대로 하면 되지 않을까? 문제는 그 법이 재량을 두고 있다는 것이다. 입법 기술 및 행정 현실상 재량을 두는 것은 불가피하다. 재량 그 자체가 나쁜 것은 아니다. 규제에서 많이 문제되는 것이 재량의 뒷자락에 숨어 있는 '그림자 규제shadow regulation'들이다. 쉽게 말해서 법적으로 명확하게 어떤 것을 하지 말고 어떤 것을 하라고 하지 않고 행정청이 전문적인 시각으로 판단해서 하라고 한 경우다. 세상의 모든 현상을 일일이 법조문에 다 규정할 수는 없다. 따라서 예를 들어 '위험이 현저한 경우' 혹은 '교육 환경에 부적절하다고 판단되는 경우' 등과 같이 불확정 개념을 사용하게 된다. 결국 현장 공무원이 법적 근거와 지침에 맞게 상황을 해석하여 집행하는 것이다. 이 와중에 편의에 의한 판단이 이루어질 가능성이 있다. 결국 공무원을 움직일 수 있는 사람은 기회를 얻게 되고 규제가 없어질 때까지 '경쟁 없는 편익'을 즐길 수 있다. 그 다음으로 문제되는 것이 행정지도다. 인·허가권을 쥐고 있는 행정청이 명확하게 뭘 하라는 것 또는 하지 말라는 것은 아닌데, 그렇게 해주면 정말 좋겠다고 하는 경우다.

규제는 기업의 자유로운 의사 결정과 자율적인 발전 방향을 모색할 수 있는 기회를 막을 수 있다. 또한 규제는 소비자가 지출해야 할 비용을 상승시킬 수 있다. 생산자는 규제를 준수하기 위해서 비용을 지불하게 된다. 그 비용은 시간과 노동력, 기타 행정비용일 것이다. 이러한 비용은 제품 및 서비스의 가격에 전가되고 소비자는 규제가 없었을 때보다 높은 비용으로 제품 또는 서비스를 이용하게 된다. 따라서 불필요한 규제는 소비자의 입장에서도 바람직하지 않다. 규제를 담당하는 공무원이 많아질수록 불필요한 규제는 증가한다. 현재 우리나라의 규제 관련 공무원 수는 인구 1000명당 20.6명이다. OECD 평균은 26명이니까 비교적 양호한 편이다. 그런데 이와 대비해서 복지 및 공공서비스 관련 공무원 수에서 우리나라는 인구 1000명당 1.3명이다. OECD 평균은 29.6명이다.[61] 우리나라 공무원의 인력 구조를 보면 규제와 공공서비스 간 차이는 매우 크다.

필요한 규제는 개별 소비자가 지불해야 하는 탐색 비용을 줄여준다는 점에서 긍정적인 면이 있다. 예컨대 은행의 건전성을 국가가 일정 수준 이상으로 강제하지 않는다면 소비자는 예금을 할 때 어느 은행이 보다 건전한지 스스로 정보를 탐색하고 판단하는 과정을 거쳐야 한다. 우리는 어떤가? 그냥 동네에서 가장 가까운 은행을 가면 되지 않는가?

어떻게 규제를 개선해야 하는가? 규제는 명확한 목표가 있어야 하고, 목표를 달성하기 위한 '필요 최소 한도의 제한'이 설정되어야 한다. 만약 모호한 목표와 과도한 제한이 있다면 개선되어야 한다. 그 개선의 과정에서는 규제의 히스토리를 역으로 밟아가는 노력이 필요하다.

한 예로 온천법이라는 것이 있다. 이 법에 보면 온천을 개발하기 위해 굴착하는 사람들은 온천법 제12조에 의해 굴착 허가를 받아야 한다. 이러한 규정을 두게 된 이유는 온천을 개발하는 사람들이 그냥 여기저기 구멍을 뚫어보고 아니면 대충 덮고 또는 아예 메우지도 않고 다른 곳으로 옮겨가는 일들이 발생했기 때문이다. 그리고 뚫어진 구멍으로 각종 오염 물질이 들어가서 지하수가 오염되거나 끊겨 거주민들의 식수 공급에 문제가 발생했다. 그래서 온천법은 굴착 허가도 받게 하고, 팠는데 온천이 안 나오면 원상회복 의무를 부여하고, 이를 이행시키기 위해 이행 보증금도 예치시키는 등의 규제를 두고 있다. 이처럼 모든 규제는 히스토리가 있다. 그래서 규제를 개혁하는 과정에서도 히스토리를 따져 개선 전략을 정해야 한다. 예를 들어, 당시에 왜 그 규제를 만들었는가? 당시 우려하던 상황은 해소되었는가? 만약 답이 아니라면 규제가 존치될 수 있다. 그런데 추가적인 상황으로 다른 법령상의 규제가 동일한 문제를 대상으로 하고 있고 동일한 규제 효과를 거둘 수 있도록 하고 있다면 중복 규제이므로 둘 중 하나의 법령상 규제 조항은 제거해야 한다.

규제가
떠난 자리

규제는 이해관계가 복잡하게 얽혀 있고 공공의 사회적 책임도 함께하고 있어 없애기가 쉽지 않다. 그래서 이런 이유, 저런 이유를 대다 보면 그대로 남아 있게 된다. 세계 모든 나라가 다 비슷하다. 규제의 개선에 대해서 비교적 적극적인 나라가 영국이다. 대표적인 영국의 규제 정책 중 하나가 '하나 들어가고 두 개 빠지고One-in, Two-out'이다. 간단히 말하면 부처가 기업을 규제하거나 규제를 푸는 새 정책으로 인해 기업에 유발되는 추가적인 순비용 1파운드마다 규제 개선 정책으로 인해 2파운드의 순절감액이 있어야 한다는 것이다. 일부에서는 영국은 규제 정책을 이렇게 하는데 우리도 이렇게 해야 한다고 이야기한다. 자세한 뒷이야기는 하지 않는다. 영국의 'One-in, Two-out'은 시민의 긴급 구호에 대한 규제, 금융 산업에서 시스템 리스크와 관련된 규제, 최저임금 수준의 유지에 관한 사항 등 사회적 파급 효과 큰 것들은 제외하고 있다.[62] 민간의 힘을 믿어보고 규제를 과감하게 없앨 수도 있다. 시장이 성숙했다면 그렇게 할만하다. 특히 급속한 기술의 발전과 함께 나타난 고부가가치 산업의 경우에는 더욱 그렇다. 정부가 시시각각 변하는 민간 기술 영역을 주도적으로 규제하기는 어렵기 때문이다. 규제가 필요한 경우 자율 규제를 통한 협력적 규제도 가능하다.

　　가령 어떤 규제가 없어진 후, 제품을 사용하다가 하자가 있어 소비자가 다치거나 피해를 입었다. 기존에는 정부가 일일이 사전에 규격을 정하거나 안전 심사를 거치도록 하였으나 규제를 없애면서 기업의 자율에 맡겨졌다. 규제가 떠나간 자리에는 민사상 손해배상이 들어올 수밖에 없다. 사전에 규제가 강해서 리스크를 사전에 미리 제거해둔다면 위험이 발생할 확률이 줄어드는 대신에 이익이 커지는 것도 제한적이다. 대신 배상액도 줄어들 것이다. 반면 할 수 있는 것은 다 할 수 있도록 내버려두는 경우라면 이익도 크게 나겠지만 잘못된 재화의 공급으로 피해를 보는 사람도 많고 피해의 규모도 클 수 있다. 그 결과 손해배상액도 크게 나타날 것이다.

　　미국의 경우 제조물 책임에 대한 배상액은 매우 크다. 스스로의 잘못을 인정하고 충분히 배상하지 않는 경우 징벌적 손해배상에 의해서 그 배상액은 크게 증가한다. 리콜recall의 경우를 들어보자. 우리나라 자동차 제조사들도 많이 당하는 거라 이미 익숙한 단어일 것이다. 리콜은 스스로 자발적으로 결함을 인정하고 이를 회수하는 것을 원칙으로 한다. 그런데 만약 사고가 났는데 원인이 자동차 결함이었고, 자동차 회사가 이를 은폐할 경우에는 엄청난 비용을 지불할 각오가 되어 있어야 한다. 규제 완화는 직접적으로는 공급자를 위한 것이다. 그런데 피해를 본 사람이 있는데 보상해주는 사람이 없다면 정의롭지 않다. 규제의 패러다임이 민간의 책임 영역으로 이동한다면 손해배상 제도의 정비와 신속한 재판 그리고 간편한 소송 방식이 뒤따라야 한다.

　　선택의 문제다. 국가가 나서서 사전에 문제가 발생하지 않도록 규제를 할 것인가, 아니면 민간의 책임을 강화시켜 국가가 개입하지 않더라도 피해자에게 충분한 보상이 이루어질 수 있게 할 것인가? 그것이 아니라면 적당한 선에서 국가의 규제를 후퇴시키고 합리적 범위 내에서 민간의 책임을 강화시키는 선택을 할 수 있다.

　　많은 이들이 미국은 규제가 없는 나라라고 생각한다. 반면 우리는 규제가 많은 나라라고 생각한다. 미국은 규제가 많지 않은 나라다. 하지만 책임이 있는 나라다. 폭스바겐이 디젤 자동차의 매연 검사 결과를 조작했다. 미국 환경보호청EPA이 180억 달러(약 21조 원) 이상을 벌금으로 부과할 거라고 한다. 우리도 이렇게 물릴 수 있을까? 우리 자동차관리법상 과징금 상한액은 10억 원이다. 예를 들어 자동차 업체가 신고한 연비와 출고된 차량의 연비가 ±5%를 벗어난 경우라 할지라도 회사 매출액의 1000분의 1 그리고 이 경우 아무리 많아도 10억 원을 넘을 수 없다. 사전 규제가 없으면 사후에 그만큼 책임을 져야 하고, 사전 규제가 있으면 사후의 책임이 가벼워질 수 있다. 중요한 것은 그 적절한 선을 찾는 것이다.

소비자의
권리와
보호

국가는 소비자의
보호자인가?

18세기 중반 영국 노팅엄에 사는 하그리브스J. Hargreaves의 딸 제니는 실수로 물레의 방차紡車를 쓰러뜨린다. 이를 보고 있던 하그리브스는 새로운 착안을 하게 되고 방적기를 개발한다. 그 이름은 청동기 시대부터 사용되어 오던 물레를 뒷전으로 물러나게 하고 인류의 역사를 획기적으로 바꿔놓은 '제니jenny 방적기'다. 방적기의 개발로 촉발된 산업혁명 이후 인류는 폭발적인 생산력에 환호했다. 그리고 지금껏 경험해보지 못한 새로운 물건들의 등장은 인류의 삶을 획기적으로 변화시켰다. 사람들은 새로운 문명의 이기에 만족했다. 그로부터 3세기가 지난 오늘 인류의 삶은 그전보다 더욱 풍요로워졌다.

새로운 이슈가 20세기의 중반부터 제기되기 시작한다. 수많은 공산품이 쏟아져나오고 엄청난 먹거리들이 식탁에 올라오면서 이제는 더 이상 새로운 물건에 환호하기보다는 그 물건의 질을 따져보기 시작한 것이다. 20세기 후반부에 이르러서까지도 소비자의 권리는 그리 중시되지 않았다. 오히려 각 국가의 관심은 얼마나 많은 생산을 통해서 얼마나 많은 부가가치를 창출하고 이로써 얼마나 많은 일자리가 창출되고, 또 다시 이러한 순환이 잘 이루어질 수 있는가에 있었다. 그러나 복잡해진 물건들은 고장이 나기 시작하고 사람을 다치게 했다. 새로운 맛, 새로운 모양과 색깔의 먹거리들은 먹어서는 안 되는 물질을 함유하기도 했다. 금융회사에서는 안정적인 수익을 홍보하며 투자를 유인하였지만 실제로 돌아온 돈은 원금도 되지 않는 것이었다. 보험회사들은 다 보장해둔다고 해놓고선 아주 깨알 같은 글씨도 안 되는 크기로 예외 조항들을 숨겨두고는 했다.

소비자들은 화가 났고, 그들의 권리 주장이 시작되었다. 소비자의 권리 문제는 비단 우리나라만의 문제가 아니라 세계 모든 나라의 문제이기도 하다. 그런데 소비자들이 이미 거대화된 기업을 상대하기에는 어려움이 있다. 국가와 전문가의 도움이 필요했다. 문제는 국가와 전문가들이 소비자의 편인가 하는 것이다.

각국은 소비자들의 권리가 기본권fundamental right인가를 먼저 생각했다. 만약 기본권이라면 국가가 소비자를 대신해서 기업들을 상대하기 훨씬 쉽기 때문이다. 여기에서 잠시 우리 헌법상 소비자 보호 조항을 보자. 우리 헌법 제124조는 '국가는 건전한 소비 행위를 계도하고 생산품의 품질 향상을 촉구하기 위한 소비자 보호 운동을 법률이 정하는 바에 의하여 보장한다'고 쓰고 있다. 왜 그랬을까? '소비자의 권리는 보호되어야 한다' 또는 '소비자의 권리는 국가가 보호한다' 이런 식으로 뭐 좀 명확하게 왜 쓰지 못했을까?

여기에는 복잡한 고뇌가 있다. 소비자가 기업을 상대하는 것은 개인 대 개인의 문제이기 때문이다. 소비자도 개인이고 기업도 개인이기 때문이다. 각자가 사적인 관계에서 거래하는 것을 국가가 나서서 왈가불가하기는 어려운 것이다. 그렇다고 국가가 당사자들끼리 알아서 하라고 하기에는 기업에 대한 소비자의 방어력이 심히 미약하다. 그래서 국가가 선택한 것이 현행 헌법과 같은 규정이다. 그러나 국가가 직접적으로 개입할 수 있는 방법이 있다. 우리 헌법 제119조 제2항에서 규정하고 있는 국가의 개입권이다. 내용을 보면 '……시장의 지배와 경제력의 남용을 방지하며, 경제주체 간의 조화를 통한 경제의 민주화를 위하여 경제에 관한 규제와 조정을 할 수 있다'고 적혀 있다. 규제·조정을 통해 소비자의 권리 향상을 도모하겠다는 것이다.

헌법을 기반으로 법률들이 만들어졌다. 그런데 그런 법률들이 소비자 기본법, 전자 상거래에서 소비자 보호에 관한 법률을 제외하고는 특별히 소비자라는 이름을 붙이고 있지는 않다. 각 경제주체의 행위를 정하는 각 근거 법률에 소비자의 보호와 관련한 사항을 포함시키는 방식이다. 따라서 소비자를 보호하는 법률 조항은 은행 및 투자 관련 법에도(은행법, 자본시장법), 결혼 중개업에 대한 법에도(결혼 중개업의 관리에 관한 법률), 전기 제품에 관한 법에도(제품 안전 기본법), 할

부로 자동차를 사는 것에 대한 법에도(할부 거래에 관한 법률) 포함되어 있다. 또한 증권 관련 집단소송법과 같은 소비자 집단소송에 대한 법률도 별도로 두고 있다. 요즘 새롭게 떠오르는 분야가 소비자 정보 보호다. 소비자 정보를 팔아 돈을 벌기도 하고, 고객 정보 관리를 못해 소비자의 정보를 속수무책으로 해킹의 위험에 노출시키는 일이 빈번해지고 있기 때문이다.

여기까지만 보면 국가는 소비자의 영원한 방패, 소비자의 진실한 동반자처럼 느껴질 것이다. 그런데 아쉽게도 국가가 항상 소비자의 편은 아니다. 국가는 소비자와 생산자, 양쪽 모두를 고려해야 하기 때문이다. 그것도 항상 공평하게 균형을 이루는 것도 아니다. 어느 때는 기업의 입장을 훨씬 중시하거나 어느 때는 소비자의 입장을 중시하기도 한다. 어느 때는 양자 모두 불만이 있지만 그 중간의 절충점에서 시치미를 떼고 있을지도 모른다. 전문가도 소비자의 편이라고 생각하면 오산이다. 소비자의 편인 전문가도 있지만 그 반대의 경우도 많다. 매일 누군가가 만들어놓은 차를 타고, 누군가가 만들어준 밥을 먹고, 누군가가 지은 집에서 살면서 부실로부터 보호받을 수 없다면 이상할 것이다. 그런데 현실은 안타깝지만 완벽한 보호란 없다. 결국 소비자 스스로가 똑똑해져야 한다.

만질 수 없는
후생 효과

　소비자의 권리 보호와 관련하여 불편한 것이 또 하나 있다. 다른 나라에 비해 우리나라에서의 미국산 체리 가격이 제일 비싸고, 칠레산 와인도 제일 비싸다고 한다. 소고기 수출 국가들과 FTA를 체결했는데 오히려 소고기 제품 값이 오른다. 궁금증이 생긴다. 자유무역협정이라면 서로 관세를 허물고 하나의 경제 지대처럼 거래하자는 것이 아닌가? 그런데 왜 가격은 전혀 내려가지 않았지? 더 화가 나는 것은 국민들은 충분히 비용을 지불했다는 것이다. 자유무역협정이 체결되면서 자동차, 핸드폰 등 공산품의 시장을 열어젖히기 위해 우리의 마늘, 쌀, 고기 등의 시장을 열었고 농민과 어민을 살리기 위해 특별법으로 '자유무역협정 이행에 관한 특별법'을 만들어 국민의 세금으로 계속 지원을 해주고 있기 때문이다. 많은 세금이 취약 산업 보호를 위해 집행되고 있다. 그런데도 납세자인 국민들은 그 혜택을 받지 못하고 있다. 왜곡된 시장 유통 구조에 대해서 관리하지 않은 탓이다. 일단 자유무역협정을 맺고 국가 전체적으로 경제적 이익이 커진 상태에서 누가 이익을 더 많이 가져갔는지에 대해서는 그다지 큰 관심을 두지 않는다. 누구에게 걷든 세금도 걷힌다. 무관심이다. 누군가가 그 차익을 모두 사익화하고 있었음에도 이를 관리 감독하지 않은 정부 당국에게 책임을 물을 수밖에 없다. FTA를 추진하면서 다시 소비자의 권리를 운운하기에도 머쓱한 정도다.

세계적인 브랜드 커피 판매점에서 파는 커피의 한국 판매 가격이 다른 나라에 비해 높은 수준이라는 것이 언론에 보도된 바 있다. 통상 다른 나라에 물건을 판매할 때 가격을 책정하는 기준은 그 나라의 구매력에 따른다. 일본과 가나에 동일한 가수의 음반을 판매한다고 보자. 일본에서 음반 가격이 20달러라면 쉽게 사서 들을 수 있지만, 가나에서 20달러는 매우 큰돈이다. 그런데 이러한 구매력과 상관없이 가격이 높아도 수요가 유지된다. 마케팅의 승리다. 그들은 커피 자체가 아닌 문화를 즐긴다. 이를 '문화 소비'라고 부른다. 따라서 소비자 보호를 이유로 법적 조치에 나설 수 있는 여지는 크지 않다.

권리의
보장 수단

우리나라는 아직 아니지만 선진국에서 소비자 보호와 관련하여 꽤나 잘 이루어지고 있는 것이 있다. 자동차 리콜recall이다. 리콜이 제일 잘 되어 있는 나라는 미국이다. 여기에는 음모론도 있다. 미국에서 가장 잘 팔리는 자동차 상위 10개 중 6개가 일본 자동차다. 그래서 일부러 미국에서 꼬투리를 잡아 일본 차가 리콜을 많이 당한다는 이야기다. 별로 근거가 없다. 사실 리콜은 좀 무서운 존재다. 미국의 '고속도로교통안전국NHTSA, National Highway Traffic Safety Administration'에서 관장하는데, 자수 안 하면 무거운 책임을 지게 만든다. NHTSA는 2014년 8

월에 우리나라 대표 자동차 회사에 대해 브레이크 결함이 있었음에도 불구하고 늑장 리콜을 했다는 이유로 1735만 달러(약 180억 원)의 과징금을 부과했다. 같은 회사의 건으로, 2012년 발생한 연비 과장 사건에서 미국 연방환경청EPA는 1억 달러(약 1073억 원)의 과징금을 부과했다.

우리나라 차만 그러는 것이 아니다. 일본 차, 독일 차 가리지 않고 리콜의 문제는 심심치 않게 이슈가 된다. 이러한 규제 그리고 소비자들의 소송은 소비자의 권리를 보장해주는 역할을 한다. 최소한 리콜만 보았을 때 미국의 리콜이 잘 이루어지고 있는 이유는 강력한 제조물 책임법(자신이 만든 제품에 문제가 발생할 경우 배상책임을 지우는 법률), 집단소송제(비슷한 피해를 입은 사람들이 모여서 하는 소송) 그리고 늑장 리콜에 대한 높은 벌금 수준 때문이다.

우리나라가 리콜을 활성화하기 위해서는 당장 현실적으로 세 가지 정도를 살펴보아야 한다. 먼저 해당 제품에 대한 정보 수집이 잘 이루어져야 하고, 문제가 될 가능성이 있는 경우에는 결함 여부에 대한 조사도 원활하게 이루어져야 한다. 마지막으로 제품의 하자에도 불구하고 은폐 혹은 늑장 대처한 경우 강화된 벌칙의 적용이 있어야 한다.

스마트 컨슈머와
블랙 컨슈머

인터넷에서 떠도는 말 중에 '호갱'이라는 단어가 있다. 정확한 정의는 없지만 대체로 '호구인 고객'을 의미한다고 한다. 즉 소비자가 품질 대비 높은 가격에 물건을 살 때 쓰이는 단어다. 가격이라는 것은 인류의 역사에서 최대의 발견이다. 그리고 시장에서의 가격은 장기적으로 재화가 주는 효용을 가장 잘 반영한다. 하지만 인위적으로 담합이나 매점매석과 같은 불공정 행위로 인해 이러한 상호 교환가치가 붕괴된다. 그리고 호갱님이 나타나게 된다. 이런 불편한 상황은 국가의 규제권에 의해 시정될 수도 있지만 때때로 국가의 방임 혹은 미숙함으로 인해 장시간 방치되는 경우가 있다. 소비자는 소비자원 등을 통해 개별적으로 자신의 권익을 구제받기 위한 노력을 하거나 불매운동과 같은 집단행동을 통해 이를 시정한다. 또 다른 방법으로 선거 때 투표를 통해 소비자를 보다 잘 보호해줄 수 있는 사람을 찾는다. 오늘날 소비자의 문제는 고요와 침묵을 벗어나고 있다. 스스로 지불한 만큼의 가치를 받을 것인가, 아닌가의 문제는 소비자들 자신의 선택에 달려 있다.

여기까지는 똑똑한 소비자라고 해서 '스마트 컨슈머smart consumer'에 해당한다. 그러나 소비자의 권리를 보장하는 수단을 남용하는 일들도 벌어지고 있다. 물건을 충분히 사용하고 훼손까지 시켜놓고 소비자 보호 수단을 이용하여 환불을 요구하는 경우나 제품의 하자가 없음에도 불구하고 생트집을 잡아 보상을 요구하는 소비자를 말한다. 검은 마음으로 선을 넘어선 이러한 행위를 하는 소비자를 '블랙 컨슈머black consumer'라고 한다(일종의 신조어인데 정확한 영어는 아니며, '불량 고객bad consumer'이라고 표현하는 것이 맞다). 블랙 컨슈머의 문제는 이들의 행동이 대다수 소비자들의 권익을 보호하려는 노력을 훼손하고 의심하게 한다는 것이다. 결과적으로 남용된 소비자의 권리는 정당하고 적법한 소비자의 권리를 침해하게 된다. 그래서 이제 소비자 운동은 법으로 소비자를 보호해달라고 하는 국가에 대한 요구 그리고 생산자를 상대로 한 제품의 개선 및 피해 보상 요구에 더해 소비자 권리의 남용을 방지하기 위한 소비자 간 자정 운동까지 확대되고 있다.

직업의
자유와
공익의
침해

신의 부름을
향유할 자유

직업은 영어로 'vocation'이라 한다. '무엇인가를 부른다'고 할 때의 'vocal'에서 나온 것으로, 옛날에는 직업을 '신의 부르심'을 받아 갖는 것이라고 여겼기 때문이다. 독일어로는 'Beruf'라고 한다. '부르다'라는 동사인 'rufen'에서 나온 것으로 앞서 한 설명과 같다. 이렇게 따지고 보면 우리말에서 '하늘이 내린 직업'이라는 '천직天職'도 일맥상통한 것이 된다. 물론 오늘날 직업을 나타내는 여러 가지 단어가 새롭게 등장했다. 'occupation'도 직업을 나타내는 단어인데, '일이 시간을 점유하고 있다'는 뜻으로 과거처럼 숭고한 의미를 가지고 있지는 않으며, 시간의 투입에 대한 효율이 중요해진 사회에서 새롭게 직업을 나타내는 단어가 된 것이다. 세상이 점점 철학에서 멀어지면서 사용하는 단어도 점점 메말라가는 것 같아 왠지 씁쓸해진다.

어원만큼이나 직업은 법에서도 매우 중요한 의미를 가지고 있다. 헌법도 중요한 기본권으로 직업의 자유를 규정하고 있다. 어느 날 백화점 버스가 사라졌다. 그동안 시내버스나 마을버스를 대신해서 무료로 장을 보러 다니기도 해서 그 편리함을 톡톡히 누려오던 차였다. 무슨 일이 있었을까? 대법관의 변호사 개업을 변호사협회에서 막았다. 무슨 문제가 발생한 것일까? 검찰의 정치적 중립을 위해 청와대에 검사를 파견하는 것을 막았다. 그랬더니 검사를 그만두고 청와대 갔다가 나올 때는 다시 검사로 복직해서 논란거리가 되었다. 대형 마트는 한 달에 두 번 의무적으로 쉬어야 한단다. 언뜻 관계없을 같은 이야기지만 본질은 똑같다. 직업의 자유의 문제다. 우리가 직업을 갖는 이유는 무엇일까? 단지 경제적 이유는 아닐 것이다. 돈을 많이 버는 것이 목적이라면 직업군은 매우 단순해질 것이다. 하지만 현실에서는 매우 다양한 직업들이 있다. 사람들은 직업을 통해서 자신의 만족감을 충족시키고 새로운 가치를 창조하기 때문이다.

백화점은 자체적으로 운영하는 버스를 통해 손님들을 백화점으로 실어 나르고 있었다. 그러다 보니 많은 사람들이 다리를 건너 강의 남쪽으로 가는 방법으로 백화점 버스를 이용했다. 백화점 버스가 갖는 '럭셔리'한 이미지는 더욱 많은 사람들을 끌어모았다. 강의 남쪽으로 손님을 실어 나르는 버스 회사들이 화가 났다. 그렇지 않아도 경영이 어려운 판에 백화점 버스에 의해 손님을 뺏기고 있기 때문이다. 더구나 백화점은 손님을 가급적 많이 모으기 위해서 많은 사람들이 모이는 요지를 통과함에 따라 버스 회사의 운영에 미치는 영향은 컸다. 결국 여객자동차운수사업법이 개정되었고, 백화점의 셔틀버스 운행은 금지되었다. 이에 대해 백화점은 헌법재판소에 해당 법률 조항이 직업 수행의 자유 등을 침해한다고 소송을 제기했다.[63]

소송에서 직업의 자유 이외에도 평등의 원칙도 문제가 되었다. 직업의 자유를 침해했다는 것에 대해서 헌법재판소의 입장은 기존 버스들이 공공 운송의 측면에서 엄격한 규제하에 운행되고 있는데 백화점 버스가 나와서 질서를 해치고 있으며, 백화점의 본래 목적이 물건의 판매이지 운송은 아니라는 것이었다. 그리고 그동안 관계 당국에서 자율적으로 운행 거리를 줄여보라고 했는데 백화점끼리 서로 고객 확보를 위해 경쟁하다 보니 자꾸만 노선이 늘어나 그것 역시 실효성이 없는 것이 확인된다는 것이었다. 이에 대해서 학원 버스, 유치원 버스 등을 거론하며 차별이라는 반박이 나왔다. 헌법재판소는 학원 버스나 유치원 버스 등은 불특정 다수인이 타는 것이 아니고 그 버스들이 다니는 곳과 운행 횟수 역시 제한된 것이라는 점이어서 백화점 버스와는 다르다고 보았다. 또한 대체로 동네에서 가까운 곳이며, 그 학원이나 유치원을 다니는 사람만 타는 것이 일반적인 것이고, 운행도 등교할 때와 집에 갈 때 두 번 정도에 그치기 때문이다. 결국 백화점 버스는 이렇게 사라지게 되었다. 그런데 '지금까지 잘 타고 다녔는데 이제 와서 없애면 나의 권리가 침해된 것 아니냐'는 주장이 나왔다. 헌법재판소는 그동안 타고 다닌 것은 법이 미비해서 그 반사적 효과로 타고 다닌 것이고, 기존의 이익을 지켜주기에는 지켜야 할 공익이 더 커서 지켜줄 수 없다고 했다.

직업 선택을
제한하는 이유

청와대에 검사를 파견하는 것이 왜 문제일까? 청와대도 공직이고 검사도 공무원인데 왜 검사가 청와대에 가면 안 될까? 검사인데 청와대에 가서 근무를 못하게 하면 직업의 자유를 침해하는 것이 아닌가? 여기에서도 개인의 직업 선택의 자유와 공공의 이익이 문제된다. 검찰은 수사권과 기소권을 가지고 있는 막강한 권력기관이다. 따라서 정치적으로 악용될 경우 반대 목소리를 억누르고 정국을 자의적으로 운영할 수 있는 가능성이 있으며, 실제로 우리 정치 역사상 검찰 권력이 자주 활용되어 온 과거가 있다. 청와대에 왔다 갔다고 해서 모든 검사들이 정치적으로 움직이지는 않는다. 하지만 우려의 가능성은 크다고 할 수 있다.

검사들의 직업의 자유가 중요할까, 아니면 민주적 기본 질서를 지켜나가는 것이 중요할까? 민주적 기본 질서가 훨씬 중요해서 검찰청법 제44조의 2는 '현직 검사의 청와대 파견을 금지'하고 있다. 대다수의 검사들이 현장에서 수사비조차 쪼들려가며 일하고 있는 현실에서 정치적 행보는 전체 검찰에 대한 오해를 불러일으킬 수도 있다. 드라마 〈복면 검사〉를 보면, 검사가 낮에는 검찰청에서 일하고 밤에는 복면 쓰고 돌아다니며 정의를 실현한다는 황당한 설정을 보여준다. 하지만 권선징악도 메말라가는 현실에서 대리 만족으로 괜찮았다. 드라마 초반, 아버지가 고등학생인 아들에게 말한다. '내 억울함을 풀어주기 위해서 너는 검사가 되어야 해. 그 녀석들은 힘이 너무 세서 개인이 이기기는 어려워. 하지만 검사 뒤에는 국가가 있잖아.'(대충 이런 대사였다) 검사는 아주 잘 다듬어진 검과 같다. 그리고 검사에게 국가권력은 법 집행의 힘을 부여한다. 누구의 손에 주어지느냐에 따라 쓰임이 달라질 수 있다. 국가와 사회의 가치를 지키는 보루로써 그 검은 국민의 손에 있어야 한다.

　　대법관을 마친 분이 변호사 개업 신고를 냈다. 그런데 대한변호사협회에서는 당사자에게 개업 신고를 철회해달라고 요구했다. 대한변호사협회가 그러한 권한을 가지고 있는지의 여부는 차치해두고라도 가장 근본적인 문제점은 직업 선택의 자유를 제한하고 있다는 점이다. 위에서 이야기했듯이 이익의 형량을 갖다 대어봐도 언뜻 제한의 이유가 분명해 보이지는 않는다. 혹자는 평등의 원칙을 이야기한다. 정부 장관들이나 검찰의 경우에는 안 그러는데 대법관에게 그런 굴레를 씌우는 것은 차별이라는 이유다. 평등의 원칙은 사실 좀 동의하기 어렵다. 대법관은 우리 사회에서 대립되는 이익을 조정하기 위한 기준점을 만들어내는 자리이기 때문이다. 대한변협의 입장에서는 대법관에서부터 시작하여 나중에는 검찰총장까지도 확대하겠다는 입장이었다. 2015년에 새롭게 임명된 박상옥 대법관은 임명 과정에서 퇴임

후 공익 활동에 매진하겠다는 뜻을 미리 밝히기도 했다.

　직업의 자유를 제한한다는 점에는 일견 수긍이 된다. 변호사 자격을 가진 대법관에게 높은 직을 했다고 변호사 하지 말라고 할 수 있나? 그런데 한 단계 더 들어가보면 그 나름의 의미는 있다. 우리는 원한다면 대법원에서 재판을 받을 수 있는 것으로 생각한다. 현실은 그렇지 않다. 대법원에 사건이 폭주하는 탓에 대법원은 재판할 사건과 하지 않을 사건을 가린다. '심리 불속행[64]'이라는 딱지가 붙은 것은 재판에 갈 수 없다. 대법원에 가기 위해서는 대법관 경력의 변호사가 선호된다고 한다. 우리나라만 그러는 것은 아니다. 미국도 마찬가지다. 우리나라의 대법관 수는 14명, 미국 연방대법원Supreme Court of the United States의 대법관은 9명이다. 일본 최고재판소最高裁判所는 15명의 최고재판관으로 구성되어 있다. 유럽은 다른 시스템이다. 우리의 대법원 격인 프랑스 파기원Cour de Cassation은 115명의 판사로 구성되어 있다. 독일은 대법원이 분야별로 설치되어 있다. 일반 민·형사 사건을 맡는 연방통상법원Bundesgerichtshof이 128명, 연방행정법원Bundesverwaltungsgerichtshof이 56명, 연방노동법원Bundesarbeitsgericht이 34명, 연방사회법원Bundessozialgericht이 40명, 연방조세법원Bundesfinanzhof이 60명이다. 그래서 우리와 미국, 일본에서는 대법원이 꼭 해야 할 사건들만을 고르지만, 독일은 대법원에서 재판받는 일이 어렵지 않다. 물론 우리와 미국, 일본이 채택한 시스템과 유럽식 시스템 간에는 각자 장단점이 있어 어떤 것이 좋다고 이야기할 수는 없다. 어쨌든 대한변협에서는 이러한 사정으로 대법관 출신 변호사에 대한 전관예우의 가능성이 있어 변호사 개업 신고를 거부한 것이라고 한다.

2015년 7월 OECD에서 사법 시스템에 대한 시민들의 신뢰에 대한 각 국가별 조사 결과를 발표했다. 우리나라는 조사 대상 42개 국가 중 39위에 그쳤다. 덴마크와 노르웨이가 1위였고 인도, 인도네시아도 우리보다 높은 수준으로 나타났다.

OECD가 갤럽에 의뢰하여 조사한 결과가 전적으로 맞다고 보지는 않는다. 국민들의 교육 수준 및 문제의식 등이 영향을 미치기 때문이다. 그렇다고 할지라도 사법제도에 대한 신뢰도가 낮은 수준이라는 것은 부인하기 어렵다. 그런데 여기서 한 가지 생각해볼 것이 있다. 2015년에 세계은행World Bank이 발표한 세계 기업 환경 평가Doing Business에서 계약 분쟁 해결Enforcing Contracts 절차에서는 세계 2위,[65] 도산 절차Resolving Insolvency에서는 세계 4위를 기록한 것이다. 상반된 결과는 무엇을 의미하는 것일까? 추측컨대 기업 법무와 관련하여 그간 국제화 및 개방화 전략을 추진한 과정에서 많은 제도적 발전이 있었고, 특히 최근에 중재 등의 분쟁 해결 절차가 매우 정교화된 점, 기업 법무 시장에 우수한 인력이 집중되고 있는 점 등이 그 원인 중 하나로 보인다. 그런데 세계은행 조사는 주로 기업인을 상대로 했다는 점에서 그 한계를 가지고 있다. 실제로 우리나라의 전자 소송 등 일부 제도들은 세계적인 수준이다. 그럼에도 불구하고 일반 국민을 상대로 한 OECD 조사에 상반된 결과가 나왔다는 점에서 일반적인 민사, 형사, 행정 등의 분야에서의 고민은 필요하다.

무엇이 문제인가에 대해서는 직관적으로 주로 전관예우를 든다.

A justice you can trust?

Percentage of citizens confident with the judicial system (2014)

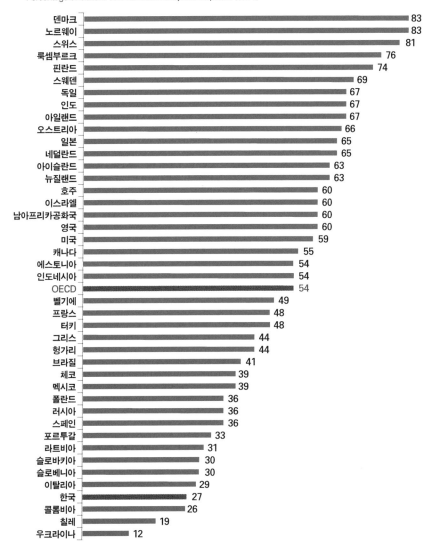

덴마크	83
노르웨이	83
스위스	81
룩셈부르크	76
핀란드	74
스웨덴	69
독일	67
인도	67
아일랜드	67
오스트리아	66
일본	65
네덜란드	65
아이슬란드	63
뉴질랜드	63
호주	60
이스라엘	60
남아프리카공화국	60
영국	60
미국	59
캐나다	55
에스토니아	54
인도네시아	54
OECD	54
벨기에	49
프랑스	48
터키	48
그리스	44
헝가리	44
브라질	41
체코	39
멕시코	39
폴란드	36
러시아	36
스페인	36
포르투갈	33
라트비아	31
슬로바키아	30
슬로베니아	30
이탈리아	29
한국	27
콜롬비아	26
칠레	19
우크라이나	12

출처 : OECD (https://www.facebook.com/theOECD/photos/pb.73290362460.-
2207520000.1455102937./10153242681557461/?type=3)

하지만 사실 문제는 이외에도 수사 절차에서 억울한 사정을 충분히 들어주지 않는 것, 1심 법원에서 당사자의 주장이 충분히 검토되지 않는 것, 변호사가 충실하게 소송 수행을 하지 않는 것, 법조 브로커에 의해 시장 질서가 해쳐지는 것 등 다양하다. 최근 변호사 수의 증가와 맞물려 사건을 알선해주는 법조 브로커에 대한 우려가 높아지고 있다. 승소 가능성이 없는 사건의 무리한 수임, 부실한 소송 진행과 책임 회피, 소개비 조로 과도한 수임료의 요구, 불법적인 증거 수집 등이 주요 문제점으로 지적된다. 이들은 변호사 명의를 빌어 직접 로펌을 설립하고 실질적으로 운영하기도 한다.[66] 변호사법 위반이다. 브로커를 규제하는 이유는 변호사가 개인사업자지만 동시에 사법 시스템의 한 축으로서 공적인 지위가 있다는 점과 각자의 절박한 입장이 담긴 법적 분쟁 사건이 거래 대상이 되어서는 안 되기 때문이다.

전관예우에 대해서 2015년 서울중앙지법은 새로운 시도를 했다. 담당 재판부 법관과 고등학교나 대학교 혹은 사법연수원이나 법학전문대학원 동기일 경우 그리고 같은 재판부나 같은 업무 부서에서 일한 경험이 있는 경우는 법관 재배당의 대상으로 하겠다는 것이다. 전관예우가 사법제도의 신뢰성에 걸림돌이 되고 있는 현실에서 의미 있는 시작이라고 할 수 있다. 법원의 재판 작용이 가장 정의로워야 하는 이유는 법원의 판단이 가장 최종적인 결정이고 그 이상의 권리 구제 수단이 없기 때문이다. 판사가 재판을 잘못했다고 국가배상을 청구할 수 있는 것도 아니다. 이론적으로야 잘못된 재판에 대해서도 국가배상 청구가 가능하나, 인정될 수 있는 것은 역사적으로 재평가된 사건 정도에 불과할 것이다. 재심의 경우도 그 요건이 매우 까다롭기는 매한가지다. 작으나마 새롭게 시작한 노력이 더 크게 그리고 다양한 방향으로 확대되길 바라는 이유다.

6장

법과
나랏돈

곳간의
관리[67]

빛을 지는

기준

회계연도를 말할 때 쓰는 영어 단어인 'fiscal'의 원형은 라틴어인 'fiskus'에서 나왔다. 우리말로 '창고'라는 의미다. 결국 국가 회계라는 것은 나라의 곳간을 관리하는 것을 말한다. 나랏돈을 관리할 때는 두 가지를 생각해야 한다. '어디에 쓸 것인가'와 '얼마나 쓸 것인가'다. 그래서 통상 나라에서 지출할 때는 기준을 정해놓고 쓴다. 이러한 기준이 나오게 된 것은 복지와 경제 위기의 반복으로 재정 투입이 늘어나면서 재정 적자가 상시화되면서부터다.

그렇다고 재정 적자가 반드시 나쁜 것만은 아니다. 경제를 살리기 위해 일시적으로 용인할 수도 있고, 천재지변이 발생할 경우에는

국가 채무 추이

(단위 : 조 원)

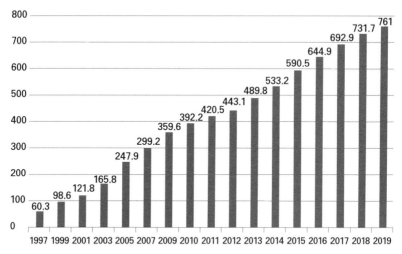

* 데이터 출처 : 국가지표체계
** 2016년 이후는 〈'15~'19 국가채무관리계획〉상의 전망

선택의 가능성이 없이 재정 적자가 발생하기도 한다. 그러나 구조적인 문제로 재정 적자가 발생하거나 장기 만성화되는 경우에는 재정 파탄의 원인이 된다.

이러한 것은 국가뿐만 아니라 가계나 기업도 마찬가지다. 기업의 경우 부채가 없는 것이 항상 좋은 것은 아니다. 레버리지leverage를 이용해서 부채를 지더라도 보다 많은 이익을 낼 수 있다면 어느 정도까지 허용해도 괜찮다. 그러나 이러한 것들이 과도하게 누적될 경우에는 부도에 이르게 된다. 우리나라도 재정 적자가 누적되고 있다. 물론 아직까지는 괜찮은 수준이라지만 공기업의 부채를 합칠 경우에는 그 폭이 대폭 늘어난다고 한다. 재정 적자의 증가 속도가 너무 빠르다는 우려도 들려온다. 결국 우리나라도 국가가 얼마나 채무를 질 수 있도록 할 것인가와 그 채무의 기준을 법으로 정하자는 이야기가 나오게 되었다. 재정법적 용어로는 재정 준칙 중에서도 채무 준칙이라고 한다.

채무 준칙이 가장 효과를 발휘할 수 있는 대상은 공약公約이다. 공약은 재정 적자와 재정의 불건전성을 야기하는 가장 주요한 원인이다. 공약을 믿는가? 공약을 믿는다면 셋 중 하나다. 순수한 영혼을 가지고 있거나, 별로 정치에 관심이 없거나, 후보자의 지지자다. 공약을 믿어야 하는데 믿을 수가 없는 것이 현실이며, 공약대로 실천할 경우 큰 부담을 지게 되는 일이 다반사다. 1년 남은 임기를 채우기 위한 보궐선거에서 후보자가 5년짜리 사업을 공약할 수도 있고, 당선이 되면 실행할 수도 있다. 무슨 말도 안 되는 소리냐고? 1년 후에도 돈이 계속 투입되는 사업을 만들어놓고 일단 자신의 임기 내에 1년짜리 예산을 투입하면 된다. 매몰 비용sunk cost이라는 것이 있다. 일단 큰돈을 들여 시작해놓고 나면 뒤로 되돌리기 어렵다. 그동안 들어간 돈과 시간이 아까운 것이다. '회군하기에는 너무나 많은 병사들이 희생되지 않았는가'라고 외치는 장군과 같다. 이때 방법은 세 가지다.

첫째, 계속 진군한다.—계속 계획대로 사업을 진행한다.

둘째, 현재 있는 곳까지만 점령한다.—사업 규모를 축소시켜 마무리 짓는다.

셋째, 완전히 철군한다.—사업을 종료한다.

국고보조금 지급 사업을 평가했다고 하자. 그 결과 불필요한 사업이 많았다. 바로 무 자르듯이 싹둑 사업을 종료할 수 있을까? 그동안 들어간 비용과 진행된 성과가 있는데······. 그래서 대부분의 사업들은 바로 당장 그만두는 것이 아닌 사업 규모를 축소시키고 기간을 단축시켜 종료시키는 방식을 취한다. 일종의 출구 전략이다.

선거관리위원회의 홍보 자료 중에서 이런 말이 있다. '공약에 투표하세요.' 그리고 공약을 얼마나 잘 지키는지 살펴보는 매니페스토 Manifesto 운동도 펼친다. 그런데 그 공약 자체가 잘못되어 있는 경우에는 오히려 이를 이행하는 것이 문제를 더 키우게 된다.

곳간을 지키는
규칙들

채무 준칙의 내용은 크게 두 가지다. 먼저, '어떤 경우에 빚을 질 것인가'에 대해서다. 가정에서도 마찬가지다. '빚을 저서라도 해야지.' 이런 경우는 아마 부모 병원비, 자녀 교육비 정도가 될 것이다. 국가도 마찬가지다. 불요불급한 데에서 빚을 지지 않고 가급적 꼭 필요한 부분에서 빚을 지도록 하는 것이다. 국가가 채권을 발행해서 파는 것과 공기업이 사업을 할 때 지급보증하는 것들이다. 또 다른 하나가 '어느 정도까지 채무 지는 것을 용인할 것인가'에 대해서다. 독일의 사례를 살펴보면 통상 'GDP의 몇 %'로 정하고 있다. 물론 이것도 독일 스스로가 정했다기보다는 유럽연합의 재정 규율인 안정과 성장에 관한 협약에서 정해둔 것을 독일이 국내법화한 것이다.

집을 하나 사려고 은행에 갔더니 DTI, LTV 이런 소리를 한다. DTI^{Debt to Income}는 소득 대비 부채 비율이다. LTV^{Loan to Value}는 내가 살 집을 담보로 돈을 빌릴 때 그 집 가격 대비 대출액의 비율이다. 이 모두가 왜 필요한가? 감당할만한 정도만큼 빌려주어서 돈을 떼이지 않기 위함이다. IMF 보고서를 보면 한국의 DTI와 LTV가 서브프라임 모기지^{Subprime mortgage}로 인한 글로벌 위기에서 한국을 비켜가게 한 효자라고 평가하고 있고, 이 제도가 시행된 국가 중 가장 잘된 모델 중 하나로 꼽고 있다. 안타까운 점은 우리는 가계 부채가 1200조 원에 육박하는 현실에서도 경기가 어렵다고 하면 제일 먼저 DTI와 LTV를 만지작거린다는 것이다. 나라의 재정도 마찬가지다. 감당할 수 있는 능력 내에서 빚을 져야 한다. 그래서 국가의 경제 능력인 GDP를 기준으로 몇 %까지가 감당할만한 능력인가를 판단해서 이를 법으로 정해놓는 것이다. 미국처럼 '부채 상한^{debt limit}'을 정해두는 경우가 있다. 그 이상 쓰려면 의회의 승인을 받아야 한다. 그러다 보니 의회와 대통령이 대립하는 경우, 연방정부가 쓸 돈이 없어 문을 며칠간 닫아야 하는 사태가 발생하기도 한다. '셧다운^{shutdown}' 사태다. 미국처럼 한도를 정해놓으면 좋을까? 뜻은 좋은데 실제도 그렇다는 것은 아니다. 미국도 그 한도를 의회 승인을 얻어 매년 늘리고 있다. 그래도 의미 있는 것은 한 번씩 올릴 때마다 상원과 하원을 오가며 설득하는 일이 쉽지 않아 한도 내에서 쓰려고 노력한다는 점이다.

일단 쓸 돈을 정해두고 절약해서 쓰더라도 어쩔 수 없는 일이 생기는 경우가 있다. 사실 1년 혹은 3년, 5년의 계획을 세워 돈을 쓰더라도 쓰다 보면 더 필요한 곳이 생기기 마련이다. 그때 추가적으로 예산을 더 책정해서 쓰는 것이 추가경정예산이다. 나중에 더 보탠다는 의미의 '추가追加', 다시 바르게 고친다는 의미의 '경정更正', 즉 기존의 짜두었던 예산이 부족하니까 다시 고쳐서 그 비용을 늘리고 추가해서 쓴다는 의미다.

봉급생활자들이 대체로 이번 달 생활비가 걱정될 무렵은 보름쯤 지난 때다. 추가경정예산도 어느 정도 예산이 집행되고 난 후에 편성된다. 대체로 가을쯤이다. 그런데 추가경정예산이 쉽게 편성되고, 그 규모도 '슈퍼 추경'이라고 불릴 만큼 큰 경우도 있다. 2002년에는 4.1조 원, 2003년에는 7.5조 원, 2004년에는 2.5조 원, 2005년에는 4.9조 원, 2006년에는 2.2조 원, 2008년에는 4.6조 원, 2009년에는 28.4조 원 등이 편성되었다. 메르스MERS-CoV 사태로 인한 경기하강에 대응하고자 2015년에 편성된 추경도 20조 원이 넘는 대규모였다. 추경이 너무 쉽다 보니 본래의 의미가 가을에 더하는 예산이라는 '추가秋加'가 되어버렸다.

세금으로 만들어진 돈은 적자를 내지 않고 잘 쓰기 위해서 기준을 정한다. 요즘 언론 보도를 통해서 자주 접하는 것이 '페이-고Pay-Go'다. 생소한 용어일 텐데, 한마디로 '새로운 것 하나 들어오려면 기존에 있는 것 하나 빼라'는 것이다. 전체 총량은 늘어나지 않도록 하면서 내부적으로 경쟁을 시키는 것이다. 이 경쟁에서 이겨 새로운 사용처가 하나 들어오려면 매우 세밀한 예산 계획서가 작성되어야 하고, 밀려날 수 있는 항목을 담당하는 부처의 사람들 그리고 이해관계가 있는 사람들과 치열한 공방을 벌여야 한다.

플라톤은 철인정치를 주장하면서 현명한 소수의 철인들은 이런 시스템 없이도 선(善)을 실현할 수 있다고 생각했다. 그런데 현실은 다르다. 친구들 다섯 명이서 돈 만 원을 가지고 있다고 하자. 그것으로 무엇을 할까 서로 의견이 갈린다. 서로가 각자의 주장을 하겠지만 가장 강력한 논거를 가지고 상대방을 설득시킨 아이템이 결국 승리하는 것과 같은 이치다.

복지 예산도 페이-고의 대상이다. 복지와 관련해서는 사회적 합의라는 말이 나온다. 어느 정도의 복지를 할 것인가에 대해서 사회적 합의로 정하자는 것이다. 페이-고에서는 자연스럽게 어떤 복지를 하고 어떤 복지를 하지 않을 것인지에 대해서 치열한 논쟁이 붙게 된다. 그 과정에서 반드시 필요한 복지와 그 다음으로 필요한 복지를 구별할 수 있게 된다. 이를 바탕으로 반드시 필요한 복지부터 예산을 확보하고 지출한다. 제대로 할 수만 있다면 페이-고는 의미 있는 방법이다.

채무
브레이크

얼마만큼 적자를 허용하도록 할까를 정하는데 그것을 어떤 틀에 정해야 할까가 문제된다. 무슨 말이냐면 그 기준을 헌법에서 정할까, 법률에서 정할까, 대통령령으로 정할까, 아니면 그냥 잘 지켜보라고 하는 정도의 법적인 구속력이 없는 원칙 정도로 둘까 하는 것이다. 가장 강력한 것은 헌법에 국가가 져야 할 채무의 한도를 정하는 것이다. 독일은 헌법인 독일기본법Grundgesetz에 '국가 채무는 GDP의 0.35%를 넘지 않기'[68]라고 규정해두고 있다. 이를 독일 사람들은 '채무 브레이크Schuldenbremse'라고 부른다.

독일은 국가 채무의 한도를 헌법에 정해두고 있다. 물론 헌법에 국가적 재난 사태 등 긴급한 경우에는 재정 적자를 일시적으로 넘어갈 수 있고, 이러한 결정을 할 때에는 적자가 난 돈을 어떻게 메꿀 것인가에 대해서 계획서를 함께 첨부해야 한다고 규정해두고 있다. 그런데 국가적 재난 사태 혹은 긴급사태임을 누가 판단할 것인가가 문제된 적이 있다.

당시 독일 연방헌법재판소Bundesverfassungsgericht는 최종적인 의사 결정권은 의회가 가지고 있다고 판단했다. 헌법으로 정할 경우 그 구속력은 엄청나다. 그런데 경제나 정치 상황이 바뀌어서 이를 개정하려면 쉽지 않다. 그나마 독일의 경우는 의회에서 헌법 개정을 하기 때문에 비교적 쉽다. 만약 우리가 헌법으로 재정 준칙을 받아들이면 어떨까? 안 된다. 왜냐하면 우리의 경우는 개정을 하려면 전체 국민투표를 해야 하는데 쉬운 일이 아니다. 그 절차도 오래 걸리고 비용도 만만치 않다. 헌법으로 정하는 것은 가장 강력하지만 선택하기가 쉽지 않다.

법률로 하면 의회가 마음대로 개정할 수 있을까? 헌법보다 쉬운 것은 분명하나 법률로 했다고 해서 의회가 마음대로 할 수 있는 것은 아니다. 나라마다 다르지만, 국민의 의식 수준이 낮고 정치권에 투표를 통한 영향력을 미치는 정도가 낮다면 개정이 어렵지 않다. 반대로 국민의 의식 수준이 높다면 법률로 정한 준칙을 어기는 일은 쉽지 않다. 여론의 압력이 있을 뿐더러, 선거 때 바로 표로 연결되기 때문이다. 법률로 정하고 있는 나라가 영국이다.

　　원칙 정도로 하는 것도 잘만 지켜진다면 의미가 있다. 하지만 경험상 그다지 효과가 있어 보이지 않는다. 사두고 쓰지 않은 운동기구 정도의 신세가 될 것이다. 실질적인 구속력이 없기 때문이다. 좀 수고스럽더라도 법률로 곳간을 관리하는 기준을 정하는 것을 생각해볼 필요가 있다. 미래 세대에게 부담스러운 짐을 지우지 않기 위해서라도 말이다. 빚이 우리 모두의 빚일 때는 빚을 지는 데 별로 마음이 무겁지 않을 것이다. 반면 빚이 나의 빚이고 나의 자식들이 갚아야 한다면 그런 빚을 지려는 부모는 없을 것이다. 모두의 빚이라고 생각하기 때문에 '공유지의 비극'이 발생한다. 그러나 1998년 외환위기 당시 경험했듯이 나라가 파산하고 나면 개인의 일자리도 날아가버린다.

지방자치와 파산[69]

모라토리엄 선언

'글로컬라이제이션Glocalization'이라는 말이 있다. '세계Global'와 '지역Local'을 합친 신조어로 세계화와 지역화를 동시에 추구하는 경영 전략이다. 중앙정부는 시민들의 요구에 신속하게 대응하기에 덩치가 너무 크다. 그리고 너무 멀리 있다. 서울시에서 일어나는 일이야 중앙 정부가 쉽게 알 수 있지만, 저기 멀리 광주나 대구의 시민들이 원하는 것들을 알기는 어렵다. 그래서 지방자치단체에게 보다 많은 역할을 부여해야 한다는 것이 힘을 얻는 것이다. 하지만 지방자치단체나 지방공기업도 해야 할 일이 있다. 지금과 같은 구조와 방식으로는 많은 권한과 기능을 부여받더라도 오히려 시민들이 불안해할 수 있는 정도의 모습을 보여주고 있다. 중앙정부와 지방자치단체 양자 모두의 노력이 필요한 이유다.

2008년 경기도 성남시가 모라토리엄moratorium을 선언했다. 시골의 아주 작은 군도 아니고 서울과 같은 생활권에 있는 성남시가 모라토리엄을 선언한 것이다. 아르헨티나, 브라질 등 중남미 국가 그리고 2009년 두바이까지 국제 뉴스에 모라토리엄으로 등장한다. 빌린 돈을 이제 더 이상 혹은 일시적으로 못 갚겠다는 것이다. '채무 상환 유예 요구'라고 한다. 모라토리엄은 단순히 채무를 조금 늦춰서 갚겠다는 것에 그치는 것이 아니라 '채무가 100만 원인데 50만 원으로 해주면 열심히 꼭 갚을게.' 하는 것이 일반적이다. 당시 성남시가 모라토리엄을 선언할 정도는 아니었지만 지방자치단체가 빚을 많이 지면 파산을 선언할 수도 있다는 경각심을 일깨워준 중요한 사건 중 하나다. 그 이후에 시민들은 물론 정치권에서도 지방자치단체와 지방공기업의 부채 문제에 관심을 가지게 되었다.

2014년 말 현재 기준으로 지방공기업의 부채는 73조 6478억 원이다. 1년 전보다 무려 3188억 원이 감소되었다. 여러 가지 노력이 있었겠지만 가장 큰 것은 역시 불필요한 자산의 매각이다. 문제는 여기에 있다. 부채 증가의 원인이 되는 사항에 대한 해결 없이 자산 매각을 통해 빚 부담을 줄였다고 할지라도 향후에 다시 빚의 규모가 증가할 수 있다. 단체장이 치적성 사업을 벌이고 정치적 이해관계에 따라 불필요한 자원이 배분된다면 다음번에는 매각할 자산도 없는데 어떻게 빚을 해결할 것인가가 우려되는 것이다. 물론 지방공기업을 포함한

지방자치단체 채무 추이

(단위 : 억 원)

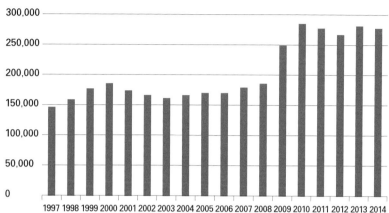

출처 : 행정자치부

지방공기업 자산 및 부채 추이

(단위 : 조 원)

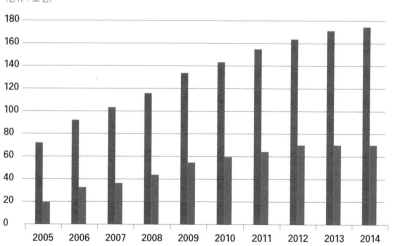

출처 : 국가지표체계(지방공기업 결산 및 경영 분석)
● 자산 ● 부채

지방자치단체의 재정이 열악한 데에는 여러 다른 이유들도 있어 꼭 그들만이 잘못했다고 할 수는 없다. 우리의 근대화 전략에서 특정 지역에 집중하는 발전 전략을 선택하다 보니 돈 없는 지자체가 생기는 것은 불가피했다. 재정 자립도가 낮은 지자체는 부유한 지자체에 비해 출발점부터가 달랐다는 것도 고려해야 한다. 지방공기업의 자산과 부채 역시 지방자치단체의 능력에 따라 부침이 크게 달라진다.

지방자치단체가 파산한다면 어떤 일이 벌어질까? 마을 사람들은 그대로 있는데 마을만 파산한다면 뭐가 바뀌는 거지? 바로 지방자치단체의 파산 가능성에 대한 논쟁이다. 서울시가 파산한다고 생각해보자. 서울시가 파산하면 서울시가 제공하는 온갖 서비스는 정지된다. 먹는 물의 공급, 하수의 처리, 도시가스의 공급, 주민등록등본의 발급, 인감증명서의 발급, 생활보호대상자의 보호, 노인 돌봄 등 갖가지 서비스가 중단된다. 서울시에서 먹는 물이 중단되면 사람들은 곧바로 인천시로 이주할 수 있을까? 이런 이동성은 기대하기 어렵다. 직장, 학교 그리고 비공식적인 여러 관계들이 묶여 있기 때문이다. 이동을 해도 일정한 시간이 필요하다. 결국 적어도 얼마간은 서비스 없는 도시에 그대로 살아야 한다. 먹을 물이 없고 하수도 처리되지 않는다고 생각해보라. 명백하게 기본권이 침해되는 상황이 발생한다. 인간다운 삶을 살 권리가 실현되지 못하는 상황이다. 국가는 국민의 기본권을 보호해야 할 최종적인 책임을 지고 있다. 따라서 서울시의 '필수'적인 서비스는 국가의 관리 체계에 의해 대체된다. 그렇더라도 파산한 지자체에서 사는 건 힘들다.

회생과 청산의
갈림길

　기업, 지방자치단체 등과 같은 법인이 재정상 심각한 어려움으로 더 이상 업무를 영위할 수 없을 때는 두 가지 갈림길에 서게 된다. 청산과 회생이다. 청산은 법인이 그간의 재산적 권리 의무를 모두 정리하고 완전히 사라지는 것을 말하며, 회생은 파산에 직면한 법인을 법정 관리 및 구조 조정과 같은 재건 절차를 거쳐 살려내는 것을 말한다. 다시 살아나기는 하지만 법인의 모든 구조가 크게 변화하고 바뀐다. 지방자치단체의 파산은 청산형 절차를 취할 수 없다. 왜냐하면 국가의 행정 조직을 없앨 수도 없고 명칭을 없앤다고 해봐야 시민은 그대로 남아 있기 때문이다. 따라서 지방자치단체의 파산 여부에 대해서 '가능, 불가능'의 논쟁이 있지만 오늘날에는 재건을 목적으로 한 회생형 절차만이 가능하다고 보는 것이 일반적이다.

　문제는 지방공기업이다. 지방자치단체가 수행하는 아주 많은 공공서비스들이 지방자치단체가 설립한 공기업에 의해 공급되고 있다. 공기업은 로마 시대에도 있었다. 흔히 공기업라는 것이 처음 만들어진 때를 프랑스의 나폴레옹 시대로 보지만 유사한 형태의 조직은 시기를 한참 거슬러 올라간다. 로마의 평화 시대를 이끌었던 옥타비아누스Gaius Octavianus(흔히 '아우구스투스'라고도 부른다) 때도 사회간접자본을 건설하기 위한 공공사업청이 있었으며, 여기에는 도로·수도 등이 포함되었다.[70] 오늘날 공기업은 '서비스 국가'의 근간을 이루고 있다.

그러나 공공성과 수익성 간의 선택 문제에서 혹은 정치적으로 결정된 사업에 참여하는 등으로 인해 재정적 어려움을 겪고 있다. 문제는 중앙공기업, 지방공기업 모두에게서 발생한다. 그런데 중앙공기업은 중앙정부라는 든든한 후원자가 버티고 있어 파산하기도 어렵고, 전국 단위 사업을 하다 보니 파산시킬 경우 후폭풍이 만만치 않다.

앞서 본 바와 같이 지방자치단체는 사라질 수 없는데, 지방공기업은 사정이 다르다. 수돗물의 공급 혹은 하수의 처리처럼 필수적이어서 지방자치단체가 직접 운영하는 공기업이 지방 직영 기업이다. 이름만 공기업이지 실제로 공무원들이 운영하는 조직이다. 그냥 관청이 기업을 한다고 보면 된다. 그 이외에 각종 개발 사업을 하는 공기업들이 있다. 이를 지방공사라고 한다. 직접적인 필수 서비스를 제공하는 것이 아닌 경우다. 왜 이런 분류를 하는가? 만약 필수적인 서비스가 제공되지 않으면 기본권이 침해되는 상황이 발생한다. 따라서 지방공기업이 빚도 많고 재정이 바닥났다 하더라도 필수 서비스를 공급하는 지방 직영 기업은 완전히 공중분해를 전제로 하는 청산을 선택하기는 어렵다. 필수 서비스가 아닌 경우에는 청산형 절차를 선택할 가능성이 남아 있다. 그런데 이것도 청산을 잘 안 한다. 개발이 필수적이지는 않지만 그래도 공공의 이익이라는 면을 고려하지 않을 수 없기 때문이다.

우리나라도 최근에는 지방공기업의 파산이 조금씩 논의되고 있다. 강원도 태백시는 지방공기업인 태백관광공사에 대해서 법원을 통한 회생을 신청하였으며, 2014년 8월 서울중앙지법은 회생 절차 개시를 결정했다.[71] 비록 회생형 절차지만 지방공기업의 파산 가능성이 현실화된 첫 번째 사례라는 점에서 큰 파장을 불러일으켰다. 당시 태백시가 해당 공기업을 회생 절차에 들어가도록 하지 않았다면 결국 지방자치단체가 그 재정적 부담을 짊어지게 됨에 따라 태백시는 자치권의 제한을 받을 수도 있었다. 태백시와 유사한 정도의 재정적 위기를 겪고 있는 지방공기업은 우리나라는 물론 미국, 일본, 독일 등 선진국에서도 흔히 찾아볼 수 있다.

공기업
파산

미국은 지방공기업의 파산이 가장 활발하게 이루어지는 나라 중 하나다. 미국의 파산법에서도 청산과 회생을 규정하고 있는데, 지방공기업의 경우 대체로 우리와 마찬가지로 회생형 절차가 이루어진다. 주민에 대한 공공서비스 때문이다. 그러다 보니 일부 공공서비스와 연관이 있는 회사에 대해 채권을 가지고 있는 채권자들은 그 기업이 완전히 청산되는 청산형 절차보다는 회생형 절차에 들어가는 것을 선호하게 된다. 미국 파산법 제9장에 있는 것이 완전히 회사가 공중분해되어 없어지는 청산이고, 제11장에 있는 것이 건전화시켜 다시 재사용하는 회생이다. 그래서 미국 변호사들은 흔히 회생형 절차를 '챕터 11 이슈'라는 식으로 표현하기도 한다. 밤에 불이 꺼지지 않은 도시 라스베이거스에 도시 전체를 가로지르는 모노레일을 운영하는 회사가 있었다. 일면 공공성을 인정할 수 있는 회사다. 그래서 채권단은 회생형 파산을 신청했으나 법원은 이를 인정하지 않았다. 법원은 크게 두 가지 질문을 던졌다. 첫째, 모노레일이 반드시 필요한 것인가? 둘째, 지방자치단체가 꼭 해야 하는가, 민간은 할 수 없는 것인가? 모노레일 회사는 결국 회생되지 못하고 청산되었다.

지방공기업의 파산 사례는 일본과 독일에서도 찾아볼 수 있다. 일본에서 주로 파산된 것은 지방개발공사들이다. 그런데 일본은 대부분 법원까지 가기 전에 합의를 통해서 지방공기업을 청산하거나 재건화하는 작업을 진행했다. 일본은 비공식적인 협상 혹은 합의의 경로가 잘 발달되어 있다. 아마도 관련된 영역을 중심으로 한 집단의식이 강했던 전통적인 네트워크 구조에서 그 원인을 찾아볼 수 있지 않을까 싶다. 독일은 지방공기업에 대해서 특별히 주목할만한 파산 사례는 없지만 과거 글라스휘테Glashütte라는 지방자치단체를 파산시킨 경험이 있다. 당시 독일 법원의 판결에서 주목할만한 것은 채권자들이 자신의 채권을 확보하기 위해서 지방자치단체의 재산을 압류하더라도, 지방자치단체가 공공의 이익을 위해 사용하고 있는 것은 강제집행의 대상에서 제외된다는 것이다. 논거는 간단했다. 채권자의 이익보다 그 공공 자산을 통해 이익을 얻고 있는 시민들의 이익이 명백히 크다는 것이다. 이러한 논거는 후일 지방자치단체의 파산과 지방공기업의 파산에서 매우 중요한 판단 기준으로 작용하게 된다.

거짓말
그리고
통계

통계의
작성과 해석

영국의 수상이었던 벤자민 디즈레일리Benjamin Disraeli라는 사람이 있다. 영국의 제국주의 시대를 연 정치가 중 한 사람이다. 그는 〈비비안 그레이Vivian Grey〉라는 정치소설을 쓴 작가이기도 했다. 그는 작가답게 여러 가지 멋진 말을 남긴다. 그가 남긴 어록 중에서 거짓말에 대한 이야기가 있다. '세상에는 세 가지 거짓말이 있다. 그럴듯한 거짓말, 새빨간 거짓말 그리고 통계다.' 그가 이렇게 이야기한 데에는 당시에 왜곡되어 이용되었던 통계에 대한 불신이 잠재되어 있었다. 통계가 거짓말이라는 것은 일면 타당하기도 하지만, 수긍할 수도 없는 이야기다. 만약 누군가가 통계를 조작하고 자신의 이익을 위해 왜곡하여 해석했다면 거짓말이 되겠지만, 그렇지 않은 경우에는 다소 오류가 있더라도 현상을 그나마 가깝게 해석해주는 척도가 될 수 있다. 구소련 통계에 대한 농담도 있다. 소비에트 경제의 위대성을 보여주기 위해 통계를 만들려고 이 사업을 추진할 통계학자를 인터뷰 했는데, 최종 선발된 사람의 답변은 이랬다고 한다. '어떻게 만들어 드릴까요?' 통계에 대한 이야기를 하게 되면 크게 두 줄기로 나눠보아야 한다. 하나가 통계의 작성에 대한 이야기고, 또 다른 하나가 통계의 해석에 대한 이야기다.

통계의 작성 방식에는 전수조사의 방식과 표본조사의 방식이 있다. 전수조사 방식의 통계는 응답을 한 사람이 거짓말을 하지 않는 한 매우 정확하다. 대상자 모두의 응답을 합쳐서 하나의 지표로 내어놓기 때문이다. 특히 관공서가 법적 근거를 가지고 수집하고 국민들은 이를 신고하지 않을 경우 과태료가 부과되는 자료인 주민등록 신고 자료, 혼인신고 자료, 가족 관계 등록 자료 등의 경우에는 거짓 응답을 할 가능성이 적다는 점에서 매우 유용한 자료로 이용될 수 있다. 물론 개별적인 정보는 개인 정보 보호법에 의해서 보호되므로 공개할 수 없지만 데이터 처리를 통해 통계 형태로 이용할 수는 있다. 이 문제는 국가가 가지고 있는 정보를 민간이 얼마나 활용할 수 있는가의 문제인 공공 정보에 대한 저작권의 문제와 연관된다. 그런데 전수조사가 아니라면 문제는 달라진다. 예컨대 인터넷에 돌아다니는 가십성 기사에서 자주 볼 수 있는 통계자료 형태인 예컨대 '40대 남성 50% 술 먹고 필름 끊겨', '30대 여성 50% 석 달에 한 번씩 신발 구매' 등의 이야기는 사실 신뢰성이 떨어진다. 그 아래를 자세히 보면 '500명 설문조사' 이런 것들이 작은 글씨로 쓰여 있는 경우를 볼 수 있다. 전수조사가 아닌 이런 식의 통계 경우에는 근본적으로 조사 대상의 수가 너무 적어 대표성이 없다는 것이 가장 큰 문제다. 추가적으로 조사의 장소, 조사의 시간이 크게 영향을 준다. 장소와 시간에 따라 그 시간에 응답을 했던 사람의 직업과 취향이 크게 달라질 수 있기 때문이다.

'우리나라 기업의 연구 개발비가 지난 3년간 지속적으로 하락하고 있습니다. 이러다간 중국과 생산 제품이 겹쳐 향후에 경상수지에 큰 적자가 우려됩니다. 그래서 이를 개선하기 위해서 그 대책 중 하나로 연구 개발비에 대한 조세 감면 비율을 높여야 합니다.'

관계 장관 회의에서 이런 결정을 내리기 위해서는 그 근거가 되는 자료가 있어야 한다. 자료가 되는 통계가 나오기 위해서는 먼저 설계가 필요하다. 수만 개나 되는 모든 기업의 자료를 일일이 조사하기는 어렵기 때문이다. 각 업종별로도 나눠야 한다. 왜냐하면 제조업은 연구 개발비가 더 필요하지만 서비스업은 그렇지는 않기 때문이다. 매출액을 구간별로도 나눠야 한다. 예를 들어 제조업 중 매출액 1000억 원에서 900억 원 사이, 899억 원에서 800억 원 사이, 799억 원에서 700억 원 사이 등. 각 구간별로 선택된 기업체가 그 구간에 속해 있는 다른 기업들의 현상이 대체로 그럴 것이라고 대변하는 것이다. 그리고 이 구간에 각각 일정한 개수의 업체들이 조사 대상으로 들어가면 어느 한쪽의 수치가 크게 나타나 현상을 왜곡시킬 가능성은 줄어들고 실제 현상에 가깝게 갈 기본 형태는 갖추어진 것이다. 물론 정규 분포를 그려 신뢰도를 검증해야 한다. 이러한 방식을 소위 '네이만Neyman 방식—임의 층화 추출 방식'이라고 부른다.

통계를 만들기 위해서는 설문조사를 하는데 이때 볼펜 같은 선물을 준다. 응답해주어서 감사하다는 의미다. 의무적으로 답변해야 하는 경우나 행정 과정에서 얻어지는 자료가 아닌 국가 통계라도 설문조사 시 기념품 같은 것을 주기도 한다. 개인의 시간을 쪼개서 답변도 해야 하고, 개인 정보 이용에 관한 동의도 해주기 때문이다. 가장 두려운 것이 개인 정보의 누출이다. 요즘 세상에서는 개인 정보가 누출되면 수많은 스팸 메일, 스팸 문자, 스팸 전화, 피싱 등등 별의별 일이 다 벌어지기 때문이다. 그래서 통계조사표에 보면 '통계 목적에만 사용합니다'라고 적어두고는 한다. 통계법과 개인 정보 보호법의 접점이라고 보면 된다. 통계자료로 이용하는 경우라도 개인 정보의 관리에 대해서는 수집 기관이 책임을 져야 하며, 이를 위반한 경우 손해배상 청구까지 가능하다.

각 부처는 정책 자료를 만들기 위해서 민간으로부터 신고되는 사항 혹은 인·허가 사항, 여기에 추가적으로 설문을 통해 수집한 사항을 모아 동향 자료 그리고 향후 정책 방향 자료를 만든다. 그런데 각 부처 간 업무가 중복되는 경우가 있다. 이때 각기 자료를 모으다 보니 자료를 제공해주는 곳에서는 '전에 ㅇㅇ부처에 했는데 왜 또 요구해요?'라고 이의를 제기한다. 물론 각 부처나 국가기관이 이와 같은 자료를 수집하는 데 따른 법적 근거는 각 법률에 가지고 있다. 문제는 당시 법률을 만들면서 이런 부담까지는 고려하기가 현실적으로 어려윘다는 점이다. 그러다 보니 민간 부문에서는 투덜거리는 문제가 나오기도 한다. 최근 규제 개혁의 이슈로 인해 정부가 민간에게 요구하는 자료가 대폭 간소화되고 줄어들었다. 하지만 여전히 이러한 자료 요구에 대한 민간의 입장은 부정적이다.

어떤 자료가 요구되고 얼마나 요구되느냐는 각 나라별로 사정이 다르다. 우리나라만 유독 자료를 많이 요구하는 것은 아니다. 미국이나 독일의 각종 행정 서식과 신고서를 보면 손을 대기가 부담스러울 정도로 세세한 항목을 요구하는 것도 많다. 독일은 이러한 각 부처별 자료 요구를 개선하기 위해서 좀 색다른 방법을 채택했다. 정부가 한 해 수집할 수 있는 통계용 설문의 수를 제한하고 그 범위 내에서 각 부처들이 나눠가지는 것이다. 그러다 보니 제한된 수의 설문을 가지고 있는 각 부처들은 꼭 필요한 설문의 우선순위대로 설문을 하게 되고, 설문하지 못한 부분은 타 부처와의 자료 공유를 통해 자료를 이용하고 있다. 하지만 수많은 신고서는 여전히 독일 규제 개선의 주요 테마다. 각 국가에 대해 유사한 설문을 하는 국제기구들도 과거와 달리 통합적 설문을 하고 있다. OECD, IMF, BIS, 세계은행 등이 서로 협의하에 공동 설문을 하는 방식이다.

숫자가
주는 착시

    통계가 정확할수록 국가 행정에서 정책 효과는 정확하게 나타
나고 통계의 현상은 입법의 방향과 내용을 결정하기도 한다. 그러다
보니 입법을 하거나 정책을 수립하는 데 혹은 민간 기업이 수익률 등
을 설명하는 데 많은 수치가 사용된다. 일단 수치가 사용될 경우, 숫
자가 주는 신뢰감이 커서 저항감이 줄어들기 때문이다. 사람들은 유
독 숫자에 대해 신뢰감을 보인다. 복잡한 숫자가 많을수록 엄청난 산
고 끝에 주옥 같은 결과가 나온 것으로 착각한다.《논쟁에서 이기는
38가지 방법》이라는 책이 있다. 그 책은 논쟁에서 이기는 방법들을 열
거해두고 있는데, 그중 한 가지가 '논쟁 중에 그럴싸한 숫자를 들어
서 논박하라'는 이야기가 나온다. 그 숫자가 진실인지 아닌지 상관없
이 상대편은 당장 그 숫자를 찾아볼 생각을 안 하는 대신 듣고 있는
청중들은 숫자를 이야기한 편에 신뢰를 보낸다고 한다. 일상생활에서
뉴스만 보아도 이런 경험들을 할 수 있다. 정부 혹은 기업에서 새로운
사업을 시행한다고 하면서 어느 부분에서 부가가치가 몇 퍼센트 창출
되고, A라는 부문이 B라는 부문에 긍정적 영향을 주어 B 부문에서 경
제적 효과가 창출되어 금번 사업의 경제적 가치는 총 얼마로 추정된
다는 식이다. 하지만 자세히 뜯어보면 도대체 각 부문의 숫자가 무엇
을 근거로 나오는지에 대한 합리적 의심이 시작된다.

    현명한 사람이라면 그 숫자가 가지고 있는 규칙과 숫자의 변동

이 합리적인가를 검토해야 한다. 전수 통계가 아닌 한 대부분의 통계는 전제를 둔다. 임의 추출 통계에서는 뽑혀진 것들이 다른 것들을 잘 대변할 것이라는 전제를 가지고 통계를 작성한다. 따라서 그 전제가 합리적으로 설정되었는지를 확인해야 한다. 법정에서 상대편 변호사가 통계를 들고 나왔다고 하자. 미국 로스쿨 입학시험의 언어 논리 부분에서 주로 나오는 문제가 '상대편의 주장을 약화시켜라.'다. 답은 대체로 상대편 주장의 전제를 공격하는 것들이다. 마찬가지로 상대편이 제시하는 통계의 전제를 공격하는 것은 공방에서 유용하다.

통계는 정부에서 법의 집행을 위해서 공무원에 의해 활용되고 해석된다. 공무원이 업무 수행을 위해 통계를 해석한다면 크게 두 가지로 나눌 수 있다. 만약 통계가 전수 통계인 경우에는 해당 공무원의 해석 재량은 거의 없다. 만약 통계가 표본 통계일 경우에는 해당 표본의 특징을 고려해서 통계의 인용 및 의미 해석을 할 수 있다는 점에서 재량의 여지를 인정할 수 있다. 이러한 숫자가 가지는 막연한 신뢰감을 이용하여 아전인수我田引水 하는 것도 있다. 정부가 정책 홍보를 위해서 하기도 하고 사업자 단체, 기업 등에서 활용할 수도 있다. 한편, 이익과 연관되어 있는 그룹이 항상 좋은 통계만을 인용해서 활용한다고 생각해서는 안 된다. 때로는 나쁜 통계도 적극적으로 활용될 수 있다. 예컨대 OECD 국가와 비교해서 특정 분야의 인프라가 아주 형편없다는 내용의 통계는 다음 연도 예산편성 시 추가 예산을 할당받을 수 있는 강력한 근거가 될 수 있기 때문이다.

통계의
활용

만드는 것도 중요하지만 활용도 중요하다. 통상 활용은 해석을 의미한다. 해석은 그 통계 자체가 가지고 있는 의미를 해석하는 것과 우리나라의 통계를 가지고 국내의 다른 통계 혹은 외국의 통계와 비교하여 정책적 시사점을 도출해내는 것이 있다. 통계의 해석에 오류가 있는 경우도 많다. 흔히 인용되는 것의 예가 베트남전쟁 당시 미 해군의 사망자가 뉴욕의 사망자보다 적다는 것이다. 이는 통계 수치 인용의 오류다. 베트남전쟁 당시 미 해군은 모병을 위해 이 통계를 사용했는데, 문제는 베트남전쟁에서의 사망자는 대부분 20대 젊은이였고, 뉴욕에서의 사망자는 주로 노인들이었다. 이처럼 의도적으로 통계를 왜곡하는 경우가 경계해야 할 중요한 점이다. 현재는 과거 1960년대보다는 사회적으로 통계에 대한 인식이 높아 이러한 오류 정도는 쉽게 잡아낸다.

법과 관련된 통계도 있다. 대표적인 것이 대법원의 〈사법연감〉에서 나타난 통계와 법무부에서 발표하는 법무 통계다. 이들 통계는 행정 자료에서 얻어진 전수 통계라는 점에서 매우 정확성이 높다. 그 내용 면에서도 법적 현황에 대한 거의 모든 것을 다루고 있어 활용도가 매우 높다. 소송 건수, 소송 취하 및 상소, 이혼소송의 연도별 추이, 형사 범죄 검거 현황, 형사 범죄 양형 추이 등 법과 관련한 현황을 쉽게 찾아볼 수 있다.

사회통계가 활용되는 중요한 곳 중 하나가 법원이다. 옛날에도 통계는 법정에서 변론의 자료로 활용되기도 했지만 요즘에는 파워포인트, 동영상 등 다양한 방법이 이용됨에 따라 통계자료 그리고 이를 활용한 그래프 등이 변론의 과정에서 화려하게 펼쳐지기도 한다. 비교적 최근의 판결 몇 개를 살펴보자. 기능공으로 일하고 있던 사람이 사고로 인해 더 이상 일을 못하게 되어 그 손해를 배상해주기 위한 소송을 했다. 하루 급여 손실의 크기를 월급여액 통계를 사용하여 산정할 것인지, 아니면 하루 노임 통계를 사용하여 산정할 것인지가 문제된 적이 있다.[72] 근로복지공단이 석재 회사에서 일하다가 진폐증으로 요양 중인 사람에게 임금 손실분에 해당하는 돈을 줘야 하는데, 이때 동종 직종에서 일하고 있는 근로자 임금에 대한 통계인 노동 통계조사 보고서상의 임금을 적용하는 경우도 있었다.[73] 또한 자동차 배기가스로 인해 천식이 발생했다고 하여 해당 시설의 운영을 금지시켜달라는 청구 소송에서 자동차 배기가스가 천식을 유발하는 것인가에 대해서 통계자료를 이용하여 이를 판단한 경우가 있었다.[74] 언뜻 보면 별로 관계없어 보이는 숫자의 조합인 통계는 법에 있어서도 유용하게 활용되고 있다.

3부

더 나은
미래를
찾아서

7장

글로벌 금융 시대의 법

은밀한
피난,
조용한
세탁

조세
피난처

 습기를 잔뜩 머금은 더운 바람이 건물 사이를 돌아 나뭇가지를 건드린다. 건물의 한편에 문이 활짝 열린 커다란 방이 하나 보인다. 천정에는 카리브 해를 배경으로 한 영화의 한 장면에 나올법한 선풍기가 방 안을 어루만지듯 더운 바람을 내보내고 있다. 방 안에는 수십 대의 전화기가 있고, 그 앞에는 졸린 고양이를 무릎에 앉히고 무료한 듯 뜨개질을 하는 아가씨가 앉아 있다. 각 전화기에는 회사명이 붙어 있고, 전화벨이 울리자 졸린 아가씨는 짐짓 목소리를 가다듬고 전화기에 붙어 있는 이름으로 전화를 받는다. 방을 지나 건너편으로 나가면 전화기에 붙어 있는 이름과 같은 이름의 우체통들이 나란히 줄을 지어 회백색 벽에 매달려 있다. 왜 그 건물에는 전화기와 우체통들만 모아져 있을까?

돈세탁과 주로 함께 다니는 것이 조세 회피다. 그래서 돈세탁과 조세 회피로 유명한 곳은 대체로 일치한다. 예를 들면 우리가 어렸을 때 배와 비행기가 가다가 사라진다는 버뮤다 삼각지대인 바하마를 일대로 한 케이먼Cayman 군도를 들 수 있다. 비행기와 배만 사라지는 것이 아니라 돈도 사라진다. 마술과 같은 곳이다. 아시아 지역에서는 말레이시아의 라부안Labuan이 한때 조세 회피처로 이름을 올린 적이 있다. 물론 이외에도 카리브 해를 중심으로 소소하게 이런 장사를 많이 하는 작은 소국들이 있다.

조세 회피의 방법으로 대표적인 두 가지가 조세 피난처Tax Heaven 이용과 조세조약 이용이다. 조세 피난처에는 아무런 인프라가 없다. 그러다 보니 종이로 된 회사만 존재한다. 페이퍼 컴퍼니paper company를 통해 자금 세탁을 할 수도 있다. 자금 세탁이란 돈의 출처를 확인할 수 없도록 새로운 돈의 수익 원천을 만들어내는 것을 말한다. 주로 세금을 내야 하는 자금, 불법적으로 얻어진 자금 등이 이러한 자금 세탁의 대상이 된다. 한마디로 당국의 추적을 피하기 위한 돈세탁이다.

그러나 이런 조세 피난처로 자국 기업들이 회사를 세우고 자금을 빼돌리기 시작하자 각국 세무 당국의 역습이 시작된다. 유럽 국가들은 자국 기업들이 케이먼 제도와 같은 조세 피난처로 가서 합법을 가장하여 세금을 회피하더라도, 자기 나라였으면 원래 내야 할 세금과 차액 일부를 부과시키기 시작했다. 그리고서는 이들 조세 피난처

조세 피난처(출처 : EU 2015년 기준)

에게 정보 제공을 요구했다. 미국도 마찬가지다. 미국 기업들이 마이애미 바로 턱 밑에 있는 조세 피난처로 가서 세금을 회피하고 있는 일이 만연했다.[75] 미국 과세 당국이 대응하기 시작했다. 최근에는 미국과 유럽 국가들의 주도로 각 나라들이 금융 정보를 서로 교환해서 해외에서 탈세하는 것을 막자고 약속했다. 그래서 세계 79개국이 참여하는 금융 정보 자동 교환CRS 시스템을 만들었다. 물론 미국처럼 해외 계좌 납세 협력법Foreign Account Tax Compliance Act을 제정해서 미국과 거래하는 다른 나라의 상대방 금융기관이 정보를 제공하도록 의무화하는 경우도 있다. 조세 징수권이 국경을 넘는 경우이다.

이러한 노력에도 불구하고 조세 회피는 여전히 성황이다. 2016년 4월, 국제탐사보도언론인협회ICIJ는 페이퍼 컴퍼니를 통한 조세 회피 사례를 보여주는 '파나마 페이퍼스Panama Papers'라는 자료를 공개했다. 파나마에 있는 한 로펌으로부터 유출된 자료다. 충격적인 것은 이름만 대면 알만한 여러 나라의 정치인, 정치인의 친인척, 기업인, 운동선수, 영화배우 등이 그 명단에 있었고, 우리나라 사람으로 추정되는 인물도 159명이나 되는 것으로 알려졌다.

틈새시장이 생겼다. 세금을 내긴 내되 인근 국가보다는 낮은 어느 정도 합리적인 수준으로 세율을 정하고, 과세 당국에 협조도 하는 등의 전략을 구사했다. 이자도 그렇지만 세율도 조금이라도 낮기만 하면 경쟁력이 있다. 그냥 월급쟁이야 가진 돈이 없어 별 의미 없겠지만 일단 규모가 큰 돈이라면 세율이 조금만 낮아도 그 효과는 무척 크기 때문이다. 틈새시장의 나라가 바로 룩셈부르크Luxemburg이다. 룩셈부르크는 조세 피난처와 구분해서 '조세 우대 지역'으로 부른다. 조세 피난처가 위축될수록 룩셈부르크는 급성장하기 시작한다. 자세히 들여다보면 반드시 세율만이 낮아서가 아니었다. 룩셈부르크 역시 금융 투자에 잘 맞도록 제도를 뜯어고쳤다. EU는 회원국의 사법 시스템을 비교해서 순위를 매기고 있다. 평가 항목은 재판의 신속성, 소송 행정의 전자화 정도, 재판 결과의 수용성 등이다. 여기에서 룩셈부르크는 항상 상위권에 속한다.[76]

조세
조약[77]

조세조약이란, 두 나라 사이의 거래에서 이익이 발생할 경우 두 나라 모두가 세금을 동일하게 부과하면 세 부담이 너무 커지기 때문에 이를 조정하는 것을 주요한 내용으로 한다. 기업들이 서로 투자를 하는 데 있어서 이런 조세조약을 맺은 국가들과 거래를 하는 것이 조세조약을 맺지 않은 국가들과 거래를 하지 않는 것보다 이익인 것은 분명하다. 조세조약의 내용은 각 국가마다 차이를 보이는데, 조세조약을 맺은 국가가 복수인 경우 조약의 내용에 따라 보다 유리한 국가에 자회사를 두게 된다. 미국과의 조세조약에서 부동산, 주식에 대해서는 원천지국이 과세권을 가질 수 있도록 되어 있어 우리가 과세를 하게 된다.

론스타는 미국계 사모펀드지만 2001년 역삼동에 있는 스타타워의 지분을 매입할 때 벨기에에 설립한 페이퍼 컴퍼니인 스타홀딩스를 통해 투자했다. 이후 이를 싱가포르 국부 펀드SWF에 매각했다. 론스타가 미국 법인이라면 양도소득에 대해서 한·미 조세조약에 따라 우리나라가 과세권을 행사할 수 있지만, 벨기에 법인일 경우 벨기에에만 이 과세권을 행사할 수 있어서 논란의 여지가 있었다. 이에 대해 국세청은 스타홀딩스가 세금을 회피하기 위해 만들어진 통로에 불과한 회사(회사법 용어로 도관회사, 파이프라는 뜻이다)이고 실질적으로는 미국 론스타가 거래한 것으로 보고 한국과 벨기에 간 조세조약을 적용하지 않고 과세를 했다. 론스타와 국세청 간의 소송에서 대법원은 실제 주인을 찾아 과세(세법 용어로 실질과세)한 것은 적법하다고 판결했다.[78] 1999년에 (주)만도를 인수한 JP 모건은 미국 회사지만, 우리와 조세조약을 맺고 있는 네덜란드에 선세이지Sunsage라는 페이퍼 컴퍼니를 세워 이를 통해 투자했다. 네덜란드나 벨기에는 우리에 비해 부동산 투자에 관한 세 부담이 훨씬 가벼운 나라들이다. 골드만삭스도 과거 (주)진로에 투자할 때 아일랜드에 설립한 자회사인 세나인베스트먼트를 통했으며, IMF 사태 이후 제일은행을 인수했던 뉴브리지캐피털도 조세회피 지역 중 하나인 말레이시아 라부안에 설립된 KFB뉴브리지홀딩스를 통해 투자했다.

해외에 회사를 세우면서 그 회사가 다시 자회사子會社를 세우고 그 자회사가 다시 손孫회사를 세우는 방식으로 세금 혜택을 받을 수 있는 국가들을 돌아다니며 전략적으로 업무를 배치하기도 한다. 즉 자국이 다른 나라와 맺은 조세조약들을 고려하여 가장 많이 세금 혜택을 받을 수 있는 나라를 찾아 그곳에 자회사를 세우거나, 자회사를 세우는 데 서류상으로만 존재하는 페이퍼 컴퍼니를 세우는 것이다. 이러한 행위를 쇼핑에 빗대어 '조약 쇼핑treaty shopping'이라고 부른다. 이런 것들이 심하다 보니 OECD에서 각 나라들이 모여 '종국적으로 이익을 보는 사람UBO : Ultimately Beneficial Owner이 있는 나라를 기준으로 해서 세금을 매기자'고 십여 년 전에 논의를 했다. 하지만 이렇게 할 경우 해외에 적극적으로 진출하는 기업이 많은 국가는 보다 많은 이익을 얻기 어렵고, 기업들을 유치해서 돈을 버는 국가 역시 달갑지 않다.

그래서 합의가 쉽지 않았다. 이른 아침에 시작했던 첫 회의부터 팽팽하게 입장이 갈렸던 기억이 있다. 최근 OECD에서 이와 관련한 권고안이 나오기는 했는데 여러 나라의 입장을 함께 담다 보니 그 내용이 별로 신통치 않다.

조세제도를 교묘히 이용한 몇 가지 사례가 있다.[80] 싱가포르 국부 펀드는 2004년 역삼동 스타타워를 인수하면서 두 개의 페이퍼 컴퍼니를 만들어 이를 통해서 투자했다. 지방세법은 부동산 소유 법인의 주식이 51%를 넘지 않을 경우 매각 차익에 대해서 취득세를 면제하고 있었다. 이에 대해 서울시는 두 개의 페이퍼 컴퍼니가 실질적으로는 하나의 투자자에서 기원하고 있고 단지 통로의 역할만 했다는 이유로 170억 원의 지방세를 추징했다.

우리나라 사례는 아닌데 유명한 사건이 하나 있다. 바로 글락소스미스클라인 사건이다. 미국에 있는 자회사가 영국에 있는 모회사에게 기술료를 지급하면서 동종의 평균가격보다 높게 설정함으로써 이익을 영국에 보다 많이 이전하고 미국에는 세금을 적게 냈다. 로열티 지급 비용이 많이 산정되면 자연스럽게 법인세 산정의 기준이 되는 경상이익이 덜 잡히어 미국 과세 당국인 IRSInternal Revenue Service는 세금을 적게 부과하게 되는 반면, 본사는 동종의 평균보다 높은 소득을 얻게 되는 것이다. 이를 이전가격을 통한 조세 회피라고 하는데, 일반적으로 받아들여지는 가격선을 정하고 이를 넘어서는 부분에 대해서는 과세를 하게 된다. 당시 사건에서도 미국 과세 당국과 해당 회사 간의 합의에 의한 추가 세금 납부가 이루어졌다.

차입금을 통한 조세 회피 방법도 있다. 예를 들어 외국의 모회사가 우리나라에 자회사를 설립하는데, 운전자금을 주지 않고 모회사로부터 돈을 빌리는 방식을 취했다. 그리고 자회사는 그 이자로 막대한 자금을 모회사에 주는 방식이다. 이 경우 이자분은 경상이익에서 빠지게 되어 법인세 납부액은 그만큼 줄어들게 된다. 그래서 과세 당국은 이 경우에 정상적인 선을 넘어선 과도한 이자 지급분에 대해서는 과세 대상으로 삼고 있다.

돈세탁

세금을 회피하는 방법과 밀접한 관련을 갖는 것이 돈세탁이다. 돈이 어디에서 왔는지 어떻게 벌었는지 묻지도 따지지도 못하도록 출생의 비밀을 바꾸는 것이다. 범죄를 통해 불법적으로 형성된 자금을 합법적인 자금으로 세탁하여 쓸 수 있게 해준다면 사람들은 손쉽게 돈을 버는 불법적인 일을 확대해나갈 것이다. 또한 자금의 출처를 변경시킴으로써 세금을 회피하기도 한다. 무역 명목으로 외화를 몰래 해외로 반출시키기도 한다.[79] 최근에는 전자화폐를 세탁에 이용하기도 한다. 그래서 각 나라들은 돈세탁을 막기 위해 분주하다. 오늘날에는 발달된 통신망을 기반으로 금융거래를 통해 순식간에 국경을 넘나들며 세탁하고 사용한다. 그래서 국가 간 협력이 중요해졌고, 각국은 적극적으로 협력 체계를 구축하고 나섰다. 바로 '자금 세탁 방지기구FATF : Financial Action Task Force on Money Laundering'다. 이 기구는 자금 세탁 방지에 관한 40가지의 권고를 내놓았는데 그 권고를 기반으로 오늘날 대부분의 국가들은 자금 세탁 방지법을 두고 있다. 우리나라는 특정 금융거래 정보의 보고 및 이용에 관한 법률이 있다.

자금 세탁을 방지하기 위해서는 누구와 거래했는지가 먼저 나와야 한다. 입출금을 하는 과정에서 의심스러운 거래인 경우, 예컨대 은행거래를 했다면 그 은행이 금융정보분석원FIU에 이 같은 사실을 보고하도록 의무화하고 있다. 한꺼번에 2000만 원 이상의 현금 거래를 하는 경우에도 의심 여부와 상관없이 거래 사항을 보고하여야 한다. 그렇다면 금융기관만 이런 거래를 보고해야 할까? 가장 중요한 곳이지만, 일단 세탁이 가능한 곳이라면 금융기관이 아니라도 보고를 해야 한다. 우리나라는 카지노를 추가하고 있다. '운이 좋아서 잭팟이 났다!' 잭팟이 났다고 하면 그 돈이 어디에서 나왔는지를 입증할 필요가 없다. 다른 나라는 우리보다 보고를 해야 할 사람들이 많다. 미국은 자동차 판매업자, 항공기 판매업자, 요트 판매업자, 부동산업자 등까지 포함한다.[81] 일본 역시 환전상과 부동산 거래업자를 포함하고 있다. 유럽연합은 여기에 더해 세무사, 회계사, 변호사까지도 보고 의무자로 두고 있다.[82] 금융정보분석원은 보고된 거래 정보를 모아 분석하고, 수사기관의 요청에 따라 자료를 제공하기도 한다.

조세 회피와 돈세탁은 다른 개념이지만 현실 세계에서는 한 사람에 의해서 혹은 하나의 프로세스에서 이루어지기도 한다. 조세 회피를 위해 투자 형식으로 자금을 세탁하여 자금을 유출하는 것이 그 예다. 이에 대응하기 위해 각 나라는 물론 국제기구 차원에서 공동 대응 노력이 이루어지고 있다. 2015년에 열린 G20 정상 회의에서 정상들은 '세원 잠식과 소득 이전'에 적극적으로 대처하기로 했다.[83] 그런데 대응하는 만큼 회피와 세탁의 방식은 더욱 정교해지고 있다. 피하려는 자와 찾으려는 국가권력은 끊임없는 숨바꼭질을 계속하고 있다.

외환을
쓰는 법

외환

거래

    환율은 자기 나라 돈과 다른 나라 돈 사이의 교환 비율이다. 외국과의 거래에서는 거래 당사자가 합의한 통화를 사용하는 것이 일반적이다. 주로 달러(이하 달러라고 표현하는 것은 미국 달러다)가 이용되지만 이외에도 유로화, 엔화가 사용되기도 한다. 이런 통화를 보고 '기축통화'라고 한다. 국제적으로 통용되는 통화라는 말이다. 소위 '전국구' 통화다. 모두가 전국구가 될 수 있는 것은 아니다. 그 나라의 통화를 가지고 있다가 언제든 내밀면 돈을 바꿔줄 수 있을 정도의 경제력을 가지고 있어야 한다. 그러다 보니 몇 나라가 없다. 최근 중국 위안화가 기축통화에 한발 다가섰다. SDR이라는 특별한 돈을 만드는 데

들어갔기 때문이다.

SDR^{Special Drawing Right}은 실제 돈처럼 돌아다니는 것이 아니라 서류상 가치로 존재한다. 모든 돈은 환율에 따라 그 가치가 수시로 움직인다. 요즘 미국 경기가 좋다. 제조업 일자리도 계속 늘어나고 있다. 그래서 미국 달러의 가치가 올라가고 있다. 그리스가 재정 위기에서 빠져나올 기미를 보이지 않는다. 유럽연합에서 그리스가 탈퇴하는 '그렉시트Grexit' 이야기도 들락날락한다. 일본의 국가 채무 규모가 매우 크다고 한다. 엔화도 약세다. 이 같은 상황이 벌어진다면 각 나라의 통화는 환율 변화로 가치가 변하지만, SDR은 그대로다. SDR은 IMF가 만든 통화 단위다. SDR은 한 바구니에 달러도 넣고, 유로화도 넣고, 엔화도 넣고, 위안화도 넣어서 가치를 평균한 바구니 통화다. 일상에서 SDR을 찾아보기 어렵지만 굳이 꼭 보고 싶다면 항공사 홈페이지에 있는 항공운송계약 약관에서 찾아볼 수 있다. 거기 보면 항공사고 시 보상금 얼마를 지급한다고 되어 있는데 그 단위가 SDR이다. 만약 항공사고로 인해 누군가가 죽거나 다쳤을 때 달러로 주기로 했는데 달러 값이 폭락하면 제대로 된 보상을 받을 수 없는 결과가 생긴다. 그래서 환율의 움직임에 무관하게 보상을 해주기 위해 SDR를 사용한 것이다. SDR을 중립적인 화폐단위라고 하는 이유다.

중국은 오랜 시간 동안 위안화가 SDR을 산정하는 통화 중 하나가 되어 세계의 기축통화 반열에 들기를 열망해 왔고, 2015년 11월 마침내 그 꿈을 이루었다. 현재 SDR을 구성하는 통화는 달러[$], 유로[€], 파운드[£], 엔[¥], 위안^元이다. 지난 5개 연도의 수출 규모와 통화의 자유로운 사용 여부가 SDR의 편입 기준이다. 중국의 수출 규모는 급격히 커져 SDR 편입 요건을 충족하고 있지만 통화의 자유로운 사용에 대해서는 부정적인 견해도 있었다. 그래서 IMF의 이번 결정이 정치적 고려를 포함하고 있다는 이야기도 나온다. SDR 통화의 경우 각국 중앙은행들이 운영하는 외환 보유고 구성에서 한 켠을 차지하게 된다. 이는 국제적으로 위안화의 수요가 증가한다는 것을 의미한다.

외환에 대한 법은 모든 나라가 가지고 있다. 우리나라는 외국환거래법이라는 것을 만들어서 외국 통화를 어떻게 거래할 것인가에 대한 세세한 규칙을 정해두고 있다. 1997년 외환 위기 이후 우리나라는 외국인 투자의 유치와 함께 단계별로 외환 규제를 풀었다. 그래서 지금은 외환 규제가 거의 자유화되어 있다. 그러다 보니 외화가 너무 빨리 들어왔다가 나갔다 하는 통에 부작용도 있다. 이는 해외에서 발생하는 경제의 충격이 완충판 없이 바로 국내에 전달된다는 것을 의미한다. 물론 개방경제라는 우리 경제의 특성상 불가피한 면이 있다.

외국환거래에 대해서 큰 금액은 허가를 받도록 하고 작은 금액은 신고를 하도록 한다. 만약 이러한 통제를 하지 않는다면 국내에서 해외로 외환을 가지고 나가 해외에 재산을 숨겨놓는 경우가 비일비재할 것이고 국내의 외환 곳간은 텅텅 비어갈 것이다. 그래서 해외로 외화를 가지고 나갈 때는 해외여행 가는 정도의 작은 금액이 아닌 경우에는 반드시 절차를 밟아야 한다. 예컨대 자녀가 어학연수를 가는 경우를 생각해보더라도 1년간 돈을 보내려면 은행을 하나 지정해두고 해외 대학교 학생증을 제출하고 10만 달러 이내의 돈을 보낼 수 있는 것이다. 외환 규제와 관련하여 당국은 범법 행위를 잡으려고 하고, 당국의 규제망을 피하려는 숨바꼭질은 다양한 형태로 벌어진다. 해외에 가짜 회사를 하나 만들어놓고 투자금 명목으로 해외로 돈을 보내거나, 물건이 없는 수입 계약을 해서 대금으로 해외에 돈을 보내기도 한다. 해외에서 현지 브로커에게 외화를 받고 국내에 있는 그 브로커 계좌로 원화를 넣어주기도 한다. 이를 흔히 '환치기'라고 한다.

우리나라에 살고 있는 외국인과 외국에 나가 있는 한국인 중 해외 송금을 할 때 누가 신고해야 할까? 먼저 정리해야 할 개념이 하나 있다. 외국환거래법은 우리 땅에 있는 외화가 다른 나라 땅으로 나가는 것을 통제하기 위한 법이기 때문에 국적이 중요하지 않다. 그래서 거주자와 비거주자로 구분한다. 외국인도 6개월 이상 우리 땅에 살면 거주자이고, 우리 국민도 외국에 6개월 이상 나가 살면 비거주자다. 거주자와 비거주자가 거래를 할 때면 반드시 외국환거래법을 적용받기 때문에 신고도 하고, 허가도 받고 해야 한다.

국제 통화
기구

외환 위기가 발생하면 어떤 결과가 생기는지는 모두가 잘 알고 있을 것이다. 그런데 이러한 위기의 원인은 각기 다르다. 단지 일시적으로 돈이 말라버려서 위기가 닥쳐오는 경우도 있다. 땅을 아무리 많이 가지고 있어도 지금 당장 점심 사 먹을 돈이 없다면 배가 고프다. 이런 것들을 유동성이란 개념으로 표현한다. 1997년 당시 우리나라의 상황은 유동성 위기였다. 구조적으로 국가나 기업이 빚을 많이 졌는데 갚을 능력이 없는 경우도 있다. 아르헨티나나 그리스의 경우다. 돈이 없어 위기를 겪는 나라를 도와주기 위해 돈을 빌려주는 역할은 IMF가 주로 해왔다. 국제금융시장의 소방수 같은 존재다.

그런데 아시아 외환 위기를 전후에서 IMF에 대해서 불신이 생기기 시작했다. 1997년에 일본이 미야자와 이니셔티브Miyazawa Initiative라는 것을 발표한다. 당시 돈이 많은 일본이 아시아 역내에도 IMF와 같은 기금—AMFAsian Monetary Fund를 만들고 여기에 돈을 대겠다는 것이다. 일본이 아시아에서의 주도권을 잡겠다는 것이었다. 이에 대해서 IMF의 주축인 미국과 유럽 국가들이 반대를 하고 나선다. 갑자기 일본이 태도 변화를 보이며 그 이야기는 없던 일로 하자고 하고 슬그머니 사라진다.

아시아 외환 위기를 겪으면서 아시아 국가들은 IMF 정책의 문제점과 그로 인한 경제·사회적 부작용을 몸소 체험한다. 그래서 아시아 지역이 다시 어려울 때 서로 돕는 일종의 계契를 만들어야겠다고 생각한다. 아시아의 '빅 3(한국·중국·일본)'와 아세안 국가들이 태국의 휴양지인 치앙마이에서 만난다. 이들 국가들을 'ASEAN+3'라고 한다. 이것이 치앙마이 이니셔티브CMI, Chiang Mai Initiative라고 하는 통화 스왑 협정이다. 경제 위기로 사정이 어려운 다른 나라의 통화를 받아주고, 대신 달러를 빌려주는 것으로 생각하면 된다. 일종의 아시아 역내에서의 자체적인 통화 기구인 셈이다. 외화가 부족했을 때 일단 잠시 빌려 쓸 곳을 확보해둠으로써 한숨 돌릴 수 있는 장치라고 할 수 있다.[84]

국제투자와
외환

국제적인 투자에서도 외환은 매우 중요하다. 국제투자는 크게 두 가지로 나눌 수 있다. 하나는 외국인 직접투자FDI : Foreign Direct Investment이고, 또 다른 하나는 증권이나 채권에 투자하는 포트폴리오 투자Portfolio Investment다. 그런데 미국이나 독일 혹은 일본에 있는 사람이 우리나라에 투자하기 위해서는 달러나 유로 혹은 엔화를 원화로 바꿔서 투자해야 한다. 그리고 투자를 해서 벌어들인 돈을 해외로 가지고 나가기 위해서는 원화를 다시 달러나 유로 혹은 엔화로 바꾸게 된다.

돈을 가지고 들어오는 것보다는 돈을 가지고 나갈 때 투자에서 문제가 되는 경우가 있다. 자본 통제가 심한 나라의 경우에는 벌어들인 돈을 가지고 나갈 때 매우 까다로운 절차와 규칙을 지켜야 하거나 혹은 한꺼번에 얼마 이상 또는 수익의 일정 퍼센트는 가지고 나가지 못하고 그 나라에 반드시 재투자하도록 하는 경우들이 있다. 그래서 자원 개발을 하거나 혹은 블루오션이라고 불리는 새로운 투자처에 대해 투자를 할 때는 단순히 외국인 투자법만 보지 말고 외국환법도 함께 검토해야 한다. 돈을 자유롭게 가지고 나갈 수 있게 하는 경우에도 바로 사용할 수 있는 통화로 지급해야 한다는 것이 일반적인 투자 협정상의 조항이다. 이런 조항은 FTA의 투자 부문 합의문에서도 쉽게 찾아볼 수 있다.

예를 들어보자. 돈을 받아서 그 돈을 바로 쓸 수 있어야지 효용이 있다. 그런데 돈을 주기는 주었는데 태국 밧^{B}이나 인도네시아 루피아^{Rp}로 준다고 하자. 받은 사람은 그 돈을 가지고 세계 어느 곳에서든 쓰기 위해서는 기축통화라고 부르는 달러, 유로, 엔 등으로 바꿔야 하는 수고가 있다. 그래서 투자 계약을 할 때는 통화를 지정하거나 만약에 지정된 통화로 주지 않을 경우에는 지정된 통화로 바꿀 때까지의 이자, 환율의 변동 등으로 파생되는 비용을 모두 보상해주는 것으로 약속을 한다.[85] 각 나라의 돈이 서로 다르다 보니 문제가 생기고 문제를 막고 해결하기 위해 외국 돈을 쓰는 법이 만들어졌다. 전 세계가 하나의 돈으로 합쳐질 수는 없을까? 돈을 합치는 것은 통화 주권의 이양, 재정 규율의 통합, 일정 부분의 정치적 통합 등이 함께 이루어져야 하는 일이고 모든 나라의 먹고사는 현실이 비슷하지 않은 상황에서는 더더욱 어렵다. 그래서 우리는 각기 서로 다른 돈을 여전히 쓰는 것이다.

국제금융시장의
규칙

국제금융과
신용 평가

국제금융법이 있다. 비거주자 또는 외국인과의 금융거래의 룰을 말한다. 그 룰에는 거래에 대한 룰이 있고, 국제금융시장 자체를 규율하는 룰이 있다. 거래에 대한 룰은 민법, 상법과 같은 사법에 해당한다. 반면, 시장 규율 체계는 '거시적인 뼈대Architecture'를 의미하는데 행정법과 같은 공법에 해당한다.

국제금융시장을 규율하는 룰들은 그 성질에 따라 나눌 수 있다. 지키면 좋은데 꼭 지키지 않아도 되는 것(말랑말랑한)인지, 안 지키면 제재를 받는 것(딱딱한)인지에 따라 연성법soft law과 경성법hard law이 있다. 연성법은 주로 국제 협약에서 발견된다. 예를 들어, 우리가 BIS(국제결제은행) 자기자본 비율이라고 부르는 바젤은행감독위원회BCBS가 주도한 바젤 협약Basel Accord I, II, III는 협약에 가입한 국가가 해당 룰을 받아들일 것을 수락하는 방식으로 규범성을 갖는다. 안 지킨다고 해서 법적으로 무엇을 강제할 수는 없으나 지키지 않을 경우 평판에 치명적인 영향을 미칠 수 있다. 특히 신뢰의 산업인 금융업에서 평판도의 훼손은 곧바로 금전적 손해로 직결된다. 반면 외국환거래법은 적용받고 안 받고를 선택할 수 없다. 강제로 적용되는 경성법이다. 금융 규제법도 경성법에 속한다.

국제금융시장에서 가장 중심이 되는 투자 대상은 무엇일까? 바로 주식과 채권이다. 우리 시장에 외국인이 달러를 가지고 와서 원화로 바꾼 다음, 우리나라 회사의 주식과 채권을 사는 것을 생각해보자. 외환을 파는 데는 외국환거래법이 적용되고, 주식과 채권을 사는 데는 자본시장법 그리고 외국인의 주식 보유 등과 관련된 '딱딱한' 법이 예외 없이 적용된다.

국제금융시장에서 중요한 역할을 하는 선수 중 하나가 신용 평가사다. S&P, 무디스Moody's, 피치Fitch가 세계 3대 신용 평가사다. 국제금융시장에서는 이들이 굳건한 과점 체제를 이루고 있다. 신용 평가사의 역할은 시장에 나와 있는 상품을 평가해서 가격을 매기는 데 도움을 주는 것이다. 마치 한우 고기를 평가해서 1++, 1+, 1, 2, 3등급으로 나누는 것과 같다.[86] 등급에 따라 고기의 가격이 달라진다.

신용 또는 신뢰는 인류의 발전 과정에서 윤리적 요소의 하나였다. 그런데 거래가 늘어나고 상업이 발달해가는 과정에서 발 빠른 신

국제금융의 중심지 월스트리트

용 평가 회사의 창립자들은 그 윤리적 개념을 사업 아이템으로 삼았던 것이다. 그 기발한 생각은 큰 성공을 거두었다.

그런데 서브프라임 모기지로 시작된 미국발 금융 위기의 원인을 따져보는 과정에서 신용 평가사들이 수준 미달인 부채 담보부 증권CDO : Collateralized Debt Obligation을 비롯한 파생 금융 상품들에 본래 가치보다 훨씬 높은 평가를 내려왔다는 것이 드러났다.[87] 이들 금융 상품을 만들어내는 금융회사들이 신용 평가사의 주요 고객이었기 때문이다. 그간 공정한 심판으로 알려졌던 신용 평가사가 금융 위기의 한 축을 담당했다는 것이 알려지면서 미국은 도드-프랭크Dodd-Frank 법 (2008년 금융 위기 이후 나온 월스트리트 개혁 법)에 신용 평가사 규제를 강화시켰고, 유럽 역시 유럽 내에서 활약하고 있는 신용 평가사의 규제를 유럽증권시장청ESMA으로 단일화했다.[88] 신용 평가사의 신용을 평가하자는 목소리가 높아졌다. 지금까지는 신용 평가사가 잘못했어도 그들의 신용을 엄정하게 평가할 견제 장치가 없었기 때문이다.

1998년 일본은 세계 주요 신용 평가사들에 대해 반기를 들었다. 1997년 하반기부터 시작된 아시아 외환 위기 과정에서 신용 평가사들은 일본 기업을 포함하여 아시아 기업들에 대해 매우 짠 평가 결과를 내어놓았다. 그 결과로 인해 미국이나 유럽의 자본들은 일본을 비롯한 아시아 시장에서 손쉽게 싼 가격으로 기업을 인수·합병하거나 증권 거래 등에서 많은 이익을 얻을 수 있었다. 그래서 일본 대장성(우리의 기획재정부에 해당한다)의 의뢰를 받은 일본국제금융센터JCIF가 S&P, 무디스, 피치를 포함한 세계 주요 6개 신용 평가 기관의 평가 방법과 기준에 대해 일본 내 금융기관과 기업을 대상으로 설문을 돌리고 그 결과를 분석하여 보고서를 발표했다. 보고서에 따르면 이들 신용 평가사들은 아시아 금융 위기를 예측하지 못하다가 위기가 현실화되자 그제서야 아시아 국가와 기업의 신용 등급을 무더기로 강등했다고 한다. 또한 과거 이들 신용 평가사들의 평가에서 투자 부적격 등급인 Ba 등급을 받은 일본 기업 중 채무 상환 불능에 빠진 기업이 하나도 없었다는 것이다. 이외에도 국제 신용 평가 시장이 소수에 의해 과점됨으로써 경쟁이 발생하지 않고 있어 이들에 의한 시장 왜곡이 가능해진다는 지적도 보고서에 포함되었다.[89] 일본은 1997년 아시아통화기금AMF 창설을 염두에 둔 미야자와 이니셔티브Miyazawa Initiative를 포함하여 국제금융시장에서 미국과 유럽이 장악한 기존 시스템에 때때로 반기를 들어왔다. 그 배경에는 일본이 자신이 가지고 있는 경제력에 걸맞은 대접을 받고 싶다는 것과 아시아의 맹주로서 역할을 하고 싶다는 의도가 함께 있었다.

국제금융시장의
룰 메이커

국제금융시장에서 적용되는 룰은 크게 세 가지 그룹으로 나눌 수 있다. 첫째, 한 나라의 법이 외국에 있는 다른 금융기관까지 규제하겠다고 나서는 것이다.[90] 둘째, 거래를 하는 두 나라 사이에서 정하는 약속이다. 셋째, 다자간 협약을 통해 금융 규제를 하는 것이다. 국제금융시장에서 중요한 역할을 하는 또 하나의 실체가 바로 국제금융기구다. 국제통화기금IMF은 워낙 유명해서 더 이상 말할 필요가 없다. 바젤은행감독위원회Basel Committee on Banking Supervision는 BIS 자기자본 비율 등 은행들의 재무 건전성에 대한 기준을 만들어내는 기구다. BIS 자기자본 비율은 연성 기준에서 출발했지만 지금은 우리 은행법에 들어와 국내법적으로는 이미 경성 기준이 되었다. 이와 같은 국제적인 금융 협의체로 증권 분야에서는 국제증권관리위원회International Organization of Security Commissions, 보험 분야에서는 국제보험감독자협회 International Association of Insurance Supervision, 지급 결제 분야에서는 지급결

제시스템위원회Committee on Payment and Settlement System 등이 있다. 이들 기구가 내는 기준도 우리나라에서는 관련 법에 들어와 구속력을 가지고 있다. 미국발 금융 위기 이후에는 세계적인 경제 위기를 타개하기 위하여 주요 20개 국가의 지도자들의 모임인 G20이 본격적으로 금융 규제의 중심에 등장했다. 기존에 있던 국제기구로는 안될 것 같으니까 본격적으로 주요 국가의 정상들이 나선 것이다. 이때 이 정치 조직이 세계적인 금융 규제를 합의할 수 있도록 움직였던 손발 같은 기구가 금융안정위원회Financial Stability Board이다.[91]

최근 들어 이들 국제적인 룰 메이커rule-maker들이 관심을 가지고 있는 것은 위험risk관리다. 위험이 없으면 그만큼 얻어지는 것도 없다. 그래서 늘 위험을 안고 살아야 하지만 위험이 현실화되지 않도록 잘 지켜보고 관리해야 한다. 대형 금융기관은 웬만한 부실에도 무너지지 않는다는 것이 지금까지의 정설이었다. 법에 규정된 파산 요건이 충족된 대형 금융기관들마저도 경제에 미치는 영향을 고려해서 망하게 하지 않고 세금으로 공적 자금을 만들어 지원해주었다. 바로 '너무 커서 망할 수 없는too big to fail' 상태다. 그런데 2007년 금융 위기를 거치면서 대형 금융기관도 망할 수 있다는 것을 보았다.

또 한 가지 문제가 남아 있었다. 인터넷의 발달과 파생 거래의 증가로 국적을 가리지 않고 금융기관들끼리 꼬리에 꼬리를 무는 관계가 되었다는 점이다. 바로 '너무 많이 연결되어서 망하게 놔둘 수 없는too interconnected to fail' 상태다. 그래서 세계 각 나라들이 모여 사전에 위험을 규제하고 했다. 위험이 현실화되지 않았는데 위험이 현실화될 가능성이 크다는 이유만으로 규제할 수 있는가가 논란이 되었다. '아직 일어나지도 않은 일 가지고 내 권리를 침해하는 것은 너무한 것 아닌가?' 원칙으로 따지자면 그렇지만 몇 가지 분야는 예외적이다. 금융과 환경은 미래 예측적 판단에 의해 규제할 수 있는 대표적인 분야다. 왜냐하면 사고가 나면 일이 너무 커지고, 피해의 회복도 매우 오래 걸리기 때문이다.

국제금융시장의 플레이어

국제금융시장에서 가장 중요한 플레이어를 뽑으라고 한다면 투자은행Investment Banks이 첫 번째다. 골드만 삭스Goldman Sachs, JP 모건 Morgan, 메릴 린치Merrill Lynch 등이 이름만 들어도 알만한 IB이다. 1933년 글래스-스티걸 법Glass-Steagall Act이 만들어져 상업은행이 투자 업무를 할 수 없게 만들었는데, 1999년 이 법이 폐지되고 그램-리치-블라일리 법Gramm-Leach-Bliley Act의 통과로 일반은행 업무와 투자 업무를 함께할 수 있게 되면서 IB가 폭발적으로 성장했다.

또 하나의 중요한 플레이어가 있다. 헤지펀드다. 뮤추얼펀드 mutual fund가 정규군이라고 한다면 헤지펀드는 독립적인 소규모 유격대 정도라고 보면 된다. 뮤추얼펀드는 주식회사 형태의 대규모 기금으로 참가자가 다양한 다수이며 허용된 상품을 거래해서 수익을 올린다. 하지만 헤지펀드는 투자 상품에 구애받지 않고, 수익에 따른 성과급까지 지급하는 일종의 사모私募(개인들의 모임이라는 뜻이다)펀드다. 헤지펀드의 공격적 투자는 시장에 혼란을 주기도 하지만 때로는 시장의 허점을 공격해 이를 보완하도록 하는 역설적 긍정 효과를 내기도 한다. 그러나 부정적인 영향이 커서 헤지펀드에 대한 규제는 꾸준히 논의되어 오고 있다. 그 대표적인 것이 헤지펀드의 중요한 무기인 공매도short selling92를 제한하는 것인데, 이를 규제할 것인가를 두고 논란이 지속되고 있다.

최근 헤지펀드로 이슈가 되고 있는 것은 행동주의다. 행동주의 헤지펀드는 함께 혹은 단독으로 자신의 지분을 이용해 투자회사에게 경영 참여, 자사주 매입, 합병 반대 등의 권리 주장을 하는 것을 말한다. 주식 투자해서 돈만 벌겠다는 것이 아니라 주주로서의 권리 주장도 하겠다는 것이다. 삼성물산과 제일모직의 합병 당시 반대를 했던 엘리엇 펀드도 행동주의 펀드로 분류된다. 이들 펀드들의 주장이 주주의 권리를 옹호한다는 점에서 긍정적인 면이 있으나, 지나치게 이익을 추구하는 경향을 보일 경우 장기적인 전략을 가지고 있어야 할 기업에 대해 단기 성과 배당을 요구함으로써 장기 성장 가능성을 저해한다는 걱정도 있다. 쉽게 말해서 짧은 시간에 지나치게 빼먹고 다른 곳으로 투자처를 옮긴다는 것이다.

새롭게 떠오르고 있는 플레이어가 있다. 국부 펀드Sovereign Wealth Funds이다. 일반적인 사모펀드들을 전장에서 종횡무진 활약을 보이는 탱크에 비유한다면, 국부 펀드는 바다 속 깊은 곳 소리 없이 그리고 유유히 돌아다니는 거대한 핵잠수함 정도라고 보면 된다. 한국투자공사KIC가 이에 해당한다. 한국투자공사는 한국투자공사법이라는 별도의 근거 법률에 의해 설립된 공기업이다. 설립 목적은 국가가 가지고 있는 외환 보유고를 효율적으로 운용하는 것이다. 한때 역삼동 건물주였던 테마섹Temasek(자바어로 '바닷가 마을'이라는 뜻이다) 역시 싱가포르 국부 펀드다. 잘 나가는 국부 펀드로는 중국의 중국투자공사CIC를 들 수 있다. 세계 1위의 외환 보유액을 바탕으로 해서 워낙 많은 돈을 가지고 있어 투자계의 큰손이다. 오일 머니를 바탕으로 한 아부다비 투자청ADIA도 큰손이다. 국부 펀드들은 워낙 큰돈을 움직이다 보니 피투자국에 미치는 영향이 매우 컸다. 어디에 투자하는지 등에 대한 정보가 요구되었다. 정치적 목적으로 투자하지 않는지 의심도 있었다. 그래서 국제적인 연성 규범이 만들어진다. 국부 펀드들의 모임인 국부 펀드 국제포럼IFSWF은 산티아고 원칙Santiago Principle[93]이라는 것을 만든다. 설립 근거 법률, 형태, 목적, 자금 조달, 지배 구조, 책임성, 투자 정책, 위험관리 등을 공개하라는 것이다. 그런데 이것은 앞서 말했던 것처럼 '말랑말랑한' 연성 규범이라는 점에서 안 지킨다고 해서 딱히 제재할 방법도 없다.[94]

유로와
재정 위기[95]

유로화의 출범과
조건의 '수렴'

그리스의 시련이 계속되고 있다. 그리스가 IMF와 유럽안정화메커니즘ESM에서 빌린 돈을 갚지 못했다. 그리스가 이번 위기를 잘 넘긴다고 해도 앞으로 그리스 사회는 수많은 고통과 변화를 겪게 될 것이다. 우리나라도 1997년 외환 위기를 2002년(빌린 돈 나머지를 마지막으로 상환한 해)에 벗어났지만 그 여파는 우리 사회를 뒤틀리게 하기도 하고 또 한편으로는 발전의 계기를 만들어주었다. 도대체 그리스에서는 무슨 일이 있었을까?

2000년 세계 제2위의 통화, 유로Euro가 출범했다. 유럽통화공동체EMU에 가입하기로 한 나라들은 새로운 통화로 통합되었다. 유럽통화공동체가 출범했을 때 모두 다 좋아했던 것은 아니다. 각자가 부유한 국가들인 유럽 국가들은 대체로 자신의 통화에 대한 자부심이 강했다. 독일의 마르크DM는 달러, 엔화와 함께 안정적이고 강한 통화로 명성이 높았다. 프랑스의 프랑Fr 역시도 프랑스 국민들의 자존심이었다. 유로라는 새로운 통화의 이름을 두고도 말이 많았다. 믿거나 말거나 한 에피소드도 있다. 원래는 'ECUEuropean Currency Unit'라고 할 생각이었다고 한다. 그런데 과거 중세 프랑스 통화 중에서 스펠링이 같고 '에퀴'라고 발음되는 통화가 있어, 프랑스를 싫어하는 나라들이 반대했다고 한다.

유로화를 출범시키는 과정에서 몇 가지 전제 조건들이 제시되었다. 유로화를 사용하게 될 국가들이 재정을 건전하게 운영할 것, 건전하고 안정된 금융 시스템을 유지할 것, 유럽중앙은행의 이사회를 구성하는 각 중앙은행들이 정치권의 입김으로부터 자유로울 것 등 유로화를 쓰기 위해 지켜야 할 조건들이 제시되었다. 유로화를 쓰는 나라들이 하나의 단일한 경제적 기준을 갖도록 함으로써 한 국가의 경제위기로부터 유로화가 위험에 처하는 일이 없도록 하기 위함이었다. 단일 통화가 도입되면서 통화정책으로 경제 위기를 극복할 수 있는 방법이 차단됨에 따라 위기 시 정부 재정만이 유일한 해결책이 될 수 있어서 재정 건전성은 특히 중요했다. 그런데 모든 나라가 이 조건을 다 충족하고 있지는 않는 상태여서 일정한 시간을 두고 이 조건을 맞추도록 했다. 이 조건이 바로 '수렴 조건Convergence Criteria'이다.

수렴 조건을 충족시키는 회원국들이 유로화를 쓰게 되면 좋은

유로 상징 조각물

점들이 참 많았다. 굳이 환율 차이로 인해 발생하는 위험을 갖지 않아도 되고, 거래를 하는 데에서도 추가적인 비용이 들지 않았다. 그리고 강력한 통화를 쓰는 국가라는 점에서 국제금융시장에서 유리한 조건으로 채권도 발행하고 돈도 빌려올 수 있었다. 그런데 그리스는 처음부터 이 수렴 조건을 맞추지 못했다. 그래서 유예 기간을 얻는다. 그런데 '어찌 어찌'하여 유로화 회원국에 가입한다. '어찌 어찌'에 대해서는 그리스가 월가Wall街의 투자은행으로부터 자문을 받아 통계를 가입 조건에 맞게 잘 부풀려 포장한 덕택이라는 설과, 그리스가 서양 문명의 발생지로서 가지는 상징적 의미가 고려되었다는 설 등 다양한 이야기가 있다.

단일 통화를 사용하게 되면 불편한 점도 생긴다. 일반적인 경우 국제수지가 악화되면 자연스럽게 그 나라 돈 가치가 떨어진다. 우리나라 원화가 달러당 1000원이었는데, 우리 경제가 어려워지면 돈의 가치가 떨어져 달러당 1300원이 된다. 그렇게 되면 외국 소비자들은 1달러를 주고 우리 상품을 이전에 샀던 것보다 더 많이 살 수 있다. 품질은 좋은데 가격이 싸니까 사려는 사람들이 늘어난다. 외국 소비자들의 호주머니에서 나온 달러는 우리나라로 들어온다. 소문이 난다. 사람들이 한국에 투자하고 싶어 한다. 한국 돈이 필요하다. 시장에서 한국 돈을 산다. 한국 돈의 가격이 다시 1달러당 1000원이 된다. 이런 방식으로 위기가 극복된다. 그런데 단일 통화로 묶이게 되면 그런 돈 가치의 등락이 유연하게 발생하지 않는다. 위기가 발생하더라도 가장 일반적이고 쉬운 방법인 환율 차이를 이용하지 못한다는 것이다. 이제 경제를 조정할 수 있는 수단이 재정 정책 밖에 남아 있지 않다. 그래서 유로존이 출범할 때 그렇게 재정 건전성이 강조된 것이다.

유로화의 도입으로 국제은행들은 유로화 사용국에 대해서 돈을 더 좋은 조건으로 많이 빌려주기 시작했다. 별로 떼일 일이 없을 것으로 생각했다. 위기가 발생해도 유로존Euro zone(유로화를 쓰는 지역)이 든든한 울타리가 될 것으로 보았다. 그리스 역시 과거보다 쉽게 돈을 빌릴 수 있었다. 자연스럽게 부채가 증가하기 시작했다. 요즘 이런 이야기들이 나온다. 당시 그리스에 돈을 무분별하게 빌려준 국제 채권단도 문제였다는 것이다. 그리스가 그 부채를 감당할 수 있는지 의심이 들었는데도 계속 돈을 빌려주었다는 것이다. 가장 문제가 있었던 것은 그러한 위험을 감수하고서라도 차입을 결정한 그리스다. 돈을 빌리면서 한 국가가 위험을 인지하지 못했을 리 없으며, 채권 은행에 대해서 도덕적 책임을 주장할 수 있겠지만 의미 없는 일이다. 결국 고통을 겪는 것은 채무국이기 때문이다.

유로 유지의
선결 조건

유럽연합은 단일 통화로 묶이면서 역내 공동체에서 통화가치와 경제적 안정을 위해서는 재정이 건전해야 함을 알고 있었다. 그래서 회원국들 내에서 재정 적자가 발생하지 않도록 재정 준칙이라는 것을 유럽연합의 법으로 규정한다. 재정 적자는 얼마 이상을 넘어서는 안되며, 재정 적자가 발생하면 어떤 절차를 통해 어떠한 개선 조치를 취해야 하는지, 그리고 이러한 조치를 취하지 않을 경우에는 어떤 제재 조치를 내릴 것인지를 유럽연합의 법으로 정했다. 유럽기능조약TFEU에 적자가 과도하면 어떻게 시정할 것인가를 정하고[96] 이를 기반으로 안정과 성장에 관한 협약, 식스팩(영화 〈300〉에서의 멋진 복근이 아니라 재정 적자를 해결하는 주요한 조치 6개가 있어 이를 'Six-Pack'이라고 불렀다), 신재정 협약 같은 것들이 만들어졌다. 회원국들이 재정 적자의 범위를 얼마 이내로 묶겠다고 약속한 것이다. 재정 적자는 GDP 대비 3% 이내, 국가 채무는 GDP 대비 60%였다. 많은 회원국들이 크고 작은 재정 적자를 냈다. 지금 문제가 되고 있는 그리스는 물론 여전히 불안한 모습인 포르투갈, 스페인, 이탈리아 등도 마찬가지였다. 유럽연합의 양대 축인 독일과 프랑스도 한때 예외는 아니었다(영국은 유럽연합의 축이라고 볼 수 없다. 영국은 유로화를 쓰지 않는다. 통화 공동체가 아닌 회원국의 의미는 반감될 수밖에 없다. 영국의 유럽 전략을 보면 한쪽은 유럽에, 다른 한쪽은 브리튼 섬에 발을 딛고 서 있는 모습이다).

그런데 독일과 프랑스에 재정 적자가 발생하자 여러 작은 회원국들이 이들 두 나라에 대해서도 제재를 가하자고 나선다. 제재에 관한 투표를 해야 하는데 일부 회원국들이 투표를 기피해서 결정을 내리지 못하는 일이 발생한다. 막상 제재하자고 흥분했는데, 어느 나라도 독일과 프랑스 앞에서 먼저 손을 들고 나서기가 어려웠던 것이다. 당시 언론의 논조는 이랬다. '누가 고양이 목에 방울을 달 것인가?' 이때 이후로 재정 적자가 발생하면 취해야 할 조치가 대폭 강화되고 그 절차도 일정 기준을 넘는 순간 자동적으로 진행되는 방향으로 바뀐다. 회원국들이 나설 수 없다는 것을 알고 아예 규정을 강하게 해두자는 것이다. 유럽사법재판소European Court of Justice의 판결을 통해 벌금도 내게 하고 있다. 물론 독일은 재정 적자를 잘 회복해내고, 프랑스는 약간의 재정 적자 기준 위반이 있지만 그래도 건전하게 유지하고 잘 지낸다.

각 회원국들의
셈법

그리스의 국가 부채는 GDP 대비 177%이었다. 이러한 위기 상황의 원인에 대해서 의견이 분분하다. 우리나라에서 그리스의 사례를 보수냐, 진보냐의 입장에 따라 달리 해석하기 때문이다. 예를 들어, 보수의 입장에서는 '거 봐라. 무분별한 복지가 결국 나라를 망하게 하지 않았는가?', 진보의 입장에서는 '그리스의 복지 지출은 실제 얼마 안 된다. 상류층의 탈세가 그 원인이었다.'라고 주장한다. 그리스는 모두 해당된다. 정부의 정책 실패, 과도한 복지, 만연한 탈세 모든 것이 그 원인에 해당한다. 특히 탈세는 국민들 사이에서도 광범위하게 이루어졌다.

위기에 대처하는 독일과 그리스의 입장은 확연하게 달랐다. 독일과 채권단들은 그리스가 제시한 구제금융 연장 요청과 회복 프로그램을 신뢰하지 않았다. 물론 그리스가 현재 상황으로는 빌린 돈을 갚을 수 없다는 것을 알고도 부채 탕감에 인색한 채권국의 입장도 이해할 수 없는 부분이기는 하나, 근본적인 원인은 신뢰의 부재였다. 수차례의 구제금융을 받으면서 그리스는 개혁에 성공하지 못하였고 이에 대해 채권국들은 그리스의 재기 가능성에 회의적인 생각을 갖게 된다. 〈프랑크푸르터 알게마이네 차이퉁Frankfurter Allgemeine Zeitung〉에서 그리고 〈월 스트리트 저널Wall Street Journal〉 등에서 그리스 관련 기사를 보면 '의심' 혹은 '회의'라는 뜻의 'Skepsis'(독일어) 또는 'Skeptic'(영어)

이라는 단어를 쉽게 찾아볼 수 있다. 국민들의 성격 면에서도 낙천적인 성격의 나라들인 남유럽 채무국들과 독일 사람들은 차이를 보인다. 남유럽 국가들은 풍요롭던 지중해 해안에서 먹을 것을 걱정하지 않고 살아왔고, 독일 사람들은 척박한 땅에서 혹독한 겨울을 나기 위해 늘 준비하고 대비했어야 했다. 그러다 보니 위기를 대처하는 사람들의 방식 면에서도 차이가 난다. 독일이 지나치게 긴축을 강요한다는 채무국의 입장과, 긴축하지 않는 채무국에 대한 독일 국민들의 실망감이 서로 충돌했다.

독일 내부의 비판적 시각은 재정 위기를 대하는 정책에도 반영되고 있다. 한 예가 유럽 재정 위기를 타개하기 위한 유럽판 IMF인 유럽안정화메커니즘의 출범을 둘러싼 독일 연방헌법재판소의 ESM^{European Stability Mechanism} 판결이다. 독일이 그리스, 포르투갈, 이탈리아, 스페인 등에 돈을 빌려주게 되면 독일 재정이 힘들어지고 그 여파는 독일 국민들이 받게 된다. 만만치 않은 반대가 몰아쳤다. 정작 허리띠를 졸라매야 할 채무 국가들은 여유로운데, 왜 독일 국민이 허리띠를 졸라매야 하는가다. 독일 정치권이 어렵사리 재정 위기국을 지원하는 쪽으로 결론을 내렸는데, 반대하는 쪽에서 헌법 위반으로 소송을 제기한 것이다. 엄밀하게 말하면 유럽 재정 적자국을 지원해주기 위한 ESM에 독일이 돈을 내놓도록 한 'ESM-자금 지원법'이 위헌이라는 것이다. 독일 연방헌법재판소가 내린 결론은 이랬다. 자금 지원 자체가 헌법에 위반되는 것은 아닌데, 독일이 재정적으로 큰 부담을 지는 것인데도 그 상한이 얼마인지도 명확하지 않고, 독일 국민의 세금으로 지원해주는 것인데 국민의 대표자인 의회가 개입할 수단도 없다는 점을 지적했다. 그리고 독일이 부담해야 하는 최상한을 명확하게 정하고 독일 의회가 ESM의 결정을 사전에 통보받고 그 의사 결정에도 참여할 수 있는 것을 전제로 할 때 비로소 합헌이라고 판시했다.[97]

　　그리스 관련 기사에서 자주 나오는 단어 중 하나가 '트로이카 troika'이다. 유럽중앙은행, 유럽안정화메커니즘, IMF를 일컫는 이야기다. 유럽 위기이니까 두 군데만 나오면 될 것 같은데 한 군데가 더 늘었다. 채권 국가들은 돈을 빌려줘도 위기에 빠진 남유럽 국가들이 빌린 돈을 받아서 위기를 잘 극복할 수 있을 것인가에 반신반의했다. 그래서 돈도 좀 있고 도와줄 만한 곳을 더 부른다. IMF이다. 이해관계에 얽매이지 않을 객관적인 제삼자여서 빌려간 국가를 잘 관리할 수 있을 것 같기도 하고 IMF가 돈도 같이 내주어서 유럽 채권국들의 부담이 한결 줄어들기 때문이다. 그래서 유럽 재정 위기의 구원투수 3인방이 나오게 된 것이다.

위기가
법에
남긴 것들

외환 위기의
발생

심각한 경제 위기 중 하나가 외환 위기다. 왜냐하면 국내시장에서 일어난 혼란은 정부 개입에 의해서 해결될 수 있지만, 외환 위기는 국가 자체가 할 수 있는 일이 별로 없다. 다른 나라 혹은 IMF와 같은 외부에서의 지원이 없다면 난관의 타개는 쉽지 않다. 위기는 늘 변화를 가져오고 법과 제도에서도 마찬가지다. 우리에게 위기의 모습으로 가장 크게 각인되어 있고, 트라우마로 남아 있는 것이 바로 1997년 후반에 발생했던 외환 위기다.

아시아 외환 위기는 1997년 태국 밧화의 가치 폭락에서 시작한다. 당시 우리 금융기관들은 태국을 포함한 동남아시아에 많은 투자를 하고 있어 동남아시아 위기는 우리 경제에 대한 불신으로 이어졌고 이로 인해 외국 자금들이 일시에 빠져나가는 현상이 발생했다. 당시 IMF는 구제 자금을 공급하면서 그 조건으로 고금리와 긴축재정을 요구했다. 이러한 대출 조건Conditionality(말 그대로 IMF의 자금 지원 조건을 원어로 이렇게 부른다. 일종의 고유명사처럼 사용된다)이 한국 경제에 부합한 처방이었는지에 대해서는 논란이 있다.[98] 하지만 당시 우리나라는 선택 가능성이 없었다. 고금리 정책으로 기업들은 연쇄 도산에 빠지거나 헐값에 매각되었고, 실업이 크게 증가하였으며, 가장의 실업으로 가족이 해체되고 중산층이 붕괴되었으며, 양극화가 가속화되는 등 사회구조는 뒤틀리게 된다.

외환 위기를 전하는 신문 기사(출처 : 1997년 11월 22일자 조선일보)

기업 구조 및
투자 환경의 변화[99]

경제 및 사회구조의 변화는 법제의 변화를 의미한다. 법은 하나의 시스템 속에서 골격과 같은 존재이기 때문이다. 이 시기에 회사법제, 금융법제, 투자법제에서 큰 변화가 찾아왔다. 이러한 분야의 법제 변화는 주로 영미법계가 주도했다. 주요한 투자자들이 주로 이들 국가였기 때문이며, 대륙법계에 비해서 '사적자치私的自治의 원칙'을 중시 여기는 영미법계의 법들이 투자자와 투자 이익을 보호하는 데 보다 용이했기 때문이다.

국내 기업의 매각과 외국인 투자 촉진을 위해 외국인 투자 촉진법이 개정된다. 외환거래의 제한을 없애기 위하여 외국환거래의 전면적 자유화가 단계별로 진행되었다. 외국환과 관련된 각종 인·허가 규제가 없어지고 신고 의무도 완화되었다. 그러나 이러한 급격한 외환 자유화로 인해 국제수지 중 자본수지의 변동 폭이 크게 확대되면서 혼란이 발생하기도 했다. 자본이 부족한 국내 기업의 회생을 돕기 위해 당시 증권거래법(현재의 자본시장법)상 지분 소유 제한과 외국인의 주식 투자 한도가 개정되었다. 기업의 폐쇄적인 소유 구조가 외국인 투자로 깨어지면서 소수 주주의 권리를 보호해달라는 목소리가 높아졌다. 이 시기 회사법의 발전은 가히 '괄목상대刮目相對'라고 표현할만 했다. 재벌 기업의 경영 방식에 대한 개선 요구가 외국인 투자자들로부터 나왔다. 그래서 구제금융을 받기 위해 IMF와 체결한 양해 각서에도 기업 지배 구조 개선에 대한 사항이 포함되었다. 주요한 내용으로는 국제 기준에 부합한 회계 제도의 도입, 감사위원회의 설치, 소수 주주권의 행사 요건 완화, 사외 이사 제도의 도입 등이었다.

구조 조정과
일자리의 변화[100]

기업 구조 조정이 이루어지면서 대량 해고가 발생했다. 단순히 투자만을 목적으로 하는 사모펀드가 기업을 구조 조정하고 재매각하기 위해 해고를 하는 일도 빈번하게 발생했다. 이처럼 기업 인수 후 구조 조정 그리고 매각으로 이어지는 수익 창출 방식을 '바이아웃Buy-out 전략'이라고 한다. 외환 위기로 인해 대량 실업이 발생하면서 기존 사회 안전망의 한계가 확인되었다. 이 시기부터 복지 수요가 가시화되었으며, 정부의 복지 재원 역시 늘어나게 된다. 재정지출이 증가하면서 이를 충당하기 위해 세원을 양성화하는 노력들이 기울여졌지만 세원 발굴의 성과는 크지 않은 반면, 경기를 살리기 위한 법인세 및 소득세의 감세가 이루어짐에 따라 재정 적자가 심화되었다.

투자자들은 지속적으로 노동시장의 유연성을 요구했다. 투자를 받지 못하면 기업이 도산되는 위기 상황에서 노동시장의 유연성을 강화하기 위한 법제 개선이 이루어졌다. 노동시장의 유연성은 해고 유연성과 채용 유연성 모두를 의미하는데, 해고 유연성만이 강조되고 재

외환 위기 전후 실업률 추이

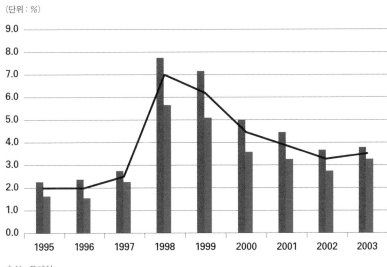

(단위 : %)

출처 : 통계청
● 남성 ● 여성 ● 종합

채용은 어려웠다. 생존을 위해 노동조합은 더욱 강성화되었다. 이러한 와중에 귀족 노조의 문제 역시 함께 불거지게 되고 노동 권력의 기득권 강화라는 비판을 받는다. 당시 정리 해고는 근로기준법 제24조에 규정하고 있는 '경영상의 이유'로 이루어졌다. 이 말은 모호한 만큼 남용될 소지가 많았다. 당시 대법원은 정리 해고가 문제가 된 판결에서 경영상의 이유를 댈 때 '객관적 합리성'을 충족할 것을 요구했다.[101]

노동시장에서 유연성 제고 정책으로 비정규직 일자리가 크게 늘어났다. 노동 현장에서는 비정규직 근로자에 대한 차별이 가장 문제가 되었다. 심지어는 노동조합 내에서도 정규직과 비정규직 간 차별이 발생했다. 이를 해결하기 위하여 기간제 및 단시간 근로 등에 관한 법률, 파견 근로자 보호 등에 관한 법률 등이 제정되었다. 건설업에 종사하는 일용직 근로자를 보호하기 위하여 건설 근로자의 고용 개선 등에 관한 법률이 제정되었으며, 임금을 받을 수 있는 권리인 임금채권을 보장하기 위하여 임금채권 보장법이 제정되었다. 그러나 법을 우회하는 편법도 발생했다. 기업들이 형식적으로는 인력 송출 업체로부터 근로 인력을 공급받는 방식을 취하지만 실질적으로 자기가 고용한 인력과 차이가 없이 직접 관리하고 일을 시켜왔음에도 불구하고, 파견 인력이라는 명목으로 차별적 대우를 하거나 해고를 자유롭게 해왔기 때문이다. 2015년 2월, 대법원은 파견 근로자의 지위 확인 판결에서 이러한 편법적 관행에 제동을 건다. 대법원 판결의 요지는 실질적으로 사용주가 근로자에게 지시 명령권을 행사하고 근무 관리를 했다면 자신이 직접 고용한 근로자나 마찬가지라는 것이다.[102]

외환 위기 전까지만 해도 남자는 직장에서 일을 하고 여자는 가사를 돌보는 것이 일반적인 관념이었다. 그러나 외환 위기 이후 남편들의 대량 실직으로 여성들이 취업에 본격적으로 나서게 되었다. 주어진 일자리는 단순·임시직이 대부분이었다. 갑자기 준비도 없이 뛰어든 취업 전선에서 여성을 위한 좋은 일자리는 없었다. 지속적인 여성의 사회 진출이 여성의 일자리를 점차 양질의 고위직, 전문직으로 바꾼다. 공공 부문에서의 여성에 대한 적극적인 배려 역시 여성 일자리의 양질화에 기여했다. 예컨대, 정부 위원회에서 여성이 위원으로 포함되어 있는 위원회의 수가 1996년에는 전체 위원회 중 약 30%에 불과하였으나, 10년 만에 97%를 넘어서게 된다. 여성의 지속적 사회 진출을 위해서는 육아 및 가정의 병립이 가능하도록 하는 법제가 필요했다. 남녀 고용 평등법과 경력 단절 여성 등의 경제활동 촉진법이 그 예다. 여성의 적극적 사회 진출은 남성과의 성적 갈등을 불러일으키기도 했다. 군 가산점 제도를 규정하고 있는 제대군인 지원법에 대한 위헌 심판이 제기되었다. 1999년 12월 헌법재판소는 군 가산점 제도가 여성 및 장애인을 불합리하게 차별하고 있다고 판결했다.[103] 그러나 군 복무로 인한 학업 단절을 제대로 고려하지 못했다는 비판 또한 만만치 않았다.

갈등과 공존,
제3의 길[104]

외환 위기로 인해 가장 큰 타격을 받은 곳은 중소기업들이었다. 자금력을 갖추고 있던 대기업은 외환 위기를 벗어나는 동안 비록 고통스러웠지만 버틸 수 있었다. 반면, 중소기업은 취약한 재무 상황으로 곧바로 도산했다. 중소기업이 붕괴된 영역에 대기업이 진출하기 시작했다. 위기를 겪으면서 보수화된 금융 시스템 역시 불안한 중소기업보다는 확실한 채권 확보가 가능한 대기업 대출을 선호하면서 산업 부문에서도 양극화가 나타났다. 그러나 중소기업이 고용에서 차지하는 비중이 80%에 육박하면서 중소기업에 대한 보호 필요성이 강하게 제기되었다. 이와 함께 유통 부문에서는 전통 시장과 대형 마트 간 갈등이 나타났다. 대기업과 중소기업의 공존을 위한 대중소기업 상생 협력 촉진에 관한 법률이 제정되었다. 동반성장위원회라는 조직도 출범한다. 그러나 어떤 일은 중소기업만 할 수 있다고 정하는 일은 우리 헌법에서 보장하고 있는 직업의 자유를 침해한다는 문제가 있었다. 따라서 동반성장위원회가 중소기업 적합 업종을 선별한다 하더라도 이를 강제할 수는 없었으며, 단지 권고만을 할 뿐이었다. 대기업의 자발적 협조가 없다면 큰 효과를 보기 어려운 것이 현실이다. 대형 마트의 의무 휴업일을 정한 유통산업 발전법에 대해서도 직업의 자유를 침해한다는 위헌 논쟁이 제기되었다.

외환 위기는 민간 부문에서 과도하게 리스크를 안으면서 투자했던 것이 근본적인 원인이었지만, 정부 부문에서 이를 규제하지 못했던 것도 정부의 실패였다. 외환 위기 이후 외국인 투자가 확대되고 외국의 법제가 도입되면서 같이 들어오게 된 것이 신자유주의다. 신자유주의는 민간의 자율을 존중하고 창의를 끌어올리는 긍정적인 효과도 있었지만, 반면 과도한 이윤 추구로 인한 사회적 부작용을 낳기도 했다. 공공 부문에서 신자유주의는 시민의 권리 주장과 참여를 불러온다. 시민 참여의 전제는 정보공개였다. 아는 것이 있어야 이의를 제기하든지 혹은 청원을 할 수 있기 때문이다. 외환 위기 이후 정보공개법의 활용은 크게 증가했다. 공교롭게도 정보공개법이라고 부르는 공공기관의 정보공개에 관한 법률이 발효된 때도 외환 위기가 발생한

정보공개 추이

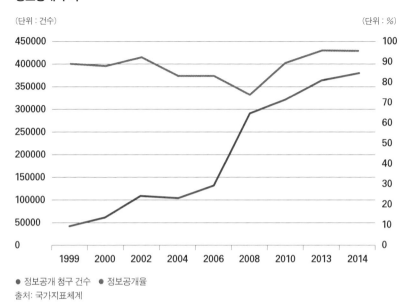

(단위 : 건수)   (단위 : %)

● 정보공개 청구 건수　● 정보공개율
출처: 국가지표체계

그해 1월 1일이었다. 여기에 더해 외환 위기 이후 정부의 경제 전략 중 하나가 '닷컴.com'을 중심으로 한 전자 통신 분야의 활성화였다. 이러한 흐름은 당시 미국 경제의 주요한 흐름이었던 인터넷 및 통신 기술을 중심으로 한 '신경제New Economy'에 큰 영향을 받았다.

정보공개 청구의 증가와 함께 비영리 시민 단체의 수도 큰 폭으로 증가한다. 2000년에 처음으로 통계가 잡힌 당시의 비영리 시민 단체의 수는 2524개였던 반면, 2014년 기준 현재 1만 2252개다. 지방자치단체 차원에서도 시민의 참여가 강화되는 방향으로 변화가 있었는데, 1999년 8월 지방자치법의 개정을 통해 주민이 조례의 개폐를 직접 청구할 수 있는 조례 개폐 청구권 그리고 주민이 지방자치단체에 대해 감사를 청구할 수 있는 주민 감사 청구 제도가 도입된다.

커다란 위기가 찾아오고 나면 단지 위기가 수습되는 일들로 끝나는 것이 아니다. 위기가 남긴 것들은 법·제도, 사회적 관행, 가치관 등 다양한 측면에서 나타난다. 지금 살펴본 것들은 주요한 제도와 법에 대한 이야기들이었다. 하지만 우리 사회에 나타난 보이지 않는 변화는 많다. 인정이 사라지고 경쟁과 첨예한 이익 추구만이 난무하게 된 것 역시 그 부정적 영향 중 하나라고 할 수 있다. 신뢰와 이해보다는 속임수와 오해를 더 자주 보는 사회가 되었다.

위기를 맞지 않도록 미리 대비를 하는 것은 매우 중요하다. 하지만 우리 사회에서는 다양한 이익이 존재하고 힘이 있는 집단이 그 이익을 과도하게 추구하면서 사회적 균형이 깨진다. 그리고 위기가 또 찾아오고 고통은 모두가 공유하게 된다. 여기에서 중요한 것이 법과 제도의 역할이다. 사회적인 균형 또는 견제 기능이 발휘됨으로써 리스크의 크기가 과도하게 커져가거나 혹은 사회 전체에 부정적 영향을 주는 행위들이 적절한 선에서 견제되는 메커니즘이 있어야 한다. 그 메커니즘이 바로 법이다. 법을 공부하거나 업業으로 한다는 것은 단지 법조문을 읽고 해석하고 소송 기술을 활용하는 것만을 의미하지는 않는다. 이제 법률가들도 사회적 큰 흐름에 기여할 수 있도록 크고 멀리 보는 눈을 가져야 한다.

8장

안전·생존
시대의
법

펜데믹과
자유

질병의 확산과
강제 실시권

영어 사전에서 전염이라는 뜻을 찾으면 '에퍼데믹epidemic'이라는 단어가 나온다. 그런데 이보다 한 단계 더 나아가 보면 대유행이라는 단어가 있다. 중세에 수많은 사상자를 발생하게 한 페스트pest와 같은 경우가 '펜데믹Pandemic'이다. 제1차 세계대전 중에 유행했던 스페인 독감도 펜데믹의 일종이라고 할 수 있다. 'pan'이라는 단어는 '망라하여 관통하는 지역적 개념'을 가지고 있다. 그래서 지역 혹은 공간을 관통하는 내용의 유사한 영어 단어에서 'pan'이라는 접두어를 쉽게 찾아볼 수 있다. '팬 암Pan Am, 팬 아시아Pan Asia, 파노라마panorama' 등이다. 최근의 몇몇 전염성 질병은 'epidemic'을 벗어나 'pandemic'의 단계로 나아가고 있다. 사스SARS, 조류독감, 신종 플루 등이다. 최근에는 지카 ZIKA 바이러스까지도 확산 일로에 있다.

인류 발전의 한 축은 의학이다. 과거 대규모 사상자를 내던 콜레라, 페스트 등은 의학 기술을 통해 인류가 정복한 질병이다. 그런데 우리가 지금까지 발견한 질병은 전체 질병 중 극히 일부분이다. 최근 우리가 겪은 몇 가지 전염성 질병 중 실제로 매우 심각한 수준으로 맞닥뜨린 것이 신종 플루와 메르스MERS-CoV이다. 신종 플루 때에는 유일한 치료제인 '타미플루Tamiflu'를 가지고 법적 논쟁이 벌어졌다. 국내에 확보된 치료제가 부족한 상태에서 스위스의 '로슈Roche'라는 제약회사가 특허권을 가지고 있는 타미플루의 구조식을 이용해서 국내에

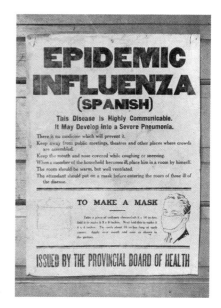

스페인 독감 경고문

서 강제 실시권을 행사할 것인가의 문제였다. 강제 실시권은 영화 〈연가시〉에서도 주요 스토리로 등장한 적이 있다. 어떤 제약 회사가 천문학적 비용을 들여 오랜 시간의 연구 끝에 약을 개발했다. 그런데 얼마 후 다른 나라에서 큰 전염병, 예컨대 신종 플루가 창궐했다고 하자. 그 나라가 전 세계 방방곡곡으로 약을 구하려고 했지만 기하급수적으로 환자가 증가하고 있는 상황에서 약이 부족했다. 그 나라는 약의 구조식을 알고 있다. 이때 일단 국민들을 살려보자는 취지로 약을 만들어 국민들에게 공급한다. 이것이 강제 실시권이다.

강제 실시권은 제약 회사의 특허권을 침해하는 것이다. 하지만 사람이 먼저 살아야 한다. 그래서 예외적인 상황에서 강제 실시권을 행사할 수 있도록 인정하고 있다. 아주 긴급하고 예외적인 상황이어야만 하고 나중에 그 제약 회사에 대해서 보상을 해줘야 한다. 만약 강제 실시권이 그리 급하지 않은 상황에서도 사용되는 경우라면 어떨까? 강제 실시권을 발동할 수 있는 상황으로 인정되지 않을 것이다. 그럼에도 불구하고 강제 실시권을 행사했다면 국제적인 특허권 침해 소송이 제기될 것이다. 일반적인 방법은 질병이 발생한 국가가 해당 제약 회사와 신속한 협상을 통해 라이선스를 획득하여 생산을 하는 것이다. 특허를 가진 사람들이 생명을 담보로 장사를 한다고 비난할 수도 있다. 그런데 하나 더 나아가 생각해보면 열심히 노력하고 돈을 들인 새로운 약품으로부터 이익 회수가 불가능하다면 세계적인 제약 회사들은 더 이상 새로운 질병에 대한 연구를 하지 않을 것이고, 앞으로 창궐할 수 있는 새로운 질병 앞에서 인류는 속수무책일 수밖에 없다. 이익은 연구의 가장 큰 동기 중 하나이기 때문이다. 이익이 없었다면 인류는 지금과 같이 많은 질병을 상대로 싸울 수 없었을 것이다. 그래서 양자는 조화를 이루어야 하며, 법은 특허권과 강제 실시권이라는 두 가지의 무기를 양 당사자들에게 각각 주고 있는 것이다.

개인의 자유와
공공 보건의 충돌

메르스가 유행하면서 우리 사회에 여러 가지 문제가 생겼다. 일단 국가 방역 체제가 허점을 여실히 드러내었다. 정부가 충분한 정보를 가지고 있지 못하거나 잘못된 판단을 내리는 경우도 있었으며, 행정 일선에서의 혼선과 무책임한 대응은 질병을 더욱 확산시켰다. 이 중에서 논란거리로 떠오르는 것이 환자의 격리 문제였다. 일부 자가 격리 상태의 의심 환자들이 충분히 통제되지 못하고 전국으로 흩어졌다. 시민 의식의 부재와 권리의 남용이라는 비난이 쏟아졌다. 외국으로 출국하였다가 해당 국가에서 격리되는 일들도 발생했다. 국내외적으로 비난 여론이 일면서 왜 의심 환자들을 제대로 격리하지 못하는가에 대한 의문도 확산되었다. 충분한 격리 시설을 갖추지 못한 것도 한 이유지만, 또 다른 이유 중 하나는 인권침해의 가능성으로 인해 복잡하고 귀찮은 문제가 발생하지 않을까 하는 걱정이었을 것이다.

인권의 역사는 험난하고 땀과 피가 요구되는 과정이었다. 그래서 오늘날 우리가 지금과 같은 자유와 권리를 누리고 있는 것이다. 누군가의 자유를 제한하여 한곳에 머무르도록 강제한다면 이는 명백한 인권침해다. 그런데 어느 한 개인이 전염성이 강하고 치사율이 높은 질병의 발병 가능성이 높은 상태라고 하자. 그 개인에게 자유로운 여행을 허가한다면 어떨까? 법적인 측면에서 이야기하면 '남'들 역시 건강하게 삶을 살 권리를 가지고 있다. 한 질병 의심 환자의 자유로운 여행 권리로 인해 타인의 건강한 삶을 살 권리를 침해하는 '기본권 충돌' 상황이 발생하는 것이다. 더구나 한편은 한 사람이고 다른 한편은 다수라면 상황은 더욱 명백해진다.

어떤 정도의 상태일 때 격리해야 하는가? 병이 이미 발현되어서 열이 펄펄 나고 기침을 한다면 당연히 격리에 들어가야 한다. 여기까지는 큰 문제가 없다. 그런데 환자와 접촉을 했던 사람인데 병이 아직 현실적으로 발병하지 않은 잠복기 중에 있다. 이 경우에는 어떻게 해야 할까? 전염병 예방법은 격리에 대한 규정을 두고 있다. '……전염병의 감염 또는 전파의 우려가 있다고 인정하는 자에 대하여는 자가에서 격리 치료를 하게 할 수 있다.' 그리고 이를 위반할 경우 징역 또는 벌금을 부과할 수 있도록 하고 있다. '우려'라는 것은 매우 추상적인 표현이다. 결국 질병 관리 당국의 판단에 맡겨진다. 격리에 대한 법적 근거는 이미 갖추어져 있고, 그 판단만이 남아 있는 것이다. 우리와 유사한 법제를 가지고 있는 일본도 검역법에 이와 같은 규정을 가지고 있다. 개인의 자유를 지나치게 침해한다면서 흔히 위헌의 문제가 제기된다. 공무원들은 머뭇거릴 것이다. 격리시켰다가 시끄럽게 만들지나 않을까? 일반적으로 선진적인 법 시스템을 가지고 있는 나라에서 기본권을 제한하는 기준은 매우 엄격하다. 기본권 제한으로 인해 얻어지는 사회적 혹은 공공의 이익이 있을 것을 명확한 요건으로 하며 제한의 정도는 '필요 최소한'에 그쳐야 한다. 아마 당시 필요 최소한 제한이 자가 격리의 정도로 선택된 것으로 보인다. 문제는 자가 격리가 현실적으로 잘 준수되고 있지 않았다는 점이다.

합리적 결정과 '스마트'한 제한

더스틴 호프만Dustin Hoffman, 르네 루소Rene Russo, 모건 프리먼Morgan Freeman이라는 당대의 명배우들이 총 출동한 1995년 작 〈아웃브레이크Outbreak〉라는 영화가 있었다. 에볼라ebola 바이러스가 아프리카에서 미국으로 건너와 확산되고, 의료 전문가들이 이에 맞서 싸운다는 것이 줄거리다. 에볼라 바이러스를 최근에 발견된 신종 바이러스로 알고 있지만, 실은 아주 오래전부터 요주의 바이러스로 영화의 소재로까지 등장한 것이다. 그로부터 약 10년 후 2014년 10월 서아프리카에서 구호 활동을 마치고 돌아온 '국경 없는 의사회Doctors without Borders' 소속 간호사 히콕스에 대하여 그녀가 거주하는 미국 메인Maine 주 정부는 잠복기incubation period인 21일간의 자택 격리 명령quarantines order을 내렸다. 이에 대해서 히콕스는 증상이 나타나지 않고 있고 매일 몸 상태를 체크하고 있으므로 자가 격리 명령은 인권침해라고 맞섰다. 결국 재판까지 갔는데 주 1심 법원State District Court은 히콕스의 손을 들어주었다. 법원은 에볼라 바이러스에 대한 잘못된 과학적 판단에 의해서 과도한 격리 조치가 이루어졌다고 판단했다. 다만 법원은 히콕스에게 몇 가지 요건을 부과했다. 매일 증상 모니터링 결과를 제공해야 하며, 여행을 하는 경우 사전에 공중 보건 당국과 협의를 해야 하며, 증상이 나타나는 즉시 알려야 한다는 것이었다. 법원은 주 당국의 격리 명령을 '꽉 매인 제한tighter restriction'이라고 표현했다. 이러한 제한은 불필요하되, 히콕스에게는 3가지 요건을 부과함으로써 적절한 조화를 구하고자 했다. 당시 판단의 배경에는 히콕스 스스로가 에볼라를 직접 현장에서 치료했던 의료인이었다는 점도 고려된 것으로 알려졌다. 법원의 판결에 대해 히콕스의 변호사는 이를 '합리적인 결정이며, 스마트한 제한'이라고 의견을 밝혔다. 반면, 메인 주 주지사는 '불행하지만 법원의 판결을 존중하겠다.'고 발표하고, 여전히 자신의 가장 중요한 임무는 130만 메인 주 주민들의 건강과 안전을 지키는 것이라는 입장을 밝혔다. 법원은 격리 처분에서 '과도함'은 걷어내되, 의료 전문가인 당사자에게 맞는 합리적인 제한을 설정한 썩 괜찮은 판결을 내렸고, 주지사는 불행스럽지만 받아들인다는 표현으로 행정 집행 기관으로서 스스로의 책임과 의무에 대한 든든한 뚝심을 보여주었다. 당시 사건은 미국 전역에 관심사가 되었으며, 법원의 판결과 달리 대중의 여론은 찬반으로 갈려 뜨거운 논쟁이 벌어졌던 사건이었다.

　　미국의 사례는 참고가 될 수 있으나 우리의 경우와 비교할 때 주의해야 하는 것이 있다. 첫 번째, 당시 판결이 나고 얼마 후 이미 격리 기간이 21일이 넘어가서 상급법원의 판결을 받지 않았다. 단지 하급 법원만의 판결로 상급법원에서 어떠한 판단이 나왔을지는 아무도 모른다. 두 번째, 히콕스는 서아프리카 현장에서 에볼라와 싸웠던 전문가 중 한 사람이었다. 그녀는 어느 누구보다도 에볼라를 잘 알고 있는 사람이었다. 그녀는 스스로 통제가 가능한 사람이었다. 세 번째, 메인 주가 인구 구성 면에서 밀집도가 높지 않았다. 메인 주의 인구는 약 130만 명에 불과하다. 만약 단일 시로서 1000만 명의 서울 혹은 720만 명의 홍콩이라면 어땠을까? 네 번째, 주 당국에서 관리해야 할 사람이 히콕스 한 명이었다. 만약 관찰 대상자가 우리나라의 경우처럼 수천 명이었다면 어땠을까?

2015년 우리나라의 봄과 여름을 심란하게 했던 메르스는 전염성 질병에 대한 강인한 기억과 함께 아주 많은 것을 남겼다. 정부의 능력이 속속히 까발려졌고 잘못된 정책 선택의 결과에 국민은 크게 실망했다. 비상시에 정치가 얼마나 무기력했는지, 시민 의식이 어디까지와 있는지도 보여주었다.

좋은 시민은 잘 돌아가는 사회의 전제 조건이다. 좋은 시민에 대한 투자는 가장 중요한 투자다. 피와 땀과 눈물로 얻어낸 민주화 이후 우리 사회는 급격히 자신의 권리를 찾아나갔으며, 선진국 수준의 권리 의식을 갖게 된다. 그러나 그 사이 의무는 권리에 가려져 보이지 않았다. 기본적인 상식만큼의 배려도 부족한 경우를 종종 보게 된다. 시민들에게 자신의 권리를 알게 해주는 것도 중요하지만 자신의 의무를 알게 하는 것도 그만큼 중요하다.

　향후에도 우리는 전염성이 강하고 위험한 질병에 맞닥뜨릴 가능성이 있다. 안보적인 측면에서도 치사율이 훨씬 높은 생화학전의 위험성이 상존하고 있다. 정상적인 사회 시스템과 법체계를 가진 나라는 경험을 축적한다. 그리고 축적된 경험은 새로운 위협에 대처하는 중요한 기반이 된다. 임진왜란 전후의 과정을 담담하게 그려내어 후대에 교훈이 되게 한 류성룡의 《징비록》이 생각난다. 《징비록》은 미래의 승리를 위한 오늘의 실패의 기록이다. 우리도 질병과의 싸움에 대한 '징비록'을 써야 되지 않을까?

식품과 인간 그리고 GMO[105]

맛있고 안전한 식품

'식사하셨어요?' 인사말로 자주 말하는 것이다. 예나 지금이나 먹고사는 문제는 여전히 중요하다. 그러나 그 대상이 다르다. 과거에 헐벗고 굶주렸을 때는 무엇이든지 상관없이 배부르게 먹을 수 있는 것이 첫 번째 관심사였지만, 지금은 무엇을 먹느냐가 더 중요해졌다. 그런데 상대적으로 관심이 덜 두어지는 곳이 안전의 문제다.

음식에는 맛도 중요하지만 안전함도 그만큼 중요하다. 지금 우리가 맛에 집중할 수 있는 것은 식품위생 관련 법들에 의해 유해한 음식물이 걸러지고 있다는 믿음이 그 저변에 있기 때문이다. 하지만 음식의 안전은 100% 완벽하지는 않아 여전히 늘 사회적 이슈가 되기도 하고, 더 나아가 피할 수 없는 일정한 정도의 유해 성분으로부터 보다 안전하고 깨끗한 음식을 먹기 위해 노력한다.

먹는 것은 사람이 생존하기 위한 필수 조건이다. 그만큼 법도 가장 가까이 있어야 한다. 식품 안전에 대해 가장 기본이 되는 법은 식품위생법이다. 미국 로스쿨에는 식품의약국FDA : Food Drug Administration의 규제 정책, 승인·허가 기준, 특허권 등을 모두 포괄한 식품 및 의약품에 대한 과목이 꽤 있다(물론 학교별로 편차는 다르다. UC버클리에서는 로스쿨 차원에서의 강의도 있었지만 대학교 차원에서 법, 경영, 생명공학, 화학, 의학, 약학 등을 모두 융합한 코스가 개설된 적도 있었다. 일주일에 한 번 야간에 열리는 강의인데 인근 대학교인 UCSF의 의·약학 계열, UC데이비스의 농학 계열 등이 모두 참가한다). 미국은 식품위생 분야에서 유럽과 함께 선도적인 국가 중 하나다.

이러한 식품위생의 배경에는 그간 많은 사고들이 있었다. 초기 미국의 개척 시대부터 지금까지 크고 작은 식품위생 사고는 끊이지 않았다. 당시에는 조리 및 물류 인프라가 부족한 시절이었고 비위생적인 환경에서 만들어진 식품들이 오랜 시간 이동으로 썩은 채 유통되기도 했다. 원거리를 거쳐야 제대로 된 재료를 구할 수 있어 저급한 대체 재료들이 들어간 음식들이 생겨나기도 했다. 그리고 그때마다 법이 만들어지고 시스템이 구축되었다.

오늘날 미국에서 저급한 재료는 더 이상 식품위생 분야의 주요한 이슈가 아니다. 현재 식품 안전의 핵심 중 하나는 질병균과의 싸움으로 질병통제예방센터CDC : Center for Disease Control and Prevention가 그 중심에 있다. 가장 최근의 경우를 보면, 2013년 3월부터 2014년 6월까지 살모넬라 하이델베르그Salmonella Heidelberg 균에 감염된 닭고기 사건도 그중 하나다. 총 29개 주에서 발병했는데 다행히 사망자는 없었으나, 600여 명이 병에 걸렸다. 미국과 마찬가지로 유럽에서도 주요한 관심사 중 하나는 이러한 병원균으로부터 식품을 안전하게 지켜내는 것이다. 유럽에서도 살모넬라는 골치 아픈 존재다. 유럽연합도 '살모넬라 통제 시스템'이라는 퇴치 프로그램을 운영하고 있다.

주요 유럽 국가들은 높은 소득만큼 먹는 문제에 대해서도 관심이 높다. 최근의 유럽 식품안전법의 관심 분야를 보면 향후 우리가 관심을 가져야 할 분야를 엿볼 수 있다. 먼저, 화학 첨가제에 대해서 관심을 많이 가지고 있다. 식품의 맛과 색을 내는 각종 첨가제에 대해서 세심하게 들여다보기 시작했다. 두 번째, 식품을 담는 플라스틱 용기에 대한 관심이다. 용기는 지금까지 간과되어온 분야이기도 하다. 또 관심을 갖는 분야가 고지혈증, 고콜레스테롤과 같은 건강 질환을 야기하는 음식을 원천적으로 차단하는 것이다. 동물 질병의 확산과 예방을 위하여 많은 돈을 지출하고 있기도 하다. 우리가 식품 단계에서 대응하고 있는 데 비해 식품으로 만들어지기 전 단계에서 대응하는 것이다. 건강한 사육 환경이 건강한 식품을 만든다는 생각을 기반에 깔고 있다. 마지막으로, 종자에 관한 사항으로 유전자 변형 물질GMO에 대한 관리다.

그런데 어디까지가 식품이고 어디부터가 약일까? 우리나라 법(식품 안전 기본법)에서 식품을 정의하는 방식은 '하나 빼기'다. 즉 모든 음식물을 식품이라고 한다고 해놓고 단, 약으로 먹는 것을 제외한다. 결국 우리가 먹는 것 중 약 빼고는 모두 식품이다. 식품을 가지고 이것 먹으면 위장병, 간장병, 두통, 치통, 생리통이 낫는다고 광고하면 식품이 아닌 약품 광고로 위법한 것이 된다. 왜냐하면 약으로 팔려고 한다면 약에 대한 효능, 임상 실험의 결과, 부작용 등이 명확히 가려져야 하고 당국의 판매 허가를 받아야 하기 때문이다. 과거에는 딱 두 가지만 있었다. 식품 아니면 약이었다. 그런데 그 중간에 아주 애매모호한 것이 하나 생겼다. 식품이기는 한데 몸이 좋아지거나 병을 낫는 데 도움이 되는 것들이다. 바로 건강 기능 식품이다. 건강 기능 식품이 되려면 인체에 유용한 기능성을 가진 원료와 성분이 사용되어야 하며, 보건 용도에 유용한 효과를 얻을 목적으로 먹는 것이어야 한다. 이제 구분은 '식품, 건강 기능 식품, 약' 이렇게 세 가지로 한다.

유해
식품

식품에 대해 법적 이슈가 되는 것의 으뜸은 유해성이다. 그런데 유해성이 제로Zero인 식품이 있을까? 유해성이 조금이라도 있으면 판매가 금지되는 것인가? 식품이라는 것이 밭에서 나올 때 혹은 트럭에 실려 이동하다가 흙 또는 다른 이물질이 묻어 있을 수도 있으며, 제품을 만들다가 먼지 등에 노출될 수도 있다. 만약 조금이라도 이물질이 묻거나 포함되어 있다고 판매가 금지된다면 아마 먹거리가 현저하게 줄어들 것이다. 그래서 식품위생법은 유독·유해 물질이 자연적으로 들어가 있거나, 생산 공정상 필수적으로 들어갈 수밖에 없는 것으로 그 유해의 정도가 일반적으로 인체의 건강을 해칠 우려가 없거나 적정한 처리를 하면 인체의 건강을 해치지 않는 것에 한해 판매를 하도록 하고 있다.[106]

물론 지금 유해하지 않은 것이 나중에 유해한 것으로 판명날 수 있다. 따라서 식품에 대한 규제는 과학기술의 변화에 따라 그 범위와 방식이 변한다. 반대로 지금은 유해하다고 알려졌지만 알고 보니 유해하지 않은 경우도 있을 수 있다. 16세기 중남미를 정복했던 코르테스Hernán Cortés가 이끄는 스페인군은 아즈텍Aztec(지금의 멕시코)에서 토마토를 처음으로 접하고 이를 유럽에 가져간다. 유럽에 전해진 토마토는 독이 있는 식물로 잘못 알려졌고, 다만 아름다운 색깔 때문에 겨우 관상용으로만 사용되었다(이 시기의 정물화에서는 토마토가 소품으로 등장한다). 이후 토마토가 식용 소스의 형태로 시도되었고 일부 음식의 소스로 사용되었으나 그 부정적 이미지로 보편화되지는 못했다. 본격적으로 토마토 소스가 식용으로 사용된 것은 19세기에 토마토가 파스타를 만난 이후부터였다(들리는 말에 따르면, 토마토 소스가 묻은 손으로 파스타를 집었다가 소스가 묻은 파스타의 맛이 좋아서 이후 계속 먹었다고 한다).

식품 자체의 성분에는 문제가 없는데, 식품 모양 때문에 문제가 된 경우도 있다. 미니 컵 젤리 사건이다. 두 명의 어린아이들이 미니 컵 젤리를 먹다가 기도가 막혀서 사망했다. 미니 컵 젤리를 훅하고 빨아들이다 보면 어린아이들의 목으로 바로 넘어가 기도를 막을 수 있다. 당시 그 사건에서 이런 식품을 미리 규제하지 못하고 왜 팔게 했느냐가 문제가 되었다. 만약 미리 규제하지 않은 것이 합리적이지 않고 사회적 타당성도 없었다면 국가가 피해자에게 배상을 해줘야 한다. 당시 법원은 미국, 호주, 캐나다 등에서도 미니 컵 젤리를 규제하고 있는지 참고하였는데, 이들 나라에서도 이를 규제하지 않고 있어서 우리의 경우에만 특별히 위험성을 알기가 어려웠다고 보았다.[107] 세상 모든 일은 약간의 위험성을 가지고 있어 이를 모두 규제하다 보면 먹고살기가 힘들어진다. 그래서 확실하게 위험성이 드러나지 않으면 규제하기가 만만치 않다.

농장에서
식탁으로

안전한 음식만을 먹으려면 어떻게 해야 할까? 앞서 식품 모양 이야기를 했지만 안전한 음식의 주된 대상은 성분이다. 자연 상태에서 딸기를 먹을 수도 있으나, 쨈으로 먹을 수도 있다. 음식을 안전하게 먹도록 하기 위해서는 모든 단계에서 감시가 필요하다. 모든 나라에서 이런 슬로건을 내세우고 있다. '농장에서 식탁까지 farm to table'

감시의 방식은 검사다. 전에는 식품 당국만 검사를 했는데, 요즘에는 소비자가 직접 참여해서 함께 검사하는 일이 늘어나고 있다. 특히 아이들 학교 급식에 대해서는 부쩍 학부모의 참여가 늘어나고 있다. 해썹HACCP이라고 부르는 식품 안전 관리 인증이 있다. 이 마크가 붙어 있으면 일단 안전할 가능성이 높다. 과거에는 안전하다고 할 수 있었는데, 이 마크를 붙이고도 불량 식품들이 나돌아다닌 사례들이 있어 가능성이 높다고 이야기했다.

우리의 경우, 중국이 주요 농장인 제품들이 많다. 멜라민melamine 파동, 기생충 알 김치 등 워낙 많은 일들이 있어 일단 중국산 식품 하면 불안감을 가지고 있는 것이 일반적인 경향이다. 중국산 식품에서 안전성 문제가 대두되는 이유는 크게 두 가지다. 첫째, 중국에서 식품 안전 규제가 아직 제대로 작동되고 있지 않아 유해한 식품들이 생산되고 있다. 둘째, 우리나라에 수출되는 식품의 경우 일부 수입업자들이 너무 낮은 가격에 단가를 맞추기 때문에 식품의 질이 낮아졌다. 사람들이 단순히 배부르다는 것을 넘어서 음식의 질을 따져야만 식품의 질이 좋아질 수 있다. 그래서 모든 식품 규제의 역사는 배고픔에서 탈출한 이후에서야 본격화되었다. 최근 중국의 경제성장으로 중국 정부가 식품 안전 관리에 관심을 기울이기 시작했다. 물론 앞으로 갈 길이 멀다. 최근에는 유통 기한이 수년 지난 고기를 유통시키려는 사람이 적발되었다고 한다. 중국에서 식품 스캔들은 언론에 자주 오르내리는 이슈다. 북경에서 열린 아시아 · 태평양 식품 안전 회의에서 만난 중국 관리나 전문가들 모두 그들의 문제점을 인식하고 있고 정책 방향을 세우고 있었다. 안전한 식품이 자리를 잡기 위해서는 상당한 시간이 소요되겠지만 새로운 변화가 시작되고 있다.

중국산 식품을 비롯한 수입 식품에서 문제가 있다면 어떻게 관리하는 것이 좋을까? 항만이나 공항에서 세관이나 관련 공무원들이 일일이 확인하는 것이 최선일까, 아니면 아예 중국 현지의 농장이나 공장에서부터 관리를 하는 것이 좋을까? 중국 현지에서 배추를 어떻게 재배하고 있는지, 베트남 현지에서 쥐포를 어떻게 말리고 있는지, 가공과 포장의 과정은 청결하게 유지되고 있는지, 당연히 현지에 가서 관리를 하면 좋다. 그래서 선진국들은 현지 국가와 협의하여 직접 현장에서 현지 당국과 이를 공동으로 검사하고 관리하는 방식을 취하고 있다. 물론 이러한 방식이 가능하기 위해서는 현지 국가의 적극적인 협조가 필수적이다.

전 단계로 정보 공유가 있다. 우리나라가 수입 식품에 대한 정보의 수집에 관심을 갖게 된 것은 멜라민 파동 때문이다. 상호 간 정보 공유가 가장 잘된 모델로 유럽연합 회원국 간 구축되어 있는 '신속 경보 시스템RASFF'이 있다. 유통된 식품의 유해성에 따라 경보 발령 또는 관련 정보를 제공한다. 그리고 각 회원국에서 보고한 식품 관련 사항을 매 주 단위로 인터넷에 공개하고 있다. 그런데 유럽 같은 방식의 경보 시스템을 갖추기는 쉽지 않다. 유럽은 연합으로 묶여 있고 연합의 원칙이 제품의 자유로운 이동이기 때문에 가능한 것이다. 국내에서도 잘 안되는 정보 공유가 국가끼리 활성화되는 것은 쉽지 않다. 국가끼리 정보 공유가 제대로 이루어지지 않는 경우 식품을 수입하는 국가는 수입을 금지할 수 있다. 그 한 예가 후쿠시마 원자력발전소 사건 이후 일본산 수산물의 수입을 금지한 우리나라 정부의 조치다. 원전 사고의 추이에 대한 정확한 정보를 차단하고 있는 상태여서 수산물을 수입할 수 없다고 한 것이다.

오늘날 식품 문제는 단순히 국내에서 불량 식품을 단속하는 문제를 뛰어넘었다. 오히려 국가 간 이슈가 더 뜨겁다. 세계 모든 나라들이 다른 나라에서 수입한 식품을 소비하기 때문이다. 우리만 해도 중국산 배추로 만든 김치가 식탁에 오르고, 저녁에 편의점 앞에서 베트남산 쥐포를 안주로 맥주를 한잔한다. 식품은 국민의 생명과 건강에 직결된다는 점에서 매우 예민한 문제이며 사회적 파급력도 크다. 앞으로 식품을 둘러싼 국가 간 이슈는 더욱 가속화될 것이다.

새로운 종의 출현과
국제적 합의[108]

유전자 변형이 이루어지는 주요 분야는 주로 식물 분야다. 몇 개의 세계적인 다국적 기업들이 거의 다 하고 있다. 일종의 글로벌 과점 체제다. 미국 기업이 가장 많고, 유럽과 일본 기업들도 있다. 처음에는 주로 큰 열매가 열리는 나무 또는 열매가 아주 많이 열리는 나무들을 만들었다. 그 다음이 병충해를 방지하기 위해 농약을 사용하는 것 대신에 아예 특정 병충해에 강한 종을 만들어버렸다. 농약을 안 쳐도 병에 안 걸린다. 태어날 때부터 강하게 나온 것이다. 전통적인 유기농과 다른 새로운 유기농이 (농약을 안 해도 병에 걸리지 않고, 비료를 주지 않아도 잘 자라기 때문에) 증가하고 있는 것도 이러한 유전자 변형의 산물이다. 산업용 알코올과 같은 물질을 추출하기 위한 식물은 그 물질을 대량으로 함유할 수 있도록 유전자 변형을 시킨다.

그 다음이 맛이다. 큰 열매나 병충해 방지나 모두 양적 포만감을 위한 것이었다. 그런데 먹고살만하니 그 단계를 넘어서서 맛과 색을 중시한다. 쌀이 훨씬 더 윤기 나고, 열매로 짠 기름이 훨씬 맛이 더 좋을 수 있도록 유전자 변형을 가한다. 더 이상 장미의 색깔이 빨갛지는 않다. 보라색의 장미도 볼 수 있다. 동물 사료도 유전자 변형을 시켜 만든다. 동물이 먹으면 쑥쑥 자랄 수 있도록 유전자 변형 가공 사료를 만들기도 한다. 최근에는 껍질을 벗겨두어도 갈변褐變이 되지 않는 사과가 나오기도 했다. 때로는 과학적 연구를 위해 유전자 변형 동물을 만들기도 한다. 줄기세포의 식별이 용이하게 하기 위해 야광색을 입히는 연구가 진행되었으며, 그 결과 어둠에서 빛이 나는 '야광 토끼'를 만들어내기도 했다.

유전자 변형으로 개선된 종자는 엄청난 수익을 가져다 준다. 그 종자를 가져다 쓸 때마다 로열티를 받는 것이다. 물론 개발 비용도 엄청나지만 한번 개발해놓으면 장기적인 수익을 거둘 수 있다. 그래서 종자 사업은 오늘날 블루오션 중 하나다. 하지만 반대로 유전자 변형 종자 가격이 너무 비싸다는 비판도 만만치 않다.

이쯤 되면 서서히 걱정이 될 것이다. 전 세계 모든 나라들이 마구 이런 변형 생물체를 만들어내도 되나? 보다 풍성한 생산량을 얻으려다가 엄청난 번식력을 가진 괴물이 나올 수도 있다. 병충해를 방지하기 위해 만들어진 종자에서 웬만한 농약에도 끄떡없는 슈퍼박테리아나 돌연변이된 곤충이 나올 수도 있다. 한때(2010년) 제초제에 강한 알팔파alfalfa 씨 논란이 있었다. 이 식물의 경우 제초제를 써도 살아남을 수 있다는 장점이 있다. 그런데 당시 유기농업자들이 문제를 제기했다. 변형 알팔파 씨가 잡초와 교배될 경우 제초제에 강한 '슈퍼 잡초'가 나올 수 있다는 주장이었다. 식물의 씨들은 바람을 타고 날아다니기 쉽다. 그래서 예기치 않은 곳에서 분쟁이 발생하기도 한다. '슈마이저Schmeiser 사건'이 그 하나의 예다. 몬산토 캐나다에서 만든 유전자 변형 카놀라Canola가 슈마이저의 농장에서 재배되고 있었다. 몬산토는 슈마이저가 라이선스 비용을 내지 않고 자기 회사가 만든 카놀라 종자를 썼다고 주장하고, 슈마이저는 자신은 라이선스를 침해하지 않았으며, 인근 농장에서 재배하고 있는 유전자 변형 식물의 씨앗이 자신의 밭으로 날아와 생긴 것이라고 했다. 법정 공방 끝에 2004년 캐나다 대법원은 5대 4로 몬산토의 손을 들어준다.[109] 이후 슈마이저는 자신의 농장이 몬산토의 변형 종자에 의해 오염되었으므로 몬산토를 상대로 이를 제거해달라는 소송을 제기한다.

유전자 변형 동물을 떠올리면 먼저 영화 장면들이 머리를 스쳐 갈 것이다. 배두나라는 배우가 추리닝을 입고 멋진 폼으로 활을 쏘던 〈괴물〉, 도시를 종횡무진 돌아다니며 망가뜨리는 〈고질라Godzilla〉, 호수의 모든 물고기를 다 잡아먹고 그것도 부족해 마을을 습격한 〈엘리게이터Alligator〉 등. 한때 유전자 변형 농산물에 대해 혐오감을 가진 유럽의 극단적 환경주의자들은 유전자 변형 식품을 프랑켄쉬타인에 빗대어 '프랑켄푸드Franken-foods'라고 부르기도 했다.110 영화는 영화일 뿐이고 프랑켄푸드라는 용어는 과도한 공포심을 담은 단어다. 하지만 인류가 아직 가보지 않는 길인 탓에 유전자 변형 물질의 개발에 대한 통제는 우리가 관심을 가져야 할 부분임이 분명하다. 한 나라만 열심히 통제한다고 해서 잘되는 것은 아니다. 세계 모든 나라가 공조해야 한다. 다른 나라에서 만들어진 종이 또 다른 나라를 습격하는 '종種의 습격'은 매우 쉽게 발생할 수 있기 때문이다. 그래서 여러 나라들이 모여서 생물 다양성에 관한 회의를 했고 국제 협약을 통해 유전자 변형 물질의 개발에 대해서 통제를 하는 국제적 협의 체계를 만들어냈다. 바로 바이오 안전성 의정서Cartagena Protocol on Biosafety라는 것이다. 우리나라도 2009년에 가입했다.

　법적으로는 유전자 변형 물질로 인한 환경 피해의 손해배상 문제가 가장 '핫hot'한 이슈다. 현재 우리나라의 유전자 변형 물질과 관련된 규제 법률 중 가장 기본이 되는 것이 유전자 변형 생물체의 국가 간 이동에 관한 법률이다. 여기에서 잠깐, 유전자 변형 물질을 GMOGenetically Modified Organism라고 부르는 것이 맞을까? 아니면 LMOLiving genetically Modified Organism라고 부르는 것이 맞을까? 한국바이오안전성센타KBCH는 LMO는 살아 있어 번식 가능한 유전자 변형 물질을 말하고, GMO는 이 모든 것을 포함하는 것으로 이야기하고 있는데, 실제 현실에서는 딱히 구분하여 사용하지는 않는다. 다시 돌아와서, 국제 협약으로 손해배상을 어떻게 할 것인가를 정하려고 했더니 어려웠다. 왜냐하면 종자의 특허권을 보유하고 있는 선진국과 종자를 수입해서 써야 하는 개발도상국이 서로 대립했기 때문이다. 선진국은 가급적 손해배상의 범위를 줄이려 했고 개발도상국은 책임과 배상을 좀 더 명확히 하자고 했다. 여러 차례 만나서 회의를 했지만 여전히 평행선을 달렸다. 그래서 결국 중요한 법적 사항은 각국이 알아서 정하라고 했다. 중요한 사항이라고 하면 법적 근거, 인과관계의 인정 방식, 입증 책임의 정도, 손해배상액의 한도 등이다. 이 중에서 인과관계의 인정 여부는 가장 중요한 사항 중 하나다. 왜냐하면 유전자 변형 물질 사고가 발생할 경우 한쪽은 기술력을 가진 기업이고 다른 한쪽은 평범한 시민일 가능성이 대부분이기 때문이다.

문제는 인과관계를 누가 입증할 것인가를 정하지 못했다는 점이다. 소송을 제기한 사람 아니면 고소당한 사람 둘 중 누가 이야기해야 하는가다. 과학기술이 접목된 것일수록 입증하기가 어렵다. 이런 경우 자기가 입증해야 하는 책임을 지게 될 경우 그 부담이 이만저만이 아니다. 그래서 서로 그 책임을 지지 않으려고 팽팽하게 대립한다. 당시에도 각 나라들이 합쳐질 수 없는 평행선처럼 진영을 짜서 대립했다. 그러다 보니 결국 '그럼 그건 각 나라가 알아서 법으로 정하기'로 해서 끝냈다. 지금 그것은 각 나라의 몫이 되었다. 이제 국내법에서 어떻게 정하느냐에 따라 그 책임이 달라진다.

환경법에서도 이런 비슷한 것들이 있다. 예를 들어 대기오염 등으로 피해를 입었을 때 연기에 들어 있는 특정 화학물질이 어떤 손해를 일으켰다고 어떻게 증명할 수 있겠는가? 그것도 우리 같은 일반인이. 대법원은 일반인을 보호하고자 예컨대 '그 회사가 사용하고 있는 원료 물질이 여기까지 와서 피해를 입혔다면, 가해 회사는 책임을 지지 않으려면 무해함을 입증해라.' 하는 방식을 사용하고 있다.[111]

　유전자 변형 물질로 인한 피해는 확산성이 커서 든든하게 배상해줄 수 있는 재원을 마련해야 한다. 이것도 국제 협약에서는 각 나라가 자기 나라 사정에 맞게 정하도록 하고 있다. 물론 회사가 돈이 많아서 그냥 다 갚아줄 수 있으면 되지만, 기업이 항상 부자인 것은 아니고 그것 갚아주다가 망할 수도 있다. 어떤 방법을 쓰면 좋을까? 보험을 드는 것은 어떨까? 그런데 보험도 그 피해 범위가 크다 보니 보험금을 줘야 할 보험회사가 휘청하는 수도 있다. 그래서 보험회사의 보험회사라고 하는 재보험회사들도 유전자 변형 물질 관련 보험을 기피하는 모습을 보이기도 한다. 또 어떤 방법이 있을까? 기금을 조성하는 방법이다. 국가가 유전자 변형 물질을 생산하는 회사한테 '돈 벌었을 때 그중에서 얼마씩 내놔서 적립하자'고 이야기한다. 그리고 돈은 국가가 관리한다. 일단 저지른 사람이 먼저 배상하도록 하고, 부족한 경우에는 기금으로 모아놓은 돈으로 배상을 해주는 것이다. 만약 보험이나 기금이 조성되면 감시자가 하나 더 생긴다. 보험이나 기금이 돈만 내주는 것이 아니라 가지고 있는 기금을 축낸 사람에 대해서 조사를 하거나 혹은 사고를 방지하기 위한 활동에 직접 나설 수 있는 동기가 존재하기 때문이다.

　유전자 변형 물질은 앞으로 새로운 미래 성장 산업이 될 것이다. 엄청나게 확장되고 있는 특허권 시장에 숟가락을 얹게 될 것이며, 많은 기업들이 시장에서 경쟁할 것이다. 그만큼 위험도 많아진다. 실험

도중에 혹은 미완의 검증 상태에서 상용화되어 피해를 야기할 수도 있다. 그래서 피해를 막기 위한 과학적 노력이 필요하다. 그 다음 단계로 피해가 발생했을 때 배상도 필요하다. 배상액을 지불해야 한다는 것은 배상액만큼 안전에 투자를 할 수 있는 동기를 부여한다. 유전자 변형 물질은 우리가 맞닥뜨리고 있는 미래 기술의 위험한 도전이자 새로운 기회다.

쾌적한 환경에서 살 권리

환경을 둘러싼 제도와 인식의 변화

'쾌적한 곳에서 살아서 행복해요' 어느 건설 회사의 아파트 광고 카피를 차용해서 표현해보았다. 꿈만 같은 이야기인가? 우리는 이렇게 살 권리를 가지고 있다. 우리 헌법(제35조 제1항)은 '모든 국민은 건강하고 쾌적한 환경에서 생활할 권리를 가지며, 국가와 국민은 환경보전을 위하여 노력하여야 한다.'고 규정하고 있다. 이 조항만 보면 내가 쾌적하지 않은 환경에 살 경우에 국가에게 쾌적하게 살 권리를 달라고 청구할 수 있는 것처럼 보인다. 예컨대 앞 건물이 높이 올라가 햇볕이 잘 비치지 않는 경우, 멋진 강이 내려다보이는 집 앞에 큰 건물이 올라오는 것 등이 벌어지더라도 헌법 조항에 직접적으로 기대어 권리 구제를 받을 수는 없다. 제2항에서 '환경권의 내용과 행사에 관하여는 법률로 정한다.'고 하였기 때문이다. 즉, 쾌적한 환경에서 살 권리의 보장은 국가가 열심히 해야 할 목표를 규정한 것이고, 실제로 국민이 자신의 권리를 침해당했다고 시정해달라고 혹은 좋은 환경을 만들어달라고 청구하는 것은 각 개별적인 법률에 의해서 정하고 있어야 한다는 점이다.

환경과 관련된 법은 우리 일상의 보이지 않는 곳에서 기능하고 있다. 우리가 숨 쉬는 공기에 대한 것은 대기 환경 보전법이 보호하고 있다. 인구밀도가 높음에도 불구하고, 중국에서 매년 오염 물질이 날아들어 옴에도 불구하고 나름 숨 쉴만한 공기를 제공해주는 것은 이 법의 덕택이다. 수질 및 수생태계 보전에 관한 법률은 우리가 마시는 물을 보호해준다. 과거 낙동강에는 페놀phenol과 같은 화학물질들이 무단 방류되어 사람들이 다치는 경우들이 가끔 발생했다. 물론 요즘에도 여러 하천에서 여름 홍수 때만 되면 비양심적인 무단 방류가 발생하고 있지만 많이 줄었다. 폐기물 관리법은 우리가 버리는 폐기물이 나돌아다니면서 환경을 오염시키지 않도록 막아준다. 예컨대 자동차 엔진오일을 갈고 나서 남은 폐오일은 한곳에 모아다가 별도의 수거 절차를 거치도록 한 것도 이 법에 의한다. 환경 영향 평가법은 대규모 공사를 할 때 환경에 어떤 영향을 주는지 사전에 조사해서 피해를 최소화하는 방법을 공사 계획에 포함시키거나 혹은 심각한 환경 위해 가능성이 있는 경우 공사를 하지 못하게 할 수도 있다. 자연 환경 보전법은 우리가 휴일에 푸른 산과 들을 찾아 자연과 함께 어울릴 수 있도록 만들어준다.

　토양 환경 보전법은 요즘 뜨고 있는 법이면서 복잡한 분야 중 하나다. 지금까지는 공기와 물에만 신경 쓰다 보니 소홀히 되었던 분야다. 경제개발이 본격적으로 시작된 시기부터 수많은 오염 물질이 땅속에 알게 모르게 파묻혔지만 관심조차 두지 않았다. 그러나 당시 지어졌던 건물과 시설들이 감가상각 기간이 끝나고 내구 연수가 다해가면서 새롭게 재건축을 하거나 다른 시설로 대체되는 과정에서 하나하나씩 그 문제들이 드러나고 있다.

　공장 부지를 하나 인수해서 아파트를 지으려고 한다고 하자. 그런데 아파트 공사를 하려고 땅을 파니 쓰레기더미가 나온다. 공장에서 지난 10년간 땅속에 폐자재를 몰래 파묻은 것이다. 공장을 판 사람을 찾아서 처리 비용을 내라고 하면 되지만 연락을 일부러 끊었는지 도통 전화가 되지 않는다. 이쯤 되면 찾는다 해도 쉽게 돈을 줄 리도 만무하다. 골치 아픈 법적 분쟁이 발생한다. 현행법은 일단 현재 소유주가 먼저 처리하고 나중에 판 사람에게 받아내라는 입장이다. 어찌 그런 황당한 법이 있을까 하지만 나름 합리적인 이유가 있다. 왜냐하면 현재 그 땅을 가진 사람에게 우선적으로 오염 물질을 제거하도록 하지 않을 경우 판 사람을 찾는다는 이유로 차일피일 미루다 보면 여름에 홍수가 와서 오염 물질은 아마 아주 멀리까지 퍼져나가기 때문이다. 이런 경우도 있다. 은행에서 공장을 담보로 사업 자금을 빌려주었다. 이후 공장이 부도가 났고 사장은 연락도 안 된다. 은행은 담보권을 실행하여 그 공장 부지를 소유하게 되었다. 그런데 알고 보니 그 공장 부지 밑에 폐기물이 가득하다. 돈 빌려준 게 1억 원인데 처리 비용이 1억 2000만 원일 수 있다. 왜냐하면 오랫동안 토양에 침착된 기름과 같은 오염 물질은 그 흙을 세척해서 오염을 제거해야 하므로 생각보다 비용이 크게 나올 수 있다.

기업을 인수·합병하는 과정에서도 이 문제는 뜨거운 이슈다. 그래서 인수하는 측은 환경 조사 전문 기관을 통해 미리 진단을 받고 인수 협상을 진행한다. 실제 있었던 일이다. 경남 창원시에서 철강 회사가 있던 토지를 매수해서 아파트를 지으려던 건설 회사가 있었다. 사놓고 공사를 진행하다 보니 이미 토지가 폐철 성분으로 인해 오염되어 있었다. 그 오염 정화 책임을 두고 공방을 벌인 적이 있다. 당시 사건에서는 토지를 산 사람(양수인)의 책임을 규정한 법 조항이 신설된 시기와 매수 시기 등을 놓고 논란이 있어 이 사건은 소급입법 금지와 신뢰 보호의 원칙 등이 문제가 되었다.[112] 주유소도 자주 문제가 되는 경우다. 땅을 빌려 주유소를 한 사람이 잘못해서 기름이 토양으로 스며들었는데, 땅을 빌려준 사람도 주유소 할 것을 알았다면 정화 책임이 있다는 판결이 나온 적도 있다.[113]

다른 한편, 오늘날에는 환경오염을 방지하기 위한 기업과 금융계의 노력이 확산되고 있다. 금융의 경우 환경오염을 방지할 수 있는 기술 개발에 자금을 대출해주거나 환경오염을 유발시킬 수 있는 산업에 대출을 줄이기도 한다. 산업 기술은 친환경 기술을 개발하기 위해 열심이다. 테슬라의 전기 자동차는 신호탄과 같은 것이었다. 건설 산업에서 친환경적인 건설과 개발은 더 이상 말할 필요가 없을 만큼 일반화되었다. 환경의 이슈는 오염되지 않은 건강한 먹거리의 기반이라는 점에서 식품·의약품 분야와도 밀접하게 연결되어 있다. 지금까지의 환경문제가 수세적이었다면 앞으로의 환경은 적극적이고 형성적인 모습으로 나타나고 있다. 단순히 환경이라는 이슈만 들고 나오면 관심을 가질 사람들은 적을 것이다. 많은 사람들을 참여하게 하려면 부가가치가 생겨야 한다. 환경을 산업화하는 것이 필요한 것이다. 이것이 세계적인 트렌드다.

환경법을 바꾼
사건들

환경 분야의 법은 이외에도 아주 다양하다. 지하상가의 대기질 개선을 위한 법부터 백두대간 보호까지 오랜 시간을 거치면서 다양하게 발전해 왔다. 이러한 발전의 가장 큰 기반은 국민들의 의식 변화에 있다. 환경은 사실 좀 먹고살만해야 관심을 가질 수 있다. 당장 생계가 걱정인 사람들 앞에서 환경은 사치일 뿐이다. 경제발전이 이루어지면서 우리의 환경법도 발전을 거듭했다. 과거 환경법이라고 한다면 화장실에서의 누수가 지하수를 오염시키는 것을 방지하는 것 정도였다. 이후 경제발전의 과정에서 각종 오염 물질로 건강과 생명을 위협하는 것을 막기 위한 단계를 거쳐 오늘날의 '쾌적한 환경을 살 권리'로까지 발전하게 된 것이다.

물론 그 과정에서 크고 작은 사건들이 발전에 기여했다. 1970년대 중반에 발생한 울산시 온산 지역의 심각한 환경오염은 우리 환경법을 단순히 공해 방지에서 한 단계 업그레이드 된 환경 보전의 단계로 끌어올린 일등공신이다. 당시 중화학공업 시설이 밀접한 울산 온산 지역은 대기 및 수질 환경이 극도로 악화되어 있는 상태였다. 많은 근로자들과 가족들이 병에 걸리면서 이는 근로조건의 문제로 확대되어 체제 안정을 위협하는 사건으로 발전한다. 당시 정부는 사건을 심각하게 받아들이고 환경법 체제를 정비하여 1977년 12월 새로운 환경 보전법을 공포한다. 낙동강에 페놀을 방류한 사건은 큰 충격이었다. 당시 정부는 강력한 수준으로 대응을 한다. 이러한 경험은 현재 우리가 썩 괜찮은 수질 환경 보전법을 가지게 된 배경이다. 개발도상국은 물론 태국과 같은 비교적 발전된 나라의 경우에도 방콕을 벗어나면 강으로 오염 물질이 방류되는 것을 어렵지 않게 볼 수 있다. 법과 제도의 가장 중요한 기반은 경험과 대응이다.

　　1988년 서울 올림픽을 준비하면서 대기 환경 보전법이 강화된다. 당시 서울의 대기오염으로 인해 올림픽을 치를 수 있느니, 없느니 하는 논란들이 국내외적으로 제기되었기 때문이다. 올림픽이 열리던 기간 중에는 시위가 있더라도 매번 쏘던 최루탄을 쏘지 않을 만큼 올림픽에 공을 들였다. 훈훈한 에피소드도 생겼다. 어느 날 진압경찰들은 농악대들이 '농자천하지대본農者天下之大本'이라고 쓰인 장대를 들고 다니는 것처럼 몇 개의 장대를 들고 나왔다. 장대에는 '무석무탄無石無憚(돌 던지지 않으면 쏘지 않겠다)'라고 쓰여 있었다. 다음날 학생들은 '무탄무석無憚無石(쏘지 않으면 안 던지겠다)'를 들고 나왔다. 한동안 학생들과 경찰들은 장대만을 든 채 최루탄도 돌도 없는 시위를 했다. 서로 간의 물리적 충돌이 없어서인지 수차례의 시위에서 학생과 전투경찰대는 서로에게 손을 흔들면서 헤어졌다. 올림픽이 만든 하나의 따뜻한 에피소드다.

비교적 근년에 흥미로운 사건이 있었다. 소송의 당사자가 매우 특이하다. '도롱뇽 그리고 도롱뇽의 친구들'이라고 불리는 단체가 소송의 원고들 중 하나였다.[114] KTX 노선을 두고 천성산을 통과할 경우 자연 생태계가 파괴된다는 것이었다. 당시 법조계에서는 환경 파괴의 여부 문제와 함께 사람이 아닌 것이 원고(소송에서 소를 제기한 자)가 될 수 있는지가 화제로 떠올랐다. 당연히 법원에서 받아들여지지 않았다. 하지만 그런 발상은 획기적인 것이었다. 검은머리물떼새가 소송을 제기한 적도 있다.[115] 당시 소송을 수행했던 변호사는 나름대로 공부를 열심히 했던 것으로 보인다. 즉흥적인 것이 아니라 상당히 많은 자료 조사를 하지 않았으면 할 수 없는 일이다. 브라질이나 캐나다 경우에도 사슴 등이 소송상 원고로 제기되었던 적이 있었고 논란이 되었다. 말 못할 짐승이지만 말을 할 수 있었다면 반드시 소송에 나와 해당 사실을 주장했을 것이라는 점을 그 근거로 한다. '자연 방어권'이라는 개념이다. 물론 아직까지 이러한 주장이 받아들여질 여지는 거의 없다.

소음 피해와
국가의 역할

2011년에 어느 변호사가 큰돈을 벌게 되었다고 언론에서 떠들썩했다. 보도에 따르면 수임료와 성공 보수, 지연이자 분을 합쳐서 수백억 원대(물론 나중에 일부는 민사재판을 통해 돌려주도록 했다)였다고 한다. 반면 정작 피해자였던 주민들에게 돌아갈 돈은 적은 것으로 나타나 화제와 함께 변호사의 윤리 문제가 제기되었다. 사건의 피고는 국가(국방부)였고 원고는 공군기지 인근에 사는 주민들이었다. 공군기지의 항공기 소음으로 주민들이 환경 피해를 호소하며 소송을 제기한 것이다. 항공기 소음 사건은 매우 다양하다. 과거 김포공항 활주로 확장 공사로 인한 인근 주민들의 소송이 있었고, 독일에서는 주둔하고 있던 나토NATO군 초음속 항공기가 야간 전투비행 훈련을 해서 그로 인한 소음으로 소송이 제기되었다. 공군 사격장 인근 주민들이 소음 피해를 호소한 적도 있다. 배상이 되는 소음의 기준은 '수인한도'를 넘어선 소음이다.116 일상생활에서 발생할 수 있는 일반적인 소음은 배상의 대상이 되지 않으며 참을 수 없는, 참을 경우에는 신체에 이상을 야기하는 정도의 소음인 경우에는 배상의 대상이 된다. 배상액을 제한하는 경우도 있다. '위험을 알면서 접근한 경우'다. 이렇게 이야기해보자. 원래 잘 살고 있는데 비행장이 이전해온 경우와, 비행장이 있는 줄 알면서 이사 온 경우의 차이다. 누구에게 배상액을 더 많이 줘야 하는가? 당연히 원래 살고 있던 사람이다.

소음 등과 관련하여 해결해야 할 문제도 있다. 천식을 유발하고 피부병을 야기하는 치명적인 침해까지는 아니라는 점에서 사람들이 소송까지 가지 않는다. 환경분쟁조정위원회를 통한 분쟁 조정으로는 매우 빈번히 가는 사건 중 많은 건수가 소음 진동 방지 분쟁들이다. 거의 주된 사건이라고 해도 과언이 아니다. 최근 아파트 층간 소음의 문제는 정말 심각하며 다툼의 과정에서 사람을 해하거나 생명을 앗아가기까지도 한다. 그런데 여기에 대한 정부와 지방자치단체의 대응은 매우 소극적이다. 흔한 캠페인도 제대로 벌이지 않는다. 잠시 반짝 관심을 가졌던 적이 있으나 답은 소음 측정해보고 상대방과 이야기 잘해보라는 것이다. 추가적으로 슬리퍼가 제공되기도 한다. 소송을 해볼까? 하지만 소송은 기간도 오래 걸리고 주기적인 소음과 진동으로 고통받았던 시간은 더욱 긴 시간이었음에도 불구하고 배상은 의미 없을 만큼 적다. 최소한 각 공동주택의 자율 규약이라도 만들라고 권고하고 모델 규약 정도는 지방자치단체에서 내놓는 것이 필요하다. 분쟁 해결을 위한 장치가 없으니까 직접 가서 해결하려다가 서로 싸우고 폭력으로 비화되는 것이다. 늦은 시간에 교양 있게 피아노를 치는 비교양적 행위, 늦은 시간에 깨끗한 패션을 위해 균형도 맞지 않은 세탁기를 돌리는 깨끗하지 않은 양심, 건전한 육체에 건전한 정신을 깃들게 하기 위해 늦은 시간에도 러닝머신treadmill에서 열심히 뛰는 불건전한 행동들을 제어할 수 있는 기제를 마련하는 데 법과 행정이 최소한 그 바닥을 깔아야 하는 것은 아닌가? 주민들끼리의 사적인 해결 혹은 시민들의 깊은 인내를 기대하는 것일까?

온실가스를
둘러싼
논쟁들[117]

지구를 구하라 :

탄소 배출 저감에 대한 논쟁

근래 지구를 한번 구해보자고 나서는 일들이 많다. 그나마 그럭저럭 진행이 되어가는 것 중 하나가 바로 온실가스 감축이다. 지구가 몸살을 앓고 있다. 지상에서 품어내는 가스층이 하늘을 막아 순환이 되지 않고 점차 더워진다는 것이다. 비닐하우스 안에서 조금만 있어도 온몸에 땀이 나는 것을 경험했을 것이다. 뜨거운 공기가 햇빛과 결합되면서 점점 온도가 올라가며 그 안에서 순환되는 현상 때문이다. 실제로 남극과 북극의 해수면이 점점 올라가고 있다고 한다. 유튜브 같은 곳에서는 북극곰이 사냥을 하다 얼음이 녹아 물에 빠져서 허우적거리는 것을 볼 수 있다.

교토 의정서 도하 수정회의(출처 : UNclimatechange)

각 나라 사람들이 브라질 리우데자네이루Rio de Janeiro에 모였다. '우리 모두 지구를 온실로 만드는 가스를 줄여보자.'라고 약속을 하고 보다 자세한 이야기는 나중에 만나서 하기로 하고 헤어진다. 그리고 1997년 12월 1일 다음 약속 장소인 일본 교토Kyoto에서 만나 우리가 많이 들어본 '교토 의정서'라는 공동의 약속을 만들어낸다. 여러 국가들이 하나의 목표를 가지고 이를 준수할 것을 약속하는 다자간 국제조약이 체결된 것이다.

이 과정에서 불만들이 쏟아져나왔다. 가장 주요한 쟁점이 오늘날 지구온난화의 책임은 이미 산업화를 완성한 선진국들에게 있는데 이제 막 일어서려고 하는 후진국들에게 같이 책임을 지자는 것은 말이 안 된다는 것이다. 그래서 선진국들의 기여가 더 필요하다는 것이 후발 주자들의 입장이다. 지구온난화 대응이 성공하려면 온실가스 배출이 많은 두 나라가 나서야 한다. 바로 미국과 중국이다. 미국은 온실가스 감축 목표를 32%로 발표하였고, 중국은 2017년 온실가스 거래제를 실시하겠다고 발표했다. 유럽 국가들은 이미 온실가스 정책을 비교적 충실하게 진행해 왔다. 유럽 국가들은 환경문제에 꽤 적극적이다. 이유는 나라들이 서로 국경을 맞대고 있어 한 나라에서 발생한 오염이 공기와 물을 타고 바로 국경을 넘는 탓에 환경문제는 그들의 주요한 이슈였기 때문이다.

제품의 생산 방식도 문제되었다. 선진국들의 주요 기업들은 이미 다국적 기업화되어 있다. 생산 과정에서 온실가스가 발생하는 공장들은 이미 개발도상국에 가 있다는 이야기다. 개발도상국 혹은 미개발국에 설립된 공장은 법적으로 설립지 국가 법인이다. 하지만 생산된 물건의 판매 이윤 중 얼마는 선진국 금융기관에서 빌린 금융 비용으로 이전되며, 또 얼마는 본사에 로열티 형태로 이전된다. 그리고 탄소 배출은 공장 설립지 내에서 이루어진다. 물론 설립지 국가들도 수익 및 고용의 창출, 기술의 습득이라는 이점을 누린다. 하지만 궁극적인 이익을 보는 자도 책임의 일부를 부담해야 한다는 주장이다.

온실가스 감축 약속을 시행하기 위한 길은 마치 멀고 먼 다리를 지나는 듯 끊임없는 이해관계의 충돌과 난관, 설득과 협조가 필요하다. 온실가스 감축을 위한 인프라를 구축하기 위해 회의도 하고 사람을 만나서 의견을 듣기도 한다. 기업들이 불만을 제기한다. 다른 나라들은 모두 눈치보고 있는데, 먹고살기도 힘든데 괜히 먼저 나서서 이런 것 한다고. 한편, 정부는 야심차게 온실가스 감축 사업을 지원하기 위해 펀드를 구성하여 이를 판매하여 재원을 마련하겠다고 했다. 여기에서도 문제가 발생했다. 은행뿐만 아니라 투자회사들이 참여를 안 한다. 취지는 좋은데, 선뜻 투자하기에는 위험이 너무 많아 보인다. 굳이 이런 것 안 하고 싶다. 결국 시장에서 자금을 조달하는 것은 크게 성공하지 못하고 국책 금융기관들이 나서서 마중물 역할을 시작해서 위험을 분담해주자 비로소 시장이 움직인다. 기업이 사회적 책임을 다하지 않는 것이 아닌가? 기업의 입장에서는 사회적 책임보다 주주의 이익이 중요하다. 기업은 자선 사업가가 아니다. 2015년 정부는 새로운 온실가스 감축 방안을 발표했다. 그러자 산업계의 반발이 즉각 나왔다.

국제사회에서도 마찬가지다. 각국은 얼마 정도 온실가스를 줄

정부, 2030년 온실가스 감축 목표案 제시

관계 부처 합동, 약 15~30% 감축 목표 4가지 시나리오 발표

- 2030년 온실가스 배출 전망(BAU)은 8억 5060만 톤 CO_2-e
  - BAU : Business As Usual
- BAU 대비 약 15~30% 감축하는 4개 목표 시나리오 마련
  - 시나리오(BAU 대비) : 1안 △14.7%, 2안 △19.2%, 3안 △25.7%, 4안 △31.3%

출처 : 관계 부처 합동 보도자료, 2015. 6. 11

> **2030년 우리나라 온실가스 감축 목표**
> * BAU(8억 5100만 톤) 대비 37%로 확정
>   - 정부 제3제안(25.7%)를 채택하되, 나머지는 국제시장을 통해 감축

출처 : 관계 부처 합동 보도자료, 2015. 6. 30

일 것인가를 눈치 보며 말을 아꼈다. 유럽연합이 유럽으로 들어오는 항공기에서 내뿜는 온실가스에 대해서 부과금을 부과하겠다고 한다. 각국 항공사들이 반발한다. 일부 국가들은 언제 온실가스 감축 약속을 했느냐는 등 모른척하고 책상 속 깊은 곳에 약속했던 종이를 묻어 둔다. 미국에서는 석유 값이 싸지니까 전기 차에 대한 관심이 뚝 떨어진다. 중국은 본격적으로 경제발전의 궤도에 올라섰는데 온실가스 배출을 제한한다니까 내심 반갑지 않다. 중국의 제조업은 가히 '세계의 공장'으로 불릴 만큼 호황을 누리고 있다. 러시아는 화석연료 생산의 중심지 중 하나로서 역시 온실가스 배출 제한이 반갑지 않다. 주요 국들이 관심을 가지지 않아 어젠더는 남아 있지만 행동으로 이어지지 않는다. 그러다 보니 지구촌 전체의 환경 운동가들은 '액션'을 하라는 시위를 시작한다. 2014년 미국 뉴욕에서 열린 유엔 기후 정상 회의장 밖에서 열린 '피플스 클라이밋 마치People's Climate March'는 이러한 액션을 촉구하는 몸짓 중 하나였다.

온실가스와 같은 전 지구적인 문제는 '동시화Synchronizing'가 필

요하다. 한 나라의 규제가 강해지면 기업은 다른 나라로 생산 공장을 옮길 것이 분명하기 때문이다. 따라서 국제사회 전체의 큰 결단을 요구하는 것은 그 의미가 크다. 2015년 12월 12일 세계는 프랑스 파리에서 열린 기후 변화 협약 당사국 총회COP 21에서 강력하고도 구체적인 합의를 이끌어낸다. 선진국과 개도국 모두 온실가스 감축 의무를 지게 되며, 각 국가가 감축 목표를 잘 이행하고 있는지 5년 단위로 검토하는 '리뷰 메커니즘review mechanism'을 두었다.

탄소 배출권
거래제와 할당

국내적으로는 2015년 배출권 거래제 실시를 앞두고 산업계를 중심으로 불만도 쏟아져나오지만 나름대로 준비를 하기 시작했다. 저탄소 녹색 성장 기본법이라는 법도 마련되었다. 그리고 배출권을 할당하고 줄이는 것을 등록하는 체계도 갖추었고, 배출권을 사고파는 곳도 마련했다.

배출권 거래 제도가 본격적으로 활성화되려면 할당이라는 것이 이루어져야 한다. 예를 들어 온실가스를 줄이기 위해서는 지금까지 한 기업이 배출해 온 온실가스량을 일정 기간으로 평균을 내어 그보다 적게 온실가스를 배출하라고 양을 할당한다. 할당 정책의 가장 기본적인 원칙은 '그랜드파더링Grandfathering'이라는 것이다. 과거 5년간의 온실가스 배출 실적을 고려하여 그 실적에서 일정 부분을 줄여서 할당을 해주는 것이다.

그러다 보니 이상한 문제도 발생한다. 과거에 줄이려는 노력을 안 하고 막 내뿜었던 기업이 더 많이 받아가는 문제가 발생했다. 열심히 줄이려고 노력했던 기업만 바보가 되는 부조리한 일이 발생한 것이다. 이러한 문제를 줄이기 위해 할당 계수라는 것을 만들었다. 5년간 내뿜은 것에 0.9 또는 0.8을 곱해서 할당을 했다면, 그간 줄이려는 노력을 했던 기업에게는 5년간 내뿜은 것 곱하기 1을 해주는 것이다. 나름 합리성을 유지하려고 고안한 방법이다.

기업은 그 할당 범위 내에서만 온실가스를 뿜고 부족하면 사서 써야 한다. 몰래 배출하면 벌금을 내야 한다. 당연히 벌금은 시장에서 사 쓰는 가격보다 높아야 한다. 그래야 준수력이 생긴다. 남으면 시장에서 팔아도 된다. 따라서 배출권을 얼마나 많이 할당받느냐는 기업의 사활이 걸린 일이다. 배출권은 그 자체가 돈이다. 시장에서 팔면 돈이 된다.

국가적으로 이러한 할당을 경험한 나라가 독일이다. 독일의 경험을 예로 들면 독일 정부가 할당한 것 중 반 정도가 이에 불복했다. 행정법원과 헌법재판소에 소송이 제기되기 시작했다. 소송의 대체적인 이유는 이렇다. 첫째, 정부가 할당을 적게 해서 내가 하고 싶은 생산을 못했으니까 헌법상 보장된 직업의 자유를 침해했다는 것이다. 둘째, 예컨대 자동차 산업에는 왜 많이 주고, 조선 산업은 왜 적게 주었냐는 산업협회 차원의 소송이다. 셋째, 배출권을 적게 받아서 '심각한 경영 곤란'을 겪는 기업을 위해 따로 유보해놓은 비상용 지원 배출권을 신청했는데, '심각한 경영 곤란'이 아니라고 판단해서 지원을 거부한 것을 취소해달라는 것이다. 넷째, 왜 경쟁 회사에 많이 주었는지, 경쟁 회사가 제출한 서류를 공개하라는 정보공개 청구 소송이다. 당사자인 경쟁 회사는 제출한 내용이 경영상 비밀이므로 절대 공개해서는 안 된다고 맞받아친다. 당시 독일은 유사한 소 제기가 폭주한 탓에 이를 처리하기 위해 법원이 정신이 없을 지경이었다.

그 와중에 나온 묘안이 유사한 소송을 묶어, 예컨대 40건이었다면 그중에서 대표적인(소송 쟁점이 모든 다른 사건을 포괄할 수 있을 정도로 일반적이고 대표적인) 두세 건의 소송을 진행하고, 판결 결과를 기준으로 표준 합의안을 만들어서 이 합의안에 동의한 사람들은 소송을 그만두는 방식이었다. 대체적인 소송의 결과는 원고측인 기업의 패소였다. 판결의 기본적인 출발점은 '공기는 우리 모두의 것이어서 우리 모두 보호해야 한다. 그런데 이러한 보호를 위한 방법으로 탄소 배출권 제도는 필요하다. 물론 기업들이 피해 입는 것을 알고 있다. 그러나 기업의 피해와 현세대와 다음 세대들이 가질 이익을 비교했을 때 다음 세대의 이익이 현저하게 크기 때문에 이 제도는 시행해야 한다.'는 것이다. 이러한 법원의 입장은 지속 가능이라는 개념과도 맞닿아 있다. 지속 가능한 발전이란 '후속 세대들이 그 필요를 충족할 수 있는 가능성을 차단하지 않으면서 현재의 필요를 충족할 수 있는 발전'118을 의미한다.

필요를
넘어선 탐욕

먹는 것과 관련해서 생각나는 다큐멘터리 TV 프로그램이 있다. 참치회 이야기다. 참치는 우리가 생각하는 작은 물고기가 아니다. 실제로 보니 작은 고래 같았다. 사는 곳도 근해가 아닌 원해 대양에 산다. 일본의 원양어선이 참치를 잡으러 북극해로 향한다. 온실가스를 내뿜으면서. 북극해에서 잡힌 참치는 인근 전진기지로 옮겨져 하역된다. 온실가스를 내뿜으면서. 하역된 참치는 비행기를 타고 일본으로 간다. 온실가스를 내뿜으면서. 일본으로 간 참치는 참치 장인의 손길로 한땀 한땀 해체된다. 각 부위를 어떻게 해체하느냐에 따라 맛이 달라지기 때문이다. 해체된 고급 부위는 비행기를 타고 미국 뉴욕의 일식당으로 간다. 온실가스를 내뿜으면서. 미식가들은 참치를 먹으러 일식당으로 몰려든다. 온실가스를 내뿜으면서. 맛있게 요리된 참치는 미식가들의 입을 가득 채운다.

방송에서는 만약 뉴욕의 미식가가 굳이 일본 참치 장인이 해체한 고급 참치 요리를 고집하지 않는다면, 그래서 북극해에서 바로 미국 동부로 들어온 참치를 먹는다면 온실가스가 덜 나오지 않겠냐는 것이다. 전체 맥락이 과학적으로 입증되었는가를 떠나서 인간의 필요를 넘어선 탐욕이 오늘날 지구별의 위기를 불러왔다는 것에 대해서 깊은 생각을 갖게 하는 대목이다.

재난에
대처하는 법

위험 사회의
가제트

가히 '위험 사회'라고 할만하다. 배가 침몰하고 도로가 꺼지고 화학물질이 누출되는 일이 있어났다. 재난의 위험은 자연으로부터 또는 우리가 개발한 기술로부터 온다. 독일 뮌헨 대학의 울리히 벡Ulrich Beck 교수는 그의 책《위험 사회Risikogesellschaft》에서 기술의 개발로 인해 위험이 가중되고 있다고 진단한다. 재난에 대한 가장 효율적인 대처 방법은 사전 예방일 것이다. 하지만 그리 쉬운 것이 아님은 누구나 다 잘 아는 일이다. 사전 예방을 철저히 하기 위해서는 그만큼의 돈이 필요한데 국가재정이라는 것이 그리 넉넉하지 않다. 위험에 대한 정부의 인식과 경험은 그 대응의 수준에 추가적으로 영향을 미친다.

우리 헌법 제34조 제1항은 '국가는 재해를 예방하고 그 위험으로부터 국민을 보호하기 위하여 노력해야 한다.'고 규정하고 있다. 우리나라도 여느 선진국과 다름없이 재난에 관해 잘 짜인 법체계를 가지고 있다. 재난에 관한 기본법인 재난 관리 기본법에서부터 자연재해에 대한 자연재해 대책법, 지진에 대한 지진 재해 대책법 그리고 원자력, 가스 등 각 개별 분야의 법에 재난에 대응하는 규정을 두고 있다. 그것이 현실에서 작동이 잘되느냐에 대해서는 일련의 재난을 겪으면 국민들은 큰 의구심을 가지고 있다. 법과 현실의 괴리를 보았기 때문이다. 조직도 잘 갖추어져 있다. 최고 재난 관리 기관인 중앙안전관리위원회, 중앙재난안전대책본부, 중앙사고수습본부 그리고 유사한 조직이 각 시도 단위에 설치되어 있다. 그러나 현실에서 이러한 조직이 사고에 효율적으로 대처하고 있다고 생각하는 국민은 그리 많지 않아 보인다. 각 기관 간 역할의 분담에서의 혼선, 통합적 조정 기능의 부재, 장비와 인력의 부적절한 배치, 언론에 대한 미숙한 대응, 투명하지 않은 사고 원인에 대한 수사 등 모든 부분에서 사실 국민의 눈높이와는 맞지 않은 면이 있다. 법적인 외연, 정부 조직상의 구조, 장비 등은 이미 선진국 수준에 와 있다. 그런데 다른 점은 무엇이 있을까?

정부는 '가제트'인가? 만능팔을 가진 형사 가제트라는 캐릭터를 기억할 것이다. 팔이 여러 개고 그 팔에 갖가지 장비들이 붙어 있어 웬만한 장애물들을 제거해나간다. 오늘날 다수의 원인 그리고 예측할 수 없는 위험의 진행은 정부 혼자만의 대응을 더욱 어렵게 하고 있다. 이에 반해 민간의 능력은 보다 전문화하고 기술적 진보와 실질적 수요에 대한 대응력에서 공공 부분보다 앞서 나가고 있다. 이제 정부의 재난 안전에 대한 무게중심은 민간과의 협력과 공동 대응으로 옮겨져야 한다. 역사상 초유의 재난 사태를 겪으면서 보인 모습은 민간 자원의 적재적소 활용과 일사불란한 통제가 없었던 혼란이었다.

재난 대응의
두 우등생

재난에 대한 대응 체계를 잘 갖춘 나라로는 미국과 독일을 들 수 있다. 물론 미국의 경우 2005년 태풍 카트리나에 대한 대응 그리고 독일의 경우 2013년 엘베 강 범람 사태에 대한 대응 등의 과정에서 문제점들을 보여준 바 있지만 그래도 가장 나은 수준의 재난 대응 능력을 갖춘 나라라고 할 수 있다. 전문가의 입장에 따라 다를 수 있겠지만, 미국은 민간보다는 정부 차원의 시스템이 매우 발달되어 있다고 생각한다. 텔레비전에 나오는 미 육군 광고를 보면 전문 기술 인력들, 예컨대 펌프나 전기 또는 의료 인력이 직장에서 일하다가 어느 날 군복을 입고 사건 현장에 뛰어나가 사람을 돕는다거나 양복에서 군복을 갈아입고 군 시설에서 가서 후배 군인들을 교육하는 장면들이 나온다. 미국에서 군의 역할은 크고 군에 대한 사회적 기대 역시 높다. 특히 미 육군기술단U.S. Army Corps of Engineers은 군 소속이지만 민간을 뛰어넘는 전문화된 기술력으로 재난 현장을 누빈다. 권한도 크고 역할도 많아 연방대법원 판례에도 자주 오르내린다. 재난 관리와 대응을 담당하는 연방재난관리청FEMA 역시 재난 관리의 교과서로 세계적으로 명성이 높다.

독일은 민간 차원의 재난 대응 조직이 잘 발달되어 있으며 정부와 민간 간의 연계 대응 체계가 원활하게 작동되고 있다. 이유는 여러 가지가 있겠지만, 양차 대전을 거치면서 국민 총동원이라는 개념 하에서 그 저변이 생성되지 않았나 하는 생각이 든다. 전시에는 군인뿐만 아니라 민간의 가용한 인력 및 장비 등 모든 자원이 통합적으로 운용되기 때문이다. 독일은 제2차 세계대전 후 전후 복구 사업을 하면서 1949년에 재난 대응 체계를 정비하기 시작한다.[119] 1950년에는 기

THW의 현장 투입

술 지원 사업 기관법이라는 것을 만들고 이를 기초로 연방기술지원청 THW, Bundesanstalt Technisches Hilfswerk를 설립한다. 재난 대응에 대한 기술 지원이 주요한 목적인 기관이다. 이 기관은 상설적으로 운영되는 공무원 조직과 명예직인 전문 기술 지원 인력과 자원봉사자들로 구성된다.

선진국인가, 아닌가는 가르는 기준이 무엇일까? 1인당 국내총생산GDP 수준, 사회 인프라, 선진화된 법, 민주적인 질서 등이 있으며 그 중 가장 중요한 요소가 시민 의식이다. 보수는 없지만 사회 발전에 헌신하는 것을 자랑으로 알고 그러한 자랑을 당연하게 받아들여주는 것이 성숙한 사회의 모습이다. 안타깝게도 아직 우리 사회가 가지고 있지 못한 모습이다. 근본적으로 사회 전체를 염두에 둔 교육이 아니라 개인기를 중심으로 한 경쟁 위주 교육의 결과이기도 하며, 사회에 대한 봉사가 전혀 예우되지 않았던 것도 한 이유다.

독일에서 기술지원청에 등록된 전문 기술 지원 인력과 자원봉사자들은 해당 기관에 등록된 것 자체를 매우 자랑스럽게 여긴다. 특히 전문 인력으로 그러한 기관에 등록된 것 자체가 기술력을 인정받았다고 생각한다. 소위 우리가 '장인匠人'으로 부르는 '마이스터Meister'들이 전문 인력 구성의 중심이다. 독일의 마이스터라는 지위는 그 자체만으로 전문성을 나타내며 존경을 받는다. 독일에서 차를 고치러 가면 '마이스터한테 받을래, 아니면 일반 기술자에게 받을래?'라고 물어본다. 물론 마이스터에게 맡겼을 때 수리비가 비싸다. 마이스터에게 수리를 받고 나면 그 부분이 다시 고장 날 확률은 현저히 줄어든다. 차를 열고 시동을 걸어보고 대충 한번 쓱 보는 것 같지만 정확하게 문제를 집어낸다. 물론 그들의 급여 수준 역시 높다. 전문가로서 마이스터와 전문가로서 교수의 급여에는 큰 차이가 없다. 전문가들로서 사회에 기여하는 방식이 다를 뿐이지 기여의 정도에서는 큰 차이가 없기 때문이라는 것이 그들의 생각이다.

선한 사마리아인과
사회적 책임

전문 인력과 자원봉사자들이 현장에 출동하게 되면 이들의 지위는 공적인 업무를 위탁받은 공인公人으로서의 지위를 갖는다. 연예인들이 말하는 '공인으로서'가 아니라 법적인 용어로 '공무 수탁 사인公務受託私人'을 말한다. 그 지위가 별것 아닌 것처럼 보이지만 사실은 큰 의미가 있다. 그들이 현장에서 행한 재난 대응 활동 중 다른 사람에게 피해를 입혔을 때(예컨대 홍수의 물길을 내기 위해 집의 일부를 훼손할 수도 있으며, 다른 사람의 자동차를 강제로 끌어낼 수도 있다), 국가가 그 피해를 대신 보상(보상은 정당한 행위를 하다가 손실을 입힌 경우에 해주는 것이고, 배상은 고의 또는 과실로 피해를 입힌 경우에 해주는 것이다)해주기 때문이다. 현장에서 머뭇거리지 않아도 된다. 자의로 나섰다가 덤터기 쓰지 않을까 걱정하지 않아도 된다는 것이다(물론 투입되는 인력은 사전에 주기적으로 철저한 훈련을 받는다).

우리나라에서 사람들이 다른 사람의 어려움을 도와주는 데 인색한 이유는, 혹자는 시민 의식을 탓하기도 하지만 그 이전에 책임의 한계와 보호, 편의를 최대한 고려해주는 법제도가 제대로 마련되어 있지 않기 때문이다(우리나라 사람들이 무질서하다고? 은행에 번호표 발급기가 설치된 이후 은행 창구에서의 무질서는 찾아보기 힘들다). 법률 분야에서는 흔히 남을 돕기 위해 착한 일을 했다가 낭패를 보는 사람들이 없도록 하기 위한 법을 '선한 사마리아인Samaria人 법'이라고 부르기도 한다. 이와 같은 국가의 보장은 민간 기술 지원 인력들의 참여율을 높이는 데 가장 핵심적인 역할을 하고 있다.

훈련은 이러한 재난 대응 인력의 실제 가용성을 높이는 핵심적인 요소다. 아마 우리나라 행정에서 가장 미비한 부분이 훈련일 것이다. 훈련이 안 되어 있으니 실제 상황을 맞닥뜨리면 속수무책인 상황이 발생하게 된다. 재난 상황이 되면 누구나 정신이 없다. 어디에서부터 무엇을 어떻게 해야 할지 당황스러울 것이다. 그래서 몸에 배도록 훈련이 필요한 것이다. 군에서 매일 똑같은 훈련을 반복해서 하는 것은 실제 전쟁에서 포탄이 떨어지고 총알이 날아다닐 때도 자기에게 부여된 임무를 반사적으로 수행할 수 있도록 하는 데 목적이 있다. 비상이 걸리면 머리가 생각하기도 전에 몸이 먼저 움직이게 만드는 것이다. 연방기술지원청에 참여하는 시민 인력들은 정기적인 훈련을 하도록 되어 있다. 한 가지 궁금한 점이 있을 것이다. '직장인인데 그게 가능할까?' 법(기술지원사업법 제3조)은 민간 기술 지원 인력과 자원봉사자들이 기술지원청의 업무 지원으로 인한 어떠한 불이익도 받지 않아야 하고 고용주도 이러한 불이익 행위를 해서는 안 된다고 정하고 있다. 성숙한 사회인 만큼 기업들 역시 불이익한 조치를 하지 않는다. 오히려 자신들의 분야에서 자기 기업 전문 인력의 우수성을 알리는 데 이용하거나 사회적 책임Social Responsibility 또는 사회 공헌 활동 중 하나로 활용하기도 한다. 한편 훈련을 위해 별도로 연방기술지원학교가 설치되어 있어 여기에서 주기적인 교육을 받는다. 각 기술 직역별 단체들의 참여 역시 핵심 요소 중 하나다. 다른 사람은 몰라도 해당 업계에서는 누가 그 분야에서 제일 잘하는지, 누가 전문가인지 가장 잘 안다. 이들 단체들은 업계 전체의 현황을 가장 잘 파악하고 그 활용에 있어 가장 적절한 조언을 해줄 수 있다는 장점이 있다. 그래서 기술 및 산업별 단체는 기술 고문단으로 편성된다.

현재 연방기술지원청 소속 재난 요원의 몇 퍼센트가 공무원이고 몇 퍼센트가 일반 시민일까? 공무원은 겨우 1%이고, 99%가 시민이다. 시민들의 수는 8만 명이다. 연방기술지원청의 홈페이지에 가면 이런 내용들을 찾을 수 있다.

'당신도 참여하기를 원하세요? 여기를 보세요. 첫째, 내가 무엇을 해야 하는가? 둘째, 어떤 조건을 충족해야 참여할 수 있는가? 셋째, 당신의 직업이 기술 지원 활동과 연결되는가? 넷째, 근로자에게 어떻게 기술지원청의 자원봉사 요원으로서 활동이 보장될 수 있는가? 다섯째, 참여하게 되면 어떤 의무가 있는가? 여섯째, 현장에 투입되지 않을 경우에는 어떤 활동을 하게 되는가?'

의사나 간호사와 같이 일부 특수한 직업을 제외하고는 법은 시민들의 참여를 강제할 수 없다. 하지만 법은 의식을 가진 시민들이 참여하였을 때 시민들이 피해를 입지 않고 사회적인 이익을 위해 봉사할 수 있도록 여건을 제공해줄 수 있다. 또한 그들의 헌신을 자랑스럽게 만들어줄 수도 있다. 우리나라 기업들과 기술력은 세계적인 수준이다. 시민 의식도 꾸준히 성숙되어 나가고 있다고 생각한다. 이제 법과 제도가 성숙한 시민 의식을 발현할 수 있는 판을 벌여줘야 할 때가 아닌가 싶다.

9장

4차 산업혁명 시대의 법

에너지
전쟁

석유 자원의
확보

프로메테우스는 제우스의 명을 어기고 인간에게 불을 건네준 벌로 평생을 독수리에게 간을 쪼아 먹히는 형벌을 받게 되었다. 제우스가 인간에게 불을 주지 말라고 했던 것은 인간이 불을 가짐으로써 신의 영역에 도전할 것이라는 우려 때문이었다.

물론 이후 인간은 제우스의 우려처럼 신의 영역에 끊임없이 도전하고 있다. 오늘날 거의 모든 에너지는 불로 연결된다. 물에서 시작했든(수력발전), 바람에서 시작했든(풍력발전), 파도에서 시작했든지(조력발전) 모두 불로 끝난다. 우리가 에너지를 사용하는 이유는 음식을 조리하거나 난방을 하거나 기계를 돌려 생산하기 때문이다. 에너지는 국민의 생존과 국가의 존립을 좌우하는 아주 기본적인 필수적인 요소라고 할 수 있다. 따라서 모든 나라들이 프로메테우스가 전해준 불을 확보하기 위하여 국가의 역량을 집중시킨다. 에너지의 문제는 오늘날 크게 세 가지의 이슈로 나눠볼 수 있다. 에너지의 확보, 원자력의 이용, 환경과 신재생에너지의 문제다.

에너지의 확보 문제와 관련해서는 당시 투자가 적절했는가의 논란이 항상 뒤따른다. 그도 그럴 것이 새로운 에너지원의 탐사와 개발은 성공하면 대박이지만 실패 가능성도 크기 때문이다. 그러다 보니 각종 부정 비리도 빈번히 발생한다. 실패의 가능성에 책임과 비리를 희석시키는 경우다. 에너지 확보는 해외투자의 문제다. 에너지를 보유하고 있는 국가에서는 외국인 투자FDI의 문제다. 해외투자를 하는 경우에는 그 가능성에 대한 타당한 분석이 정밀하게 있어야 하고 그 결과를 바탕으로 의사 결정을 해야 하지만 실적 혹은 정치적 결정에 의해서 합리적 투자가 이루어지지 않는 경우가 있다. 예를 들어 대통령이 자원 외교를 강조할 경우 각 부처 또는 공기업들은 임기 중 실적의 압박에 따라 결정할 가능성이 높아진다. 사실 자원 확보를 위한 과정은 그리 만만하지 않다. 여기에는 언론도 일조한다. 큰 제목으로 '우리도 산유국' 혹은 '앞으로 30년은 걱정 없다', '제3의 영토' 등 어떠한 진전이 있었는지에 대한 분석적 시각은 찾아보기 어렵고 정부와 사업 시행 기관의 보도 자료를 인용하는 경우가 많다.

해외투자와 에너지원의 개발은 해당 국가의 법제를 포함한 제반 상황에 따를 수밖에 없다. 물론 과거 제국주의 시대에 군사력으로 점령을 하고 난 후 일방적 계약을 통해 채굴권을 확보한 경우는 어쩔 수 없지만 오늘날 이런 일은 일어나기가 어렵다. 이미 아랍 국가는 석유수출국기구OPEC를 중심으로 기득권을 확고히 하고 있고 더 이상 새롭게 외국자본이 들어가서 개발을 하거나 할 부분이 매우 적다. 그러다 보니 요즘 중국을 비롯한 자원 확보국들은 검은 대륙 아프리카로 눈을 돌리고 있다. 에너지 자원 개발의 한 예로 나이지리아를 살펴보자.

나이지리아는 아프리카 최대의 산유국이다. 그런데 아프리카 최대의 석유 수입국이기도 하다. 아이러니 하지 않은가? 나이지리아의 주요 유전들은 이미 제국주의 시대 당시 이미 서구 제국들에 그 권리가 귀속되어 있다. 그리고 오늘날은 세계적인 메이저 석유 업체들이 이를 소유하고 있다. 세계적인 메이저 석유 회사들은 약 20개 정도로 큰 규모의 과점 체제를 이루고 있다. 석유 시장의 룰은 사실 이들이 결정한다. 주요한 기업으로는 아람코Aramco, 엑슨모빌ExxonMobil, 페트로차이나Petrochina, BP, 쉐브론Chevron, 토타르Total 등이 있다. 그런데 재미있는 것은 나이지리아에 들어와 있는 메이저 석유 업체들이 채굴은 하지만 정유에 대한 시설과 기술은 나이지리아에 주지를 않았다는 것이다. 그러다 보니 채굴된 석유는 가까운 항구를 통해 외국으로 가고, 인근 국가에 있는 해당 회사의 정유 시설에서 정유되어 다시 나이지리아에 수입된다. 석유를 채굴한다고 해서 바로 자동차에 넣을 수 있는 것이 아니다. 정유 시설이 없는 석유는 의미가 없다. 이제 아프리카 최대의 산유국이자 최대 수입국의 미스테리가 풀리는가?

나이지리아에서 유전을 개발하기 위해서는 석유법에서 정한 세

가지의 단계적 면허가 있어야 한다. 이는 다른 나라에서도 유사하다. 첫째가 탐사 면허, 둘째가 연구 면허, 셋째가 채굴 면허다. 따라서 나이지리아로부터 탐사 면허를 받은 정도에 불과한데 '우리도 산유국'이라는 제목을 단 기사는 잘못된 것이다. 탐사 면허나 연구 면허는 일정한 기간이 있다. 예컨대 1년 혹은 2년의 기간을 주고 그 기간 내에 진전이 있어야 한다. 이 기간 동안에 약속한 투자가 이루어지지 않으면 해당 면허를 회수한다. 그런데 안타깝게도 쓸만하고 좋은 지역은 이미 제국주의 시대 때 서구 제국에 의해 소유권이 넘어간 곳이 많다. 새로운 지역은 그만큼의 리스크를 감수해야 한다. 교통망도 발달되어 있지 않고 지형적으로도 험준한 곳이 많다. 그러다 보니 일단 시작은 했지만 지역이 험하고 기후도 좋지 않고, 주민들과의 갈등 등 문제가 발생할 경우 해당 면허 기간을 초과하게 되어 면허가 회수되는 일이 종종 발생한다.

채굴까지 가는 데는 이러한 면허 이외에도 갖가지 문제들이 있다. 유전 개발 혹은 셰일 가스 채굴 등의 경우에 우리는 막상 채굴만을 떠올린다. 커다란 기중기 같은 것들이 마구 까만 액체를 퍼 올리는 장면이 상상될 것이다. 하지만 자원을 채굴하는 것 말고도 채굴한 것을 어떻게 가공할 것인가 그리고 이를 어떻게 운반하고 공급할 것인가 등 후속적인 작업도 중요한 사업 부문이다(에너지 개발 분야에서는 이런 것들을 강의 흐름에 빗대어 상류-중류-하류라는 명칭으로 부른다. 채굴은 상류, 가공은 중류, 운반 및 공급은 하류다). 이 모든 것들이 에너지 개발의 한 흐름을 이루고 있다.

먼저 유전 개발을 위한 토지 사용권을 얻어야 한다. 개발이 가능한 지역은 오염도 함께 되므로 양의 방목, 쌀의 재배도 어렵다. 그러다 보니 주민들에게 양을 키우지 못한 대가, 물고기를 잡지 못한 대가, 농작물을 재배하지 못한 대가, 가옥을 포기해야 하는 대가로 보상을 해줘야 한다. 과거 나이지리아에서 이러한 권리에 대한 보상은 어려운 문제였다. 왜냐하면 씨족사회가 기본단위였고 해당 초지와 강의 이용은 씨족 공동의 자산이었던 것이다. 그리고 가옥이 있는 공간 역시 씨족 공동의 지역이었다. 그러다 보니 개발 회사들은 누구에게 보상금을 줘야 하는가 고민에 빠졌고, 씨족장 등에게 전액을 지급하는 방식을 취했다. 그런데 그들이 씨족원들에게 공정한 배분을 하지 않고 자신 혹은 일부 사람들이 독식한 경우가 빈번히 발생했다. 이로 인해 주민들은 개발에 대해 부정적인 생각을 갖게 된다. 토지 사용권과 관련하여 협상을 수월하게 진행하기 위해서는 해당 지역의 젊은 청년들을 석유 회사가 고용하기로 하는 방식도 이용된다. 그런데 일단 개발이 시작되었는데 고용을 안 한 경우가 빈번히 발생하여 갈등의 씨앗이 되기도 했다.

　　환경오염도 문제다. 개발을 했는데 시추 과정에서 기름이 유출되어 토양과 강이 오염될 수 있기 때문이다. 농업과 어업이 주업인 경우에는 오염으로 인해 주민들과의 충돌이 빈번하게 발생한다. 조세 문제는 투자자나 투자를 받는 나라나 모두 관심사다. 그래서 어려운 곳에서 채굴을 하는 경우 조세 감면과 같은 혜택을 주기도 한다. 개발을 하려면 회사도 세워야 한다. 어떤 나라들은 외국인 투자가가 채굴을 위한 회사를 설립할 경우 이사회 구성 시 반드시 절반은 자국인을 쓰도록 하거나 혹은 지분을 절반씩 투자해야 한다는 조건을 달기도 한다.

주민 공동체에 대한 기여는 원래 투자 기업이 자발적으로 하기 시작했는데, 요즘에는 처음부터 계약상 의무로 두는 경우도 많다. 지역 청년들의 기술 교육, 학교의 설립, 병원의 설립 등이 한 예다. 개발 과정에서 주민들과의 충돌은 개발 추진에 큰 걸림돌이 된다. 나이지리아에서 일어난 사건을 들면, 인근 주민들을 정유 회사에 고용하기로 하고 개발을 허락했는데, 고용이 안 되자 주민들이 유전 시설 인근에서 농성을 했다. 이에 주민들을 진압하기 위해 출동한 보안군이 주민들에게 발포해서 다수의 사상자가 발생했다. 숲으로 도망간 젊은 청년들은 무장한 후 게릴라로 변해서 유전 시설에 대한 공격 행위를 했다. 따라서 해당 지역 주민들의 관습을 존중하고 화합하는 노력은 사업 추진에서 매우 중요한 요소로 꼽힌다. 국가적 사업인 경우 에너지 개발 사업과 ODA(국제공여원조) 사업이 같이 추진될 수도 있다.[120]

요즘 에너지 시장은 매우 복잡하다. 중동 국가들은 유가의 움직임에 촉각을 곤두세우고 있다. 왜냐하면 그 나라가 벌어들이는 수입의 거의 대부분이 석유 판매에서 나오기 때문이다. 그래서 유가가 떨어지면 경제 위기가 오기도 한다. 미국은 셰일shale 오일과 셰일 가스의 풍년이다. 셰일 오일과 셰일 가스는 기존 석유와는 매장되어 있는 형태가 조금 다르다. 영화 〈자이언트Giant〉에서 반항아의 이미지로 한 시대를 풍미했던 제임스 딘이 기억날 것이다. 그는 사막 한가운데에서 커다란 펌프 같은 시추 기계로 땅에서 끊임없이 까만 원유를 퍼 올렸다. 땅속에 원유가 커다란 저수지처럼 고여 있는 곳을 뚫어 뽑아내는 방식이다. 그런데 셰일은 땅속의 틈 사이사이에 원유나 가스가 있는 것을 수압을 이용해 그 틈을 분쇄해서 뽑아내는 방식이다. 미국의 셰일 오일과 셰일 가스 업체들은 새로운 도전에 직면했다. 과학자들이 잇달아 셰일 시추 기술이 지진을 야기할 수 있다는 경고를 했기 때문이다. 유럽은 온실가스 저감 정책에 가장 적극적이다. 그러다 보니 새로운 에너지는 재생과 자연에서 찾으려는 노력을 하고 있다. 독일은 원자력을 포기했다. 하지만 프랑스는 자국 발전 전력 중 원자력이 차지하는 비중에서 세계 1위다. 유럽연합의 많은 나라들이 러시아에서 넘어오는 천연가스에 의존하고 있다. 그러다 보니 러시아와 정치적으로는 싸우지만, 경제적으로는 협력하는 애증의 관계를 가지고 있다.

중국은 경제성장에 따라 엄청난 양의 화석연료를 필요로 하고 있으며, 중동 국가 이외에도 아프리카 국가들에 대해서 적극적인 자원 확보 활동을 벌이고 있다. 동시에 원자력에 대해서도 매우 많은 관심을 가지고 있으며 계속 건설하고 있다. 최근의 중국 법학자들의 연구를 보면 원자력 안전에 대한 이슈들이 조금씩 제기되는 것을 볼 수 있다. 중국도 향후 원자력과 안전에 관한 이슈가 사회적인 관심사가 될 것으로 보인다. 일본은 후쿠시마 원전 사고 이후 거대한 원전 반대 여론에 직면하고 있다. 아직도 주민들에 대한 보상 문제가 해결되지 않은 상태다. 지역 주민들이 다시 고향으로 돌아갈 수 없는 상태에서 새로운 거주 환경과 새로운 일자리를 찾아주고 기존 소득의 일부라도 보전해달라는 것이 보상의 주요 내용이다. 와세다^{早稲田}대 법대

교수들이 자원봉사자로 나서서 보상과 관련한 주민 지원 활동을 벌이고 있다.[121] 우리나라 역시 원전에 대한 우려가 높아지고 있다. 하지만 원전을 쉽게 포기할 수 없는 것이 에너지로 인한 제조원가 상승으로 산업 경쟁력이 떨어질 수 있기 때문이다. 그리고 여전히 에너지 수요가 높지만 온실가스를 감축해야 한다는 점도 원자력 에너지에 대한 의존도를 높이는 이유 중 하나다.

두 얼굴의 에너지, 원자력

원자력은 값싸고 강력한 에너지이지만 위험성이 크다. 안전에 대한 두려움과 달콤한 경제적 이익의 두 가지를 모두 보여주는 원자력은 야누스Janus[122]와 닮아 있다. 효용과 리스크는 에너지로서 원자력의 알파(처음)와 오메가(끝)이다. 원자력에 대한 모든 논의가 이 두 가지에 기초하고 있다. 우리나라는 세계 7위의 무역 국가이며, 경제 규모 세계 12위다. 이러한 인프라 뒤에는 원자력이라는 에너지가 있었다.

일본 후쿠시마 원전 사고 이후 원자력 에너지에 대한 우려가 급격하게 높아지고 있다. 녹색 산업이 국정 과제였던 시기에 정부는 지속적으로 원자력발전소를 건설하는 방향으로 계획하고 있었다. 그 근거로 전력 수급 계획이 제시되었다. 그런데 이에 대해서 많은 논란이 제기되었다. 전력 통계가 잘못되었다는 주장도 나왔고, 원자력을 둘러싼 이익집단들이 이를 이용하고 있다는 주장도 제기되었다. 이러한 논란은 원전 불량 부품 사건과 맞물려 원자력에 대한 국민의 신뢰를 잃게 만들었다. 우리가 객관적으로 얼마나 많은 전력이 미래에 필요하고 이를 위해서 에너지 구조를 어떻게 해야 할 것인가에 대해서 공개적인 논의가 필요하다는 의견들이 제시되었다. 우리나라는 23개의 원자력발전소 외에도 5000개가 넘는 방사성동위원소를 사용하는 산업체, 연구 및 교육, 의료기관을 가지고 있다. 전 세계적으로 볼 때 원자력으로는 주요국에 속한다. 세계에너지기구IEA가 발표한 '세계 주요 에너지 통계 2015'를 보면 우리나라는 원전발전량 기준으로 세계 4위(1위 미국), 시설 용량 기준 세계 5위(1위 미국), 국내에서 발전하는 전력 중 원자력 비중은 세계 4위(1위 프랑스, 74.7%)로 우리나라 전체 전력 생산량 중 25.8%를 원자력이 담당한다. 에너지 중 최근에는 온실가스 저감과 관련하여 화석연료 대신 원자력발전이 그 대안으로 부상하고 있다. 위험하지만 버릴 수 없는 딜레마에 빠져 있다.

주요한 10개 정도의 법이 원자력을 규율하고 있다. 제일 먼저 들 수 있는 것이 원자력 안전법과 원자력 진흥법이다. 전에는 안전에 관한 법과 진흥에 관한 법이 하나로 되어 있는 원자력법이었다. 그런데 안전과 진흥을 하나로 묶어두었더니 진흥을 위해 안전에 문제가 되더라도 눈감아주는 문제가 생기기 시작했다. 국제기구의 가이드라인도 두 개를 묶어두었더니 안 좋더라, 따로 떨어져 있는 것이 좋을 것 같다고 한다. 견제와 균형을 위해 법을 따로 만들도록 했다. 물론 세상일이 다 그렇듯이 양쪽 일이 중복되는 것도 많고 진흥과 안전을 함께 고려해야 한다는 점에서 비판도 있다. 아무리 완벽한 시설이라도 신의 영역이 아닌 이상 사고가 발생할 수 있다는 점에서 그 정도의 비효율과 불편함을 감수해야 한다는 의견이 힘을 얻었다. 효율 문제가 항상 선善이 아닌 영역이 있기 마련이고 대표적인 경우가 원자력이라는 것이다. 안전성의 문제는 원전의 가동 여부를 결정하는 가장 중요한 요소다. 2015년 지난 40년 동안 가동한 고리 1호기의 영구 정지가 결정되었다. 안전성의 흠결이 명백히 발견된 것은 아니지만, 설계 수명 30년이 지난 2007년 지났고 한차례 연장해서 10년간(~2017년) 쓰기 때문에 안전성을 위해 2017년이 되면 영구 정지하도록 결정한 것이다.

　원자력 물질과 발전소를 지키고 사고가 발생하지 않도록 하고 사고 발생 시 어떻게 해야 하는지에 대해서 규정한 원자력 시설 등의 방호 및 방사능 방재 대책법도 있다. 아마도 가장 중요한 법이 아닐까 싶다. 실수로 인한 사고와 테러로부터 최대한 보호되어야 한다. 사고가 발생하고 나면 그 피해는 일파만파가 된다. 구소련의 체르노빌, 일본의 후쿠시마에서 보듯이 그 피해의 범위라는 것은 매우 크다. 사고가 안 나야 하는 것이 가장 우선이지만 그래도 사고가 난다면 그 피해를 어떻게 배상할 것인가에 대한 배상 및 보상에 관한 것을 법률로 정하기도 한다. 손해배상의 문제는 원자력 에너지의 이용에서도 중요한 문제다. 원자력에서 손해배상이라면 후쿠시마 원전 사고가 떠오를 것이다. 배상 주체는 도쿄전력이고, 배상을 받아야 하는 대상자는 주민이다. 그런데 주민들이 입은 피해가 워낙 광범위해서 배상 대상과 배상액의 산정에 어려움이 있다. 더구나 이미 오염된 지역이 되어버린 고향으로는 돌아가기 힘들고 삶의 터전이 송두리째 사라져버린 상황이라 새로운 생계 활동을 위한 지원 및 주거 문제도 함께 해결되어야 한다. 그러나 우리의 기억 속 그리고 일본인들의 기억 속에서도 후쿠시마는 기억의 색이 옅어져가고 있는데 배상 문제는 여전히 마무리 짓지 못하고 있다. 일본도 경험이 없었기 때문이다.[123] 우리도 법은 만들어져 있는데 피해 발생 시 제대로 잘 움직일 것인가는 의문이다.

　　원자력발전소가 동네에 들어온다면 어떨까? 많은 주민들이 반대할 것이다. 우리뿐만 아니라 전 세계 모두가 그렇다. 어떤 사람들은 그 동네 사람들에 대해서 지역이기주의 또는 님비NIMBY : Not In My Back Yard(내 뒤뜰에는 안 돼!) 현상을 지적할 것이다. 위험 시설이나 혐오 시설이 그 동네에 가지 않고 지역이기주의라고 비난하고 님비 현상이라 지적하는 사람의 동네로 간다면, 과연 그 사람은 가만히 있을까? 지금까지 님비 현상은 많은 비난을 받아 왔다. 물론 합리적 근거 없이 이기적인 주장을 하는 것들도 있으나 그렇지 않은 것들도 있다. 원자력발전소의 설치 또는 방사능 폐기물 처리장의 설치를 단지 님비 현상이라고 비난할 수 있을까? 입장을 바꿔놓고 생각해보자. 이제는 주민들이 자신들의 쾌적한 삶을 양보하는 대신에 이를 보상해주는 절차들이 생겨나기 시작했다. 발전소 주변 지역 지원에 관한 법률과 전원電源 개발 촉진법이 그 예다. 공동 이익을 위해 개인 이익을 침해하는 일을 피할 수 없다면 역지사지易地思之의 입장에서 합리적인 보상을 해주는 것이 맞다.

　　원자력발전 시설 및 방사능 폐기물 시설과 관련하여 주민과

경북 경주시에 소재한 월성원전(출처 : IAEA Imagebank)

의 대화는 중요한 문제다. 위험성을 가지고 있는 모든 영역에서 최근 주요한 이슈로 다루어지고 있는 것이 바로 '위험에 대한 대화Risk Communication'이다. 방사능 폐기물 시설의 설치와 관련하여 우리 역시 많은 진통을 겪었고 소중한 경험을 쌓았다. 미국처럼 뉴멕시코의 사막 한가운데 콘크리트로 구조물을 짓고 거기에 묻어두면 큰 문제는 없겠지만, 땅이 좁은 우리나라에서는 그런 상상을 하기 어렵다. 일단 후보지로 선정된 주민들에게 알리고 충분한 정보를 제공해야 한다. 정보가 제공되지 않은 상태에서 이루어지는 대화는 의미가 없다. 물론 방사성 폐기물의 처리와 저장을 위한 시설을 설치할 때는 주민투표를 거치도록 하고 있다. 이를 정하고 있는 법이 중·저준위 방사성 폐기물 처리 시설의 유치 지역 지원에 관한 법률이다. 주민투표를 할 경우 입지 선정에서 최선의 선택을 할 수 없다는 문제가 생긴다. 그렇다고 과거 권위주의 시대처럼 일방적으로 밀어붙일 수 없다는 점에서 그래도 가장 나은 대안이라고 할 수 있다.

원자력에 의한 피해는 국제적으로도 발생한다. 우리만 잘해서 되는 것은 아니다. 일본의 후쿠시마 사태는 우리에게 직접적으로 영향을 주지 않았다. 바람과 조류의 방향이 일본에서 태평양 쪽으로 흘렀기 때문이다. 그렇지만 일본산 수산물의 유입으로 일본과의 긴장은 계속되었다. 중국에서 사고가 나면 어떻게 될까? 중국의 원자력발전소는 상당 부분 우리의 서해를 바라보는 해안선에 연하여 있다. 그래서 중국에서 사고가 나면 우리는 직접적으로 큰 피해를 입게 된다. 따라서 인접 국가끼리 원자력에 대한 에너지를 공유하고 사고 발생 시 신속하게 알려 피해를 최소화할 수 있는 체계를 구축하는 것이 중요하다. 이러한 것들은 주로 양국 간의 협약을 통해 이루어지게 된다. 아무리 협약을 잘 맺어두고 있어도 사고를 일으킨 국가는 정보 통제할 가능성이 높아 가장 중요한 것은 우리 스스로 든든한 대비를 하는 일이다. 국제적인 원자력의 문제에서 원자력 사고로 인한 피해 방지 말고도 항상 많은 나라들이 관심을 가지고 있는 것들이 있다. 바로 해외에 원자력발전소 및 관련 시설을 건설하는 것이다. 원자력발전소는 화력이나 수력발전소에 비해 건설 비용이 많이 들기도 하고 기술집약적인 성격이 있어 이익의 크기도 크다. 그래서 원전 기술을 가지고 있는 나라들은 모두 다른 나라의 해외 원자력발전 건설에 참여하려고 한다. 계약은 순수한 기술적인 측면만으로 이루어지지는 않는다. 건설이 되는 나라와 건설하려는 나라 간 국제적인 역학 관계, 정치·외교적 거리, 보이지 않는 지원들도 그 고려 요소가 된다.

새로운
기술을
대하는 법

드론의

시대

요즘 드론Drone이 뜨고 있다. 보다 공식적인 용어로는 무인 비행체UAVs : unmanned aerial vehicles이다. 드론이라고 부르는 이유는 날아다닐 때 낮게 웅웅거리는 소리가 나서 그 닉네임을 영어 단어 'drone'에서 따왔기 때문이다. 미국 연방항공청FAA에 따르면 현재 미국에서 공식적으로 업무용 목적으로 사용되는 드론의 숫자는 약 3만 개 정도 될 것으로 본다고 한다. 드론은 예능 프로그램, 스포츠 경기, 콘서트 등의 야외 장면을 촬영할 때 전체를 보여주기 위해 작은 비행체에 카메라를 달아 사용하는 것으로 대중들에게 익숙해졌다.

드론의 활용은 매우 다양한 곳에서 이루어지고 있고 보다 발전된 기술이 연구되고 있다. 2020년이 되면 세계 드론 시장의 규모는 약 170조 원에 이른다고 한다. 그러다 보니 각국이 관심을 갖고 드론 연구와 상업화에 관심을 기울이고 있다. 드론에 대해서 가장 선도적인 국가는 미국과 중국이다. 민간 드론 시장 점유율 70%를 자랑하는 세계 제1위의 드론 기업은 홍콩 과기대HKUST 출신의 왕타오汪滔가 세운 중국 기업 DJI이다. 드론의 활용은 매우 다양한 측면에서 연구되고 있다. 사람이 송신 장치를 몸에 착용하고 돌아다니면 따라다니는 셀카 드론이 라스베가스에서 열린 가전전시회CES에 나온 걸로 미뤄보아 개인 호신용 드론, CCTV의 역할을 하는 드론도 생각해볼 수 있다.

현재 드론이 사용되고 있는 주요한 곳은 역시 군사 분야다. 정찰 및 공격용으로 사용된다. 그 다음으로 기상관측 분야다. 예를 들어 강력한 태풍의 이동을 예측하려고 한다면 드론을 띄워 기상의 흐름을 실시간으로 슈퍼컴에 보내도록 한다. 지진 재해 현장에서는 위험한 곳까지 날아가 생존자의 위치를 확인할 수 있다. 실제로 네팔 지진 복구 현장에서 드론이 사용되었다. 싱가포르의 한 식당에서는 드론을 이용해서 가까운 곳에 음식을 배달하려는 연구를 하고 있다.[124]

요즘의 소비 트렌드인 인터넷 쇼핑몰의 배송 체계도 획기적으로 달라질 전망이다. 실제로 최근에는 아마존과 같은 세계적인 인터넷 쇼핑 업체들이 드론을 통한 배송에 많은 연구 개발비를 투자하고 있다. 훨씬 빠르게 제품과 서류 등이 우리 안방에 날아들 것이다. 그런데 문제가 있다. 드론의 활용도가 높아지면 사람들은 보다 빠른 서비스를 원하게 되고, 드론의 속도는 점점 빨라질 것이다. 그 드론이 양력을 잃고 추락하거나 공중에서 아파트 베란다 등에 충돌한다면 사람이 다칠 수 있다. 최근 우리나라의 영상 제작사가 600년 된 밀라노 대성당을 촬영하기 위해서 드론을 띄웠다가 이탈리아 경찰에 체포된 적이 있다. 그 지역은 자칫 잘못하면 문화재에 손상을 입힐 수 있어 드론 등 무인 비행체의 비행 금지 구역으로 설정된 곳이다. 영상 촬영 중이던 드론이 고속도로에 추락해서 치명적 교통사고를 야기시킬 뻔한 적도 있다. 공항에서는 드론이 활주로 근처로 날아와 민간항공기의 운항에 위험을 초래하는 경우도 지속적으로 증가하고 있다. 최근에는 미국의 대학생이 총을 장착한 드론을 개발한 후 사격 실험 영상을 유튜브에 올렸다. 수사 당국에서 조사에 나서는 등 소동이 있었다.

새로운 기술을
둘러싼 대립

드론에 대한 의견은 팽팽하게 갈린다. 드론이 경제 활력의 새로운 기폭제가 되기를 기대하는 사람들이 있는 반면, 각종 사고 등에 대해 우려를 하고 있는 사람들도 있다. 인류의 기술 발전 과정에서 늘 그래 왔듯이 과학기술이 주는 편익과 그로 인해 발생하는 불편함이 대치되는 상황이다. 기술 발전을 예측해서 선도적으로 이해관계를 조절할 수 있는 법을 만든다면 정말 좋을 것이다. 그런데 본질적으로 입법은 기술 개발의 속도만큼 그렇게 빠른 작업이 아니다. 입법자들은 새로운 룰을 만들어야 하고 대립하는 이익을 어떻게 조정할 것인가 고민한다. 거기에 당시의 경제 상황이 어떤가는 또 하나의 중요한 요소다. 해당 법률안이 만들어질 때가 만약 경기 침체recession가 있는 경우라면 경제 활성화라는 것이 크게 작용해서 상업용 드론의 활성화를 위한 법안이 만들어질 것이고, 입법 시기와 그리 멀지 않은 때에 드론이 어디에 부딪힌 사고가 있었다고 하면 규제가 강화된 법안이 만들어지거나 통과될 가능성이 높다. 사실 입법 시기에 무슨 일이 있었는가는 더욱 엄밀하게 말하면 법이 만들어질 무렵에 있는 사건 중에서 사람들에게 가장 강렬하게 오래 남아 있는 기억이 좋은 것인지 혹은 나쁜 것인지에 따라 법의 내용은 달라질 수 있다. 2015년 2월 미국 연방항공청FAA이 '상업용 무인기 운용 기준'을 발표했다. 주요한 내용을 보면 드론은 낮 시간대에 육안으로 관찰될 수 있는 범위 내에서만 돌아다녀야 한다는 것이다.

구체적으로 드론을 규제한다면 어떻게 할 수 있을까?

방안 1. 드론의 사적 소유를 금지한다? 불가능한 이야기다. 드론이 가져다주는 경제적 편익이 너무 크기 때문이며, 상업용 이용이라는 것 자체가 사적 소유를 기반으로 하는 것이다. 그리고 드론이 상업적으로 이용되지 못한다면 드론 산업 자체가 활성화될 수 없다.

방안 2. 드론의 크기를 나눠서 중대형의 일종 속도 이상의 드론은 허가를 받도록 하고 드론에 식별 장치를 달아 감시토록 한다. 반면 소형의 일정 속도 이하, 즉 저속 비행체인 경우에는 신고하도록 하는 정도로 규제를 크기와 속도에 따라 제한할 수 있다.

방안 3. 드론이 돌아다닐 수 있는 지역을 구분하는 것이다. 인구 밀집 지역, 군사 지역, 공항 근처 등에서는 드론 사용이 금지되며, 드론의 비행이 허용된 지역이라도 도로 위에서의 자동차와 같이 지정 속도를 주는 것이다. 만약 과속하는 드론이 있으면 식별 장치로 추적해서 경찰이 압수하도록 하고 금지 구역으로 들어오는 드론을 격추하기 위한 소형 격추 장치를 사용될 수 있다. 일본에서도 정부 건물과 시설로 날아드는 드론 때문에 골머리를 앓고 있는데 그물 발사 장치를 드론 격추를 위해 사용하고 있다고 한다. 방해 전파를 쏘는 방법도 있는데 갑자기 추락해서 사람이 다칠까봐 그물을 사용한다고 한다. 아마 이 중에서 가장 현실적인 방식은 방안 2와 방안 3이 결합된 형태일 것이다.

최근 새롭게 나온 방안이 있다. 방안 4이다. 공중 공간의 고도를 나눠 비행 공간을 할당하는 방식이다. 예를 들어 레저용 드론은 지상 59m 이내에서만 비행, 상업용 드론은 60m에서 122m까지의 고도에서만 비행, 122m 이상은 항공기와의 충돌 가능성이 있어 비행 금지 등이다. 세계 최대 전자 상거래 물류 업체인 아마존에서 제안한 내용이다. 최근 아마존에서는 드론을 통한 배송에 지대한 관심을 가지고 있어 드론 활용 방안에 적극적이다.

우리나라의 드론 규제는 아직 초보적이다. 일단 드론의 활용이 대체로 레저에 국한되어 있고 드론 산업 자체도 활성화되어 있지 않기 때문이다. 드론의 무게는 12kg를 기준으로 그 이상은 허가를 받도록 하고 있다. 추락 시 충격 때문인 것으로 보인다. 군사 지역의 비행은 금지되어 있으며, 공항 주위 9km 이내로는 들어오지 못하도록 되어 있다.

앞으로 드론뿐만 아니라 다양한 새로운 기술들이 등장할 것이다. 그런데 '빛과 그림자'처럼 빛나는 과학의 이기가 있으면 부작용도 있다. 새로운 기술에 대해 법은 두 가지 갈래로 작동한다. 새로운 기술에 대한 촉진 법안이 나올 것이며 많은 부가가치를 창출하여 우리의 삶을 좀 더 풍요롭게 만들도록 관련 기업에 대한 지원책들이 발표될 것이다. 반면, 부작용을 최소화하기 위해 법에 규제 조항과 벌칙 조항을 두고 법을 어긴 사람들을 처벌할 것이다.

새로운 기술로 드론 말고 대표적으로 들 수 있는 것이 3D 프린터와 사물 인터넷IoT이다. 3D 기술을 통해 정교한 물품을 만들 수 있다. 인공 장기도 지금보다 정교하게 3D 기술로 만들 수 있다. 촉진해야 할 부분이다. 3D 기술을 통해 무기를 만든다면? 법으로 규제해야 하는 부분이다. 사물 인터넷은 우리 삶에 더 큰 혁명을 가지고 올 것으로 기대되고 있다. 사물 인터넷은 우리에게 SF 영화에서만 보던 삶을 갖도록 해줄 만큼 폭발력이 크다. 아주 초보적인 간단한 예를 들어보자. 집에 오기 전에 인터넷을 통해 집에 있는 모든 보일러, 전기밥솥, 전기조리기, 세탁기, 건조기, 가습기 등을 작동시킬 수 있다. 집에 오면 따뜻하게 집 안의 온도가 조절되어 있고, 갓 지은 밥이 있고, 매운탕이 끓여져 있고, 밥 먹고 갈아입고 잠자리에 들 잠옷도 세탁되어 말려져 있다. 필수 아이템을 입력해놓으면 냉장고에 그 물건이 떨어졌을 때 냉장고 스스로가 마트 컴퓨터에 연결해 물건을 구매하고 입력해놓은 신용카드로 결제가 된다.

　그런데 사물 인터넷이 해킹 당했다면? 해킹을 통해 기능을 오작동시켜 화재를 일으킬 수도 있고, 물건을 망가뜨릴 수도 있다. 내 신용카드로 다른 집 냉장고를 채울 수 있다. 모든 자동차 회사들이 관심을 가지고 대규모의 연구 개발비를 투입하고 있는 자율 자동차의 경우도 해킹으로 자동차의 기능 고장을 야기할 수도 있다. 암살자가 총을 쏘지도 않고 해킹으로 자동차 사고를 낼 수도 있다. 최근 연구되고 있는 무인 선박도 해킹으로 선박을 다른 목적지로 유도해 화물을 탈취할 수 있다. 그래서 사물 인터넷의 혁명을 위해서는 반드시 넘어가야 할 산이 해킹 문제다. 법은 해킹으로 인해 발생할 수 있는 위험 요소가 있는 부분은 보완하도록 의무화할 것이다.

　과학기술에 대한 법의 대응은 촉진과 제한에 있음을 이야기했다. 촉진이야 더 잘되라고 하는 것이니까 별로 문제가 없다. 제한에서 좀 고민되는 부분이 있다. 한 번도 가보지 않았던 길 그 기술에 대해서 위험성 평가를 어떻게 할 것인가의 문제다. 즉 상상력을 좀 더 발휘하면 위험할 것 같기도 한데, 현재 받아들여지고 있는 과학기술의 수준에서 그 상상력에 기반을 둔 위험성을 입증하기도 어려운 경우다. 그때 법의 평가 기준은 현존하는 그리고 과학계에서 인정되는 이론에 비추어볼 때 위험성이 확인된 경우로 한다. 즉 현재의 과학기술 수준으로 확인되지 않은 경우라면 이런 기준을 바탕으로 규제하는 것은 어렵다는 것이다. 결국 규제와 기술은 양자가 같은 속도로 변해간다고 할 수 있다. 만약에 기술의 진보를 부단히 반영하려는 부지런한 정부와 의회라면 말이다.

2015년 3월 국회는 클라우드 컴퓨팅 발전 및 이용자 보호에 관한 법률을 제정했다. 상업용 클라우딩 서비스를 활성화시키겠다는 것이다. 여기에서 필요한 것은 안정적인 서비스와 개인 정보의 보호다. 그래서 정보를 잘 보관할 수 있는 전산 시설 기준을 정하고 있고, 여러 이용자의 정보가 한곳에 모아지는 만큼 정보가 유출되지 않도록 기술 기준을 정하고 있다. 또한 클라우딩 사업자가 잘못해서 이용자에게 손해를 끼친 경우에는 손해가 발생한 것에 대해서 자신의 고의가 없었다거나 또는 과실이 없었음을 입증하지 못하면 손해배상 책임을 지도록 함으로써 이용자 보호를 강화하고 있다. 클라우딩 기술의 관건은 정보를 보관 잘하고 있는 것이기 때문이다. 미래 기술을 잘 사용하기 위해 가장 필요한 것이 무엇인가를 찾아내고 대응해나가는 능동적이고 적극적인 법의 한 모습이다. 단순히 현실에서 바라보는 눈높이에서 안 된다는 이야기만을 하기에는 세상이 너무 빨라지고 있다. 상상이 현실로 되는 시대에 법의 모습도 지금하고는 달라져야 한다.

정보의
자유와 보호

'정보가 너희를 자유롭게 하리라.' 정보사회에서 정보의 중요성과 의미를 잘 표현하고 있다. 2015년 메르스 사태를 기억할 것이다. 메르스 사태로 국민들이 공포에 사로잡혀 있던 와중에, 정부의 정보 통제는 시민들의 혼란을 더욱 크게 만들었다. 낙관적이거나 비관적이든 어느 한쪽에 치우치지 않고 정확한 정보가 있었다면 아마 국민들은 공포에서 보다 자유로웠을 것이며, 사회적 대응 역시 훨씬 효과적이고 효율적이었을 것이다. 과거에는 국가에 비해 일반 국민들의 역할은 매우 미약했다. 국가는 후견자로서 국민을 통치했다. 정보는 국가만이 쥘 수 있었다. 그 이유는 간단하다. 통신망이 발달하지 않았기 때문이다. 파발이나 역참을 운영할 수 있는 것은 오직 국가만이 가능했다. 유일하게 상인들은 빠른 정보를 구할 수 있었다. 국가만큼은 아니지만 상단끼리 정보 공유를 통해 네트워크를 구성할 수 있었기 때문이다. 이러한 사실은 고대부터 오늘날까지 비슷하다. 일반 국민들은 정보 세계의 주체로 활동하기 어려웠다. 그런데 세상이 달라졌다. 인터넷이라는 것이 발명된 것이다. 인류의 역사를 바꾼 세 가지를 꼽으라고 한다면 첫째는 불, 둘째는 수레(바퀴), 셋째가 인터넷의 발명이다. 인터넷을 통해 이제 우리는 세상 어느 곳의 정보라도 순식간에 접근할 수 있다. 인터넷을 통해 필요한 정보에 더욱 가깝게 가게 되었으나 여전히 국가가 가지고 있는 정보에는 접근하는 데 제한이 있다. 하지만 인터넷은 이미 정보 자유를 향한 새로운 힘의 기반을 제공하고 있다.

정보가 누군가를 자유롭게 하는 것은 비대칭asymmetry을 극복하기 때문이다. 경제학 학설 중에 '합리적 기대 가설'이라는 것이 있다. 수요를 하는 사람들은 대체로 합리적인 선택을 할 것이라는 것이다. 사람들이 합리적으로 선택하기 위해서는 정보가 있어야 한다.

정보 비대칭의 극복 과정은 우리가 자유를 얻어나가는 과정과도 맞물려 있다. 과거 절대왕정 시대의 왕은 크게 두 가지를 장악하면 되었다. 하나가 곳간이고, 또 다른 하나가 정보였다. 돈의 흐름을 장악함으로써 군대를 양성하고, 경제를 관리하면서 중앙집권적 왕권을 강화시켰다. 정보의 독점은 정신과 사고의 측면에서 암울하고 무기력한 시민의 모습을 만들어낸다. 그러나 계몽주의와 같은 새로운 사조가 교통과 통신 기술의 발전을 통해 확산되면서 변화의 모멘텀을 제공하여 정치적으로 오늘에 이르게 했다. 오늘날 정보의 문제는 국가와 시민 간의 관계로만 한정되지 않는다. 현실에서 정보의 문제는 개인과 개인 간의 문제에서도 많이 일어난다. 국가와 국민의 관계에서 정보의 문제는 흔히 국가에 대한 국민의 권리 차원에서 다루어지지만 개인과 개인 간의 문제는 소비자 보호의 문제에서 다루어진다. 내가 살고 있는 지역에 원자력 시설이 들어온다고 한다. 주민들에게 의견을 청취하기도 하고, 투표를 하기도 한다. 그런데 이러한 의사 결정의 중심에는 '어떤 시설이 어떤 크기로 들어오는가? 위험성은 얼마나 있는가?' 등 다양한 정보들이 필요하다.

국민들은 알 권리가 있다. 정보공개를 청구할 수 있다. 정보공개법이라는 것이 있다. 모든 나라가 각자 부르는 이름은 다르지만 통상 영어로 'Freedom of Information Act^FOIA'라고 한다. 개인 정보, 국가 안보, 공공 안전 등에 해당하는 사항은 공개할 수 없다. 하지만 공개할 수 있는 정보와 비공개되는 정보가 분리 가능하고, 분리 후 공개될 수 있는 것만 제공해도 정보공개를 청구한 사람의 목적을 충족할 수 있다면 공개되는 것만이라도 공개해야 하는 것이 원칙이다. 부작용도 있지만 정보는 실제 권리 행사를 하기 위한 기반이 된다는 점에서 그 중요성은 강조해도 지나치지 않다. 공개할 수 있어야 투명해지고, 투명해야 잘못된 의사 결정과 행정이 이루어지지 않기 때문이다. 정보공개를 청구할 수 있는 자격은 '모든 국민'이다. 미국의 정보 자유법도 'any person(누구나)'이라고 규정하고 있으며, 독일도 'Jeder(누구나)'라고 정하고 있다. 정보 청구권을 해당 정보의 이해관계자로 제한하지 않은 이유는 그 이해관계자의 판단이 쉽지 않기 때문이다. 행정 편의를 위해 특정한 요건을 갖춘, 예를 들어 법인 혹은 시민 단체 경우에만 정보공개 청구권을 갖는다고 한다면 그들만이 일방적인 편익을 향유할 수 있다.

국가가 정보를 공개하지 않는 경우도 있다. 우리 정보공개법에서도 정보공개 요청이 있어도 공개하지 않아도 되는 사항을 정해놓고 있다. 우리는 국가 안보, 공공 안전, 재판 중 사건, 법 집행 사항, 시험 또는 입찰 관계 사항, 개인 정보, 경영상 비밀, 투기를 야기할 수 있는 정보 등을 비공개 항목으로 정하고 있다. 미국의 경우도 우리와 유사하나, 금융제도 정보로서 감독 당국의 검사 등 운영에 대한 사항과 산유국으로서 유정에 관한 정보를 비공개 사유로 두고 있다.[125] 영국은 비공개 사유 중 하나로 여왕과 귀족 간의 통신도 포함되어 있다.[126] 왕실이 사회제도의 한축을 구성하고 있는 상황에서 왕실 내부에서 일어나는 사항을 보호하기 위한 것이다.

정보공개에 대해서 문제가 생겼다. 정보를 공개하는 것은 좋은

데, 가장 큰 문제로 돈이 너무 많이 드는 것이다. 인건비 및 복사비 등이 급격히 증가했다. 다행스럽게도 각 국가들이 행정 자료를 전자화하는 전자 정부에 관심을 기울이게 되어 파일로 제공하면서부터 비용이 절감되기 시작했다. 아직 해결되지 않은 문제가 있다. 정보공개를 청구하는 사람들이 자신의 권리 구제를 위한 당사자 그리고 각 분야별 시민 단체 이외에 많은 기업들이 이를 이용하기 시작했다. 경쟁 기업의 경영 정보와 관련된 사항에 대해서도 청구가 증가하게 되었다. 기업의 영업 비밀에 해당하는 경영 정보는 비공개가 당연하다. 그러나 무엇이 경영 관련 정보인지, 무엇이 공개해도 되는 정보인지 명확하지 않은 상태에서는 소송을 통해서 결정되기도 했다. 온실가스를 이야기할 때 언급한 적이 있는데, '왜 우리 기업에게는 이만큼 할당해주었고, 경쟁 기업에게는 많이 할당해주었는지' 공개하라는 청구 이야기다.

국가가 가지고 있는 정보를 공개하라고 청구하는 권리가 국민의 권리를 더욱 확대해나간다는 것은 분명하다. 그런데 약간 역발상적으로 정보공개가 가져오는 또 다른 부정적인 효과가 있다는 입장도 있다.[127] 크게 두 가지로, 하나는 정보공개가 정부의 선택에서 포퓰리즘적인 입장을 취하게 한다는 점이다. 즉 욕을 먹더라도 해야 하는 일을 피하게 되고, 비난이 적은 일만을 하게 된다는 것이다. 두 번째가 여론에 의한 우회적 행정을 조장한다는 것이다. 국가가 손에 피를 묻히는 일을 회피하고 정보를 공개함으로써 여론에 의한 압력을 통해 실질적인 정책 목적을 달성하는 경우다. 예를 들어 인체에 좋지 않은 영향을 미칠 수 있는 성분을 가진 식품에 대해 이를 직접 규제하지 않고, 시민들에게 정보를 제공함으로써 불매운동 혹은 집단소송을 통해 정책 목표를 달성하는 것을 들 수 있다.

개인 간의 정보 비대칭성을 해소하기 위한 수단들도 있다. 금융기관은 자신의 재무구조에 대해서 잘 알고 있지만 그 금융기관을 이용하거나 그 금융기관에 투자하는 사람은 이에 대한 정보에 어두울수 있다. 잘못 투자했다가 그 금융기관이 망하면 졸지에 길거리에 나앉을 수 있다. 그래서 국가가 금융기관이 부실하게 되지 않도록 끊임없이 감독한다. 금융 소비자를 보호한다는 측면과 국가 경제의 중추로서 금융시장 안정을 지키겠다는 두 가지 목적이 있다. '월급을 은행 계좌로 받을까, 아니면 증권회사 CMA 계좌로 옮겨둘까? 어떤 금융기관이 안전할까?' 감독 당국은 이미 건전성에 대해서 감시를 하고 있고 부실 금융기관은 퇴출하고 있기 때문에 일단 시장에 살아남아 있는 것은 안전하다. 국민들이 별도의 탐색 비용을 지불할 필요가 없다. 은행을 간다면 집에서 가까운 지점 아무 곳이나 가면 된다. 세금을 내서 국가가 대신해주는 것이다. 펀드를 하나 가입해야겠는데 수익률부터 수수료 등 너무 복잡하다. 개인적으로 하다 보면 금융기관이 생략할 수도 있고, 설명을 잘 안 해줄 수도 있다. 그래서 국가가 거들었다. '설명 의무'라는 것이다. 금융기관은 반드시 설명하고 '저는 설명을 잘들었습니다.' 옆에 사인을 받아놓아야 한다. 정보의 비대칭성을 해소하는 절차를 국가가 제도화해버린 것이다. 어린이 장난감에 중금속이 검출되었다는 기사를 가끔 본 적이 있을 것이다. 개인은 알록달록한 장난감에 어떤 물질이 들어있는지 일일이 확인하기 어렵다. 그래서 국가가 제조업자에게 강제를 한다. 무슨 성분이 들어있는지 표시하라고 한다. 허위로 표시하면 형사 처벌까지 한다. 이것 역시 개인과 기업(개인) 간 정보 비대칭을 해소하기 위한 제도적 장치다. 이러한 장치들은 개인을 재산상 손실과 건강의 위해 등으로부터 자유롭게 한다.

국가도 물건을 사서 쓴다. 국가에서 쓰는 물건을 사고파는 과정을 조달이라고 한다. 오늘날 조달 과정에서 가장 중요한 것이 평평한 운동장이다. 조달에 참여한 모든 사람에게 동일한 시간에 동일한 정보를 제공해주는 것은 '평평한 운동장'을 만드는 기반이다. 현재 우리를 포함한 선진국의 일반화된 전자 조달 시스템의 경우, 모든 참가자들이 동등하게 가격 제안을 하고, 그들에게 선정 기준이 동일하게 고지되어야 하며, 입찰 단계별로 정보가 즉각적으로 제공되는 것을 원칙으로 하고 있다.[128]

빅데이터와
개인 정보의 보호

내 정보를 어떻게 관리하고 어떻게 사용하고 있는지에 대한 것도 정보 비대칭성 극복의 중요한 과제다. 사실 과거에는 문제가 그리 되지 않았다. 인터넷 소셜 네트워크 회사와 각종 금융회사에서 개인 정보 유출 등이 끊이지 않고 터져나오는 바람에 사람들의 권리 의식이 강해지면서 새롭게 제기된 이슈다. 여기에 유명 대형 마트에서 자동차를 경품으로 내걸고 모은 개인 정보를 팔아왔다는 사실이 밝혀지면서 더욱 관심이 집중되고 있다. 관련 법령이 개정되어 요즘에는 때때로 이메일로 내 개인 정보가 사용되었다는 것을 알려준다. 개인 정보 자체의 유출도 문제지만 더 중요한 것은 유출된 개인 정보를 이용해서 발생하는 사건들이다. 개인 정보를 잘못 관리한 회사는 사과하면 끝이다. 집단소송이 걸려서 패소해도 우리나라에서는 그다지 큰 돈이 나가지도 않는다. 하지만 돌고 돌아다니는 개인 정보는 심한 경우 범죄에까지 악용될 수 있다.

　　개인 정보 보호법의 시행으로 인해 기업들의 볼멘 목소리가 나오고 있다. 개인 정보 수집 제한으로 비즈니스 하기가 어렵다는 것이다. 그런데 우리 기업들이 과연 지금까지 개인 정보 보호를 위해 어떤 투자를 했었는지가 궁금하다. 만약 투자를 했다면 국내 유수의 금융사나 통신 서비스 회사 등에서 개인 정보가 대량으로 쏟아져나오지는 않았을 것이다. 단지 과거가 편할 뿐이다. 기업도 새로운 환경에 적응해야 한다. 지금까지는 개인들이 정보가 흘러나가도 대체로 참아주지 않았는가? 개인 정보를 보호해주는 것은 비용이 아니라 장기적으로 고객의 신뢰를 얻어 '단골'을 만드는 투자라는 인식 전환이 필요하다.

　　정보사회에서 가끔은 쏟아지는 정보가 스트레스이기도 한다. 정보 강박증에 걸리기도 한다. 하지만 정보를 잘 이용하면 우리는 자유로울 수 있다. 앞으로의 정보화사회에서는 정보를 어떻게 잘 이용할 것인가가 화두다. 그래서 등장하는 것이 바로 '빅데이터Big Data'이다. 빅데이터 시대에는 쏟아지는 정보가 아닌 맞춤형 정보가 핵심이다. 정보를 추려내고 적재적소에 활용하는 것이다. 빅데이터가 있어 패턴 분석이 가능하고 수요에 맞출 수 있기 때문이다.

빅데이터가 잘 활용되기 위해서는 개인 정보를 어떻게 보호할 것인가가 가장 핵심적인 과제다. 개인 정보가 보호되지 못할 경우 그 정보는 개인 생활을 위축시키고 해를 가하는 도구가 될 수 있기 때문이다. 갑자기 '데이터'가 '정보'라는 말로 바뀌어서 당황했을지도 모르겠다. 데이터는 기술적인 면이 강조된 단어이고, 정보라는 단어가 아마 기술적 측면에서 빅데이터가 아닌 법적인 문제의식을 가진 빅데이터를 다루는 데 더 적합한 용어가 아닌가 싶다. 데이터는 그 자체가 존재하는 것이고 정보는 특정 목적을 위해 데이터data가 능동적인 판단의 과정을 거친 이후의 모습이다. 개인의 객관적 사실이 상업적 목적으로 팔리거나 정치적 목적으로 악용되거나 범죄의 목적으로 악용되는 경우에 개인 정보 보호의 필요성이 생기는 것이다. 본인이 원하지 않는 특정 목적으로 활용되는 것으로부터 개인을 보호하자는 것이다.

세상에 돌아다니는 자료의 많은 부분이 개인 정보다. 사람 자체가 세상을 구성하고, 세상이 바로 사람들의 합이기 때문이다. 모든 개인 정보를 보호한다는 이유로 모든 개인적 자료의 활용을 금지한다면 필요한 자원을 효율적으로 사용하지 못하는 결과가 된다. 그래서 그 개인 정보라는 것에 대해 프라이버시privacy라는 새로운 개념을 만들어낸다. 개인에 대한 정보인데 누구의 것인지 식별 가능한 것은 안 되고, 식별이 불가능한 정보는 이용 가능하다는 것이다. 식별 가능성은 정보를 이용하는 것에 대한 중요한 기준이 된다. 지난 50년 동안 어떤 질병을 앓아 왔고, 그 질병으로 사망한 사람을 포함해서 모든 사람들의 공통점을 찾아내는 일을 한다고 하자. 아마 축적된 각 개인의 증상들과 유전적 특질은 새로운 신약을 개발하는 데 유용할 것이며 앞으로 후세대가 그런 질병의 고통을 겪지 않도록 할 것이다. 그런데 여전히 여기에서도 개인 정보의 보호는 중요한 이슈다. 질병의 원인과 현상에 대한 데이터 분석을 위해 각 병원, 건강의료보험공단, 심사평가원에 흩어져 있는 자료를 한데 모아 활용하는 것은 의미가 있다. 그런데 그 전제가 원시 자료raw data라고 할 수 있는 개인 정보 식별이 가능한 자료가 유출될 수 있는 가능성의 차단이다. 수많은 개인 정보 유출 사고를 보건데, 자료를 축적해두고 이를 제대로 관리하지 못해 가상공간에 개인 정보가 떠다니는 것이 정보 통신 최강국인 우리의 현실이다. 그래서 개인 정보의 관리에 신경이 쓰이는 것이다.

개인의 식별 정보가 아닌 빅데이터는 얼마든 활용이 가능하다. 개인 정보의 경우라도 당사자가 동의한 경우(전문적인 용어로 개인 정보 주체의 사전 동의, 'Opt-In'이라고 한다)에는 사용이 가능하다. 빅데이터는 또 하나의 특징이 있다. 식별 가능한 정보 이외에도 식별력이 없는 정보라 할지라도 양적으로 워낙 많은 정보가 집적되다 보면 식별력이 생길 수도 있다. 마치 모자이크와 비슷하다. 색종이를 조각조각 놓다 보면 처음에는 그 형태가 보이지 않지만 조각이 차곡차곡 메꿔지면 그 모양이 드러나는 것을 상상하면 된다. 특히 여기에 의도적으로 프로파일링profiling 기술을 접목시킬 경우 개인의 식별은 훨씬 용이해진다. 그러다 보니 빅데이터를 사용하려는 입장에서는 혼란스러울 수밖에 없다. 이러한 문제를 해결하기 위해 방송통신위원회가 '빅데이터 개인 정보 보호 가이드라인'이라는 것을 만들었다. 다른 정보와 결합하더라도 쉽게 개인 정보를 식별할 수 없도록 해야 한다는 것, 개인 정보 수집 및 이용 동의가 있더라도 어떤 목적으로 빅데이터 처리가 이루어졌는지 통보해주는 것, 생성된 정보에서 개인이 식별되면 즉시 파기하거나 비식별 처리를 할 것, 개인의 사상·신념·정치적 견해 등 민감한 정보 그리고 이메일 및 문자 메시지에 대한 정보 처리를 금지하는 것, 비식별화가 되었더라도 보관하고 있는 정보에 대해서 침입 차단, 위·변조 방지 등을 포함한 보호 조치를 취하는 것 등이다. 이렇게 해도 개인 정보를 팔아서 이익을 챙기려는 행위가 발생하면 대책이 없다. 최근 보도에 따르면 우리나라 국민들의 의료 정보가 외국에 팔렸다고 한다. 이미 다 팔려서 뭘 더 보호할 게 남아 있는지도 모르겠다는 자조적인 목소리도 높아지고 있다. 제도에 있어서 우리가 간과하는 것이 있다. 시스템을 잘 만들어놓으면 제도가 잘 돌아갈 것이라고 믿는 것이다. 그런데 핵심은 시스템이 아니라 사람이다.

쓸만한 정보를 가장 많이 보유하고 있는 곳은 어디일까? 기업일까, 정부일까? 기업일 수도 있겠지만 기업이 얼마나 많은 정보를 가지고 있는지를 알 수도 없고 설령 가지고 있다고 해도 이를 활용하자고 할 수도 없다. 국가는 각종 행정 정보를 가지고 있는데 이는 가장 정확하면서도 광범위하다. 이렇게 유용한 공공 정보를 정부만 그냥 가지고 있기에는 그 가치가 너무 높다. 활용하기는 해야 하는데 아무나 마구잡이로 쓰게 할 수는 없다. 정보의 오남용 위험이 있기 때문이다.

그래서 정보를 어디에서 얻었고 어떻게 활용하고 있는지를 확인하기 위해 정부가 소스인 정보 활용 시 반드시 정보 제공 출처를 밝히도록 하고 있다. 공공 자료에 정부의 저작권을 인정하고 이 저작권을 일반에게 개방하되, 사용하려면 일정한 조건을 지키도록 하는 것이다. 이러한 제도가 가장 잘 발달한 나라가 영국이다. UN은 매년 전자 정부라는 것에 대해서 평가를 한다. 전자 정부를 가장 잘할 수 있는 인프라를 갖추고 있는 나라가 어디인가에 대한 조사다. 수년째 부동의 1위는 우리나라다. 영국은 6위에서 8위를 오르내리지만 그 활용 면에서는 눈에 띄는 나라다.

《1984》에서 조지 오웰이 생각했던 '빅브라더big brother'는 몰래 숨어서 감시하는 정부였다. 오늘날의 빅브라더는 합법적으로 개인 정보를 요구하고 이를 보관·활용하는 기업일 수도 있고, 감시하기도 하고 개인에 대한 행정 정보를 가지고 이를 활용하는 정부일 수도 있다. 빅브라더와의 긴장의 핵심은 개인 정보의 보호다. 보안 조치를 취하여 가공한 개인 정보의 합은 매우 큰 부가가치를 창출할 수도 있다. 공공 저작권처럼 긍정적인 활용이 가능하다. 조지 오웰이 미처 생각하지 못했던 빅브라더의 역할이다. 이제 과제는 개인 정보 보호와 가치 창출이라는 상반된 입장에서 최적점을 찾아나가는 것이다.

잊혀질
권리

잊혀지는
기쁨

유명한 일본 애니메이션이 있다. 〈원피스〉라는 만화영화에는 썩 팬찮은 대사들이 나오기도 하고 의미 있는 메시지를 전달하기도 한다. 그중에서 많은 마니아들로부터 명대사로 평가받는 것이 바로 돌팔이 의사 '히루르크'의 대사다.

"사람이 언제 죽는다고 생각하나? 심장 깊숙이 총알이 박혔을 때? 천만에. 불치의 병에 걸렸을 때? 천만에. 독버섯으로 만든 스프를 먹었을 때? 천만에. 바로 사람들에게서 잊혔을 때다."

여기 '잊어달라'고 주장하는 권리가 있다. 잊혀지는 것이 아픔이 아닌 기쁨이 되는 것이 있다. 바로 '잊혀질 권리the right to be forgotten'

에 대한 이야기다. 잊혀질 권리의 시작은 유럽에서 시작된다. 스페인의 변호사인 곤잘레스Costeja Gonzalez는 2010년 스페인 신문인 〈라 방구아르디아La Vanguardia〉가 1998년에 있었던 자신의 파산 기사를 실은 것이 여전히(당시는 2009년) 스페인 구글에서 검색 가능한 것을 발견한다. 그는 이러한 파산 기사가 변호사로서 자신의 비즈니스에 부정적인 영향을 끼치고 있다고 주장하고, 신문사와 스페인 구글을 상대로 기사를 제거해달라고 스페인 개인정보보호원AEPD에 신청했다. 변호사를 선임하려고 인터넷에 검색을 해보니 파산한 적이 있는 변호사라면 누가 그 변호사에게 사건을 맡기겠는가? 자기 앞가림도 못하고 있는 변호사에게 사건을 맡길 사람이 얼마나 될까 하는 것이다(아이러니하게도 곤잘레스는 이제 세계적으로 유명해져버렸다). 우리의 경우에도 일상적으로 발견할 수 있다. 사소한 불미스러운 사건 혹은 기억하고 싶지 않은 사건들이 매우 오랜 시간이 흘러서 사람들의 뇌리에서는 희미해졌지만 여전히 신문기사 혹은 소셜 네트워크를 통해 인터넷에서 검색이 될 수 있기 때문이다.

　　스페인 개인정보보호원은 두 가지의 선택을 한다. 하나는 언론사에 대해서, 당시의 사실을 보도한 것을 가지고 이를 지워달라고 하는 것은 언론의 자유를 침해하기 때문에 안 된다고 한다. 언론의 자유는 오늘날 민주주의를 유지하는 기본적인 한 축이므로 언론의 자유를 침해하는 것은 대부분 허용되지 않는다. 또 다른 하나는 구글에 대한 것이었는데, 검색되는 기사가 개인의 명예를 훼손할 수 있기 때문에 기사 링크를 중단하라고 명령한다. 이에 구글은 개인정보보호원의 조치가 표현의 자유를 침해했다고 마드리드 법원에서 소송을 제기한다. 구글은 법원에 이렇게 이야기를 한다.

"(각색해서 이해하기 쉽게 이야기하면) 저는요, 콘텐츠 내용이 있으면 그냥 싣기만 해요. 왜 그 기사에 대해서 저한테 책임을 물으세요? 만약에 제가 사이트에 실리는 모든 것을 미리미리 보고 뺄 것은 빼고 넣을 것은 넣고 이렇게 하면요, 결과적으로 콘텐츠를 만드는 사람의 권리인 표현의 자유를 침해하는 것이 아닌가요?"

마드리드 법원은 먼저 개인정보보호원의 기사 링크 중단 명령이 유럽 법을 위반한 것인가를 판단해달라며 유럽사법재판소에 부탁을 한다(회원국 법원이 소송에 걸린 조치가 유럽 법에 위반되는지의 여부가 애매모호할 때 유럽사법재판소에 먼저 물어보고 그 결과를 바탕으로 판결하는 제도가 '선결적 부탁Preliminary Reference'이다).129

유럽사법재판소의
결정과 후폭풍

유럽사법재판소ECJ는 개인과 가정의 사생활에 대한 존중 그리고 개인 정보에 대한 보호를 이유로 자신에게 편견을 줄 수 있는 정보에 대해서 검색이 불가능하도록 요청할 수 있으며, 이러한 권리는 검색엔진 운영자의 이익이나 대중의 관심보다 우선한다고 하고(두 가지의 이익이 충돌하면 법은 항상 어떤 것이 보다 중요한 가를 따진다. 이를 '이익 형량'이

유럽사법재판소의 상징

라고 한다), 링크 중단 명령을 내리는 것은 가능하다고 했다.[130]

하지만 이렇게 할 때에는 그 정보가 어떤 것이며, 그 정보가 당사자의 사생활에 해당하고 침해를 하는 것인지, 그 사람이 사회적 지위가 어떤 것이며 대중들이 관심을 가지고 있는지를 함께 고려해야 한다고 덧붙였다. 쉽게 말해서 보통의 소시민인 우리들과 톱스타와는 정보의 취급 내용이 달라져야 한다는 것이다. 사람들은 톱스타가 뭘 먹고, 뭘 입고, 어디에 자주 가는지에 관심이 많기 때문이다. 그런데 이 경우에도 반론이 만만치 않을 것이다. 스타라고 사생활이 없어서야 되겠는가?

후폭풍에 대한 걱정으로 포털 사이트들은 속내가 복잡했다. 판결의 입장이 다른 나라로 확산될 경우 포털 운영자들에게 검색 목록에서 삭제와 접근을 차단해달라는 요구가 폭주할 수 있기 때문이다. 일단 포털의 이용자가 엄청나게 많은 숫자라는 점, 요청을 받은 대로 삭제를 하게 되면 포털의 정보검색 기능의 역할이 현저히 떨어진다는 점, 가장 중요한 것은 비용과 시간이 많이 든다는 점 등이 문제가 되었다. 지금도 정보 통신망법 등에 따라 내 정보가 잘못되었다면 이를 수정하거나 삭제할 것을 요청할 수 있으나 매우 제한적인 조건하에 이루어지고 있다. 그런데 이것은 차원이 다르다. 이런 식으로 하다 보면 인터넷에서 필요한 정보를 얻는 인터넷 이용자의 이익이 침해될 수 있다는 걱정도 나온다. 정치를 하고 싶은 사람이 선거에 나오고 싶은데, 과거의 자신이 했던 부끄러운 일을 모두 지우고 나온다고 생각해 보자. 국민이 투표권을 제대로 행사할 수 있을까? 투자회사를 하고자 하는 사람이 과거 수차례 투자 사기를 저지른 사람이었다는 사실을 지우고 새롭게 사업을 시작한다고 치자. 투자자들이 제대로 보호될 수 있을까? 그러다 보니 디지털 세상에서 깨끗한 모습으로 다시 태어나는 '디지털 세탁'을 우려하는 입장과 개인의 권리를 보호하자는 입장이 팽팽하게 맞서고 있다.

　　일상에서 일어날 수 있는 현실적인 문제를 하나 들어보자. 잘못된 기사가 보도되었고 나중에 그 기사가 잘못된 사실관계에 기초하고 있다는 점이 밝혀졌다. 언론사에 대해서야 언론중재위의 판단을 기다려서 반론권을 행사하는 등의 조치가 취해질 수 있다. 그런데 문제는 그 잘못된 기사가 여전히 포털에 남아 있거나 SNS로 옮겨가 있는 경우에는? 또 하나, 누군가가 악의적으로 인터넷에 글을 남겨 그 사람을 검색할 때마다 악의적인 글이 함께 검색된다고 하자. 누가 나서야 할까? 포털의 역할에 대한 이슈다. 포털이 할 수 있는 일은 어디까지이며, 무엇을 해야 하는지에 대한 논의가 필요하다. 포털의 역할을 단순히 '유통'에만 그친다고 볼 것인지, 아니면 정보 분야에서 '유통'은 배추의 '유통'과는 다른 의미를 가지고 있다는 점에서 그 책임을 명확히 해야 할지가 논의되는 부분이다.

잊혀질 권리를 인정하는 판결이 나온 이후 구글은 어떻게 했을까? 스페인 구글은 곤잘레스의 기록에 대한 접근을 중지시켰다. 문제는 이러한 권리를 인정한 곳은 오직 유럽이라는 것이다. 만약 미국 구글 사이트로 이동하여 검색을 하면 여전히 해당 사건은 검색되어 나온다. 그럼 막아봐야 별 의미가 없는 것일까? 사실 잊혀질 권리가 국제적으로 인정되지 않을 경우에는 효과 면에서 큰 의미가 없을 수 있다. 이 사건이 중요한 것은 그 효과라기보다는 잊혀질 수 있다는 것이 현실화되었다는 점이다. 기억되고 싶은 것도 욕망이지만, 잊혀지고 싶다는 것도 욕망이라는 점에서 사람들이 이제 스스로를 들여다보기 시작했다는 것은 앞으로 인터넷의 발전과 이용에 있어 커다란 변수가 될 전망이다.

잊혀질 권리에 대한 논쟁은 앞으로도 계속 이어질 것으로 보인다. 우리는 원하지 않아도 마치 하얀 눈밭에 발자욱을 남기듯이 기록이 남겨지는 세상에 살고 있다. 인터넷 없이 사는 삶이라면 상관없겠지만, 인터넷을 떠나 사는 삶은 먹고사는 측면에서 있어서도 사실 선택하기가 어렵다. 잊혀질 권리의 문제는 지금 이 순간도 세계 곳곳에서 제기되고 있다. 잊혀질 권리를 인정할 것인가? 인정한다면 어디까지 잊혀질 것인가?

에필로그

    세상이 돌아가는 모습을 법을 통해서 보여주고 싶었다. 오늘날 세상은 우리가 생각하는 것보다 훨씬 복잡해져가고 있다. 새로운 지식의 습득에 도움을 주면서도, 세상을 바라보는데 이런 시각도 있다는 것을, 그리고 더 나아가 우리가 알지 못하는 곳에서 세상이 이렇게 돌아가고 이런 방향으로 나가고 있다는 것을 알려주고 싶었다. 가장 궁극적인 목적은 이 모든 내용을 바탕으로 우리를 둘러싼 현상의 본질을 보는 눈을 더 열어주고 싶었다.

    법은 현상을 가장 잘 반영하는 유용한 도구다. 과거의 규칙과 관습을 바탕으로 같은 시대를 사는 사람들이 합의에 의해 룰을 만들었기 때문이다. 룰을 만드는 과정에서는 각자의 이해와 이익을 위해 치열하게 공방을 벌였기 때문에 그 룰은 나름의 균형성도 유지하고 있다. 이 책에서 기술하고 있는 모든 내용은 경험, 책, 매스미디어 등 다양한 곳에서 배워온 것들이다. 나를 둘러싼 모든 것으로부터 배운 것들을 주제로 나눠 정리하고 소박한 의견을 가필했다.

미국에서 글을 시작했고 대부분을 썼다. 그 과정에서 힘이 되었던 이들이 있다. 늘 함께 공감하고 의견을 주었던 브라질의 Karla Santos 교수, 일본의 Takeshi Shimamura 교수, 이탈리아의 Viviana Molaschi 교수, 스페인의 Francisco Javier 교수에게 감사한다. 그들은 내가 스스로 쓴 글을 의심하거나 혹은 과도한 확신에 차 있을 때 반대 혹은 공감으로 오류를 수정하게 해주었다. 그리고 매일의 일상에서 나의 책에 대한 관심을 보여주었고 소중한 조언을 해주었다. 지난 1년간 나에게 미국 공법 체계에 대해 눈을 뜨게 해준 Anne J. O'connell 교수에게도 고마움을 전한다. 노벨경제학상 수상자인 Oliver E. Williamson 교수와 Joseph E. Stiglitz 교수로부터도 사회 발전의 방향에 대한 소중한 영감을 얻었다. 봄날 금요일 오후 시간을 따뜻하게 만들어준 Albert L. Sacks 전 남아공 초대 헌법재판관께도 감사드린다. 그로 인해 인간의 가치를 다시 한 번 생각하게 되었다.

전문용어나 이미 몸에 굳어져버린 법률 용어들은 가급적 쉬운 말로 바꾸려고 노력했다. 아무리 좋은 내용을 담아두어도 읽히지 않는다면 아무 소용이 없다고 생각한다. 글을 쓰면서 누군가가 읽어주기를 바랬다. 혼자만의 글은 많은 오류를 간직할 수 있을 것이고, 놓치는 부분들이 있을 것이기 때문이다. 그래서 주위 분들에게 글을 읽어달라고 부탁했다. 김지영 교수, 김성숙 교수, 김도승 교수, 이희정 교수, 최철 교수, 정철근 에디터, 최환용 연구위원, 김준희 변호사, 이

지은 변호사, 김경진 변호사, 장연덕 작가 등 많은 분들이 글을 읽어주셨다. 이상백 회장께서는 미국에서 책 초안을 읽고 많은 조언과 용기를 주셨다. 그분들에게 감사의 마음을 남긴다. 버클리 로스쿨 경력개발센터 부소장인 Minji Kim 변호사는 책을 쓰는 초기부터 많은 조언과 함께 자료도 준비해주었다. 버클리 로스쿨의 방문학자였던 김앤장의 송지연 변호사는 수시로 나의 끊임없는 질문거리를 함께 나눠주었다. 두 사람에게 특별한 고마움을 전한다. 이외에도 많은 판사, 검사, 변호사들이 수시로 나의 소소한 질문에도 소중한 의견을 주었다. 진심을 담아 고마움을 전한다. 지난 1년간 SBS 문화재단의 도움으로 미국에서 연구와 집필을 할 수 있었다. 재단과 관계자들에게도 감사의 마음을 전한다. 김영란 전 대법관께서는 바쁜 와중에도 추천사를 흔쾌히 써주셨다. 깊은 감사를 드린다. 끝으로 법이라는 딱딱한 주제를 다루는 책임에도 불구하고 흔쾌히 출간을 허락해주신 헤이북스 윤미경 대표와 김영회 편집장에게 감사를 전한다.

세련된 논리와 수려한 문장은 아니지만 이 책을 통해 우리가 살고 있는 시간과 공간에 대한 이해가 더해졌으면 좋겠다.

2014년 7월, UC버클리 로스쿨 볼트 홀^{Boalt Hall}에서 시작하여
2016년 4월, 이문동 법학관에서 글을 맺는다.

주석

1부 세상을 바꾸는 법

1장 법, 질서를 담다

1   분데스리가(Bundesriga : 연방 리그)에서 축구로 유명한 FC 바이에른 뮌헨(Bayern München)의 'Bayern'은 독일에서 가장 큰 남부 주인데, 어원은 야만인이라는 의미의 'Barbarian'이다.

2   게르만의 표현에 대해서는 다음을 참조했다.
    현승종·조규창, 《게르만법》, 박영사, 2001, 10~11쪽.

3   조규창, 《독일 법사(상)》, 고려대학교 출판부, 2010, 79~81쪽.

4   현승종·조규창(2001), 앞의 책, 23쪽, 106쪽.

5   최종고, 《서양법제사》, 박영사, 2003, 202쪽.

6   찰스 맥케이, 이윤섭 옮김, 《대중의 미망과 광기》, 창해, 2004, 265~326쪽.

7   현승종·조규창(2001), 앞의 책, 17쪽.
    조규창(2010), 앞의 책, 75~76쪽.

8   로렌스 M. 프리드만, 안경환 옮김, 《미국 법의 역사》, 청림출판, 2008, 84쪽.

9   황밍허, 이철환 옮김, 《법정의 역사》, 시그마북스, 2008, 38~39쪽.

2장 법, 정의를 말하다

10   최종고, 《서양법제사》, 박영사, 2003, 33-34쪽.

11   L. 레너드 케스터, 사이먼 정, 《세계를 발칵 뒤집은 판결 31》, 현암사, 2014, 80-86쪽.

12   "대법원, 단독재판에 부장판사들 확대 배치", 〈로이슈〉, 2016. 2. 12일자 인터넷 뉴스.

13   대형 마트 영업시간 및 휴업 규제 사건인 '대법원 2015.11.19. 선고, 2015두295'를 다루었다. 이 사건을 다루는 데 있어 소송법적이고 전문적인 영역은 제외하였고, 사건의 본질적인 부분 중 주요한 사항만을 그 대상으로 했다.

14   헌법 제119조
    제1항 대한민국의 경제 질서는 개인과 기업의 경제상의 자유와 창의를 존중함을

기본으로 한다.

제2항 국가는 균형 있는 국민경제의 성장 및 안정과 적정한 소득의 분배를 유지하고 시장의 지배와 경제력의 남용을 방지하며, 경제주체 간 조화를 통한 경제의 민주화를 통하여 경제에 관한 규제와 조정을 할 수 있다.

15 〈중앙일보〉 권석천 논설위원의 사설(2015. 3. 2.일자)이었다.

16 헌법재판소 2015.02.26., 2009헌바17 결정.

17 Miller v. California.

18 대법원 2010. 12. 23. 선고 2010도3444 판결.

19 대법원 2009. 2. 26. 선고 2006도3119 판결.

20 대법원 2015. 6. 11. 선고 2011두32898 판결.

21 등장인물의 캐릭터는 〈12명의 성난 사람들〉에 대해 설명하고 있는 위키피디아의 글(https://ko.wikipedia.org/wiki/12인의_성난_사람들_(1957년_영화))을 참조했다. 유튜브(Youtube)에 올라와 있는 영화를 보면서 내가 받은 느낌으로 각각의 캐릭터의 특징을 수정했다.

22 대법원 2001. 6. 29. 선고 99두9902 판결.

23 Miranda v. Arizona.

24 대법원 2000. 7. 4. 선고 99도4341, 대법원 2007 .11. 29. 2007도7961.

25 필리버스터의 어원은 스페인어로 해적 또는 용병을 의미하는 'filibustero'이다.

26 대법원 2013. 5 .23., 2011두25555, 대법원 2004. 5. 28., 2004두1254.

27 대법원 2007. 11. 16., 2005두15700.

28 "The life of the law has not been logic : it has been experience. ", Oliver Wendell Holmes, Jr.,《The Common Law》, 1881 : 2011년 9월에 Paulo J. S. Pereira & Diego M. Beltran가 편집하여 토론토 대학교 로스쿨에서 재발간한 버전 5쪽에 실린 내용이다.

29 알랭 드 보통, 정영목 옮김,《불안》, 이레, 2005, 58쪽.

30 Joseph E. Stiglitz,《The Great Divide》, Norton, 2015, 155쪽.

31 "Injustice anywhere is a threat to justice everywhere", Letter from Birmingham Jail, April 16. 1963.

3장 법, 관계를 맺다

32 필리핀이라는 식민지의 이름도 왕의 이름에서 따왔다. 필립의 땅이라는 의미다. 레판토 해전에서 승리했을 때도 유럽 여러 국가로 구성된 연합 함대의 지휘자는 펠

리페 2세의 이복동생이었다.

33 채권 발행이나 대출을 통해 타인자본을 조달한 기업의 신용 위험만을 떼어내어 사고파는 것을 말한다. 통상 CDS라고 영문 이니셜로 부른다.

34 포르투갈의 리스본이다. 서양에서는 무슨 조약을 맺으면 체결된 지명을 따서 붙이는 경우가 많다. 유럽연합을 태동시킨 마스트리흐트 조약도 네덜란드의 마스트리흐트(Maastricht)에서 회의를 했기 때문이다. IMF와 세계은행을 만들어낸 것도 브레튼 우즈 협정이다. 미국 뉴햄프셔 주 브레튼 우즈(Bretton Woods)라는 곳에서 했는데 그 이름을 따다 붙였다.

35 신장섭, 〈리콴유 수상과 강소국 싱가포르로부터의 교훈〉, 국가경영전략연구원, 수요포럼 850회 강의.

36 김성용, "디폴트, Pari Passu, 그리고 디폴트 : NML Capital v. Argentian", 〈증권법연구〉, 제15권 제3호, 2004, 451쪽.

37 스티글리츠가 의사 결정 구조의 불평등을 표현한 "'one dollar, one vote' than 'one person, one vote'"에서 차용한 표현이다.
Joseph E. Stigliz, 《The Great Divide》, Norton, 2015, p.147.

38 다음을 기초로 했다.
Choi, Seung Pil, "An institutional approach to the needs and possibilities of a financial cooperation system in East Asia", 〈in Junji Nakagawa, Multilateralism and Regionalism in Global Economic Governance〉, Routledge, 2011, pp.54-69.

39 김재훈·이화령, 〈사외 이사 제도의 문제점과 개선 방안 : 이사회 구성과 사외 이사 행태를 중심으로〉, 한국개발연구원(KDI), 2015.

40 금치산자는 성년 피후견인, 한정치산자는 한정 피후견인으로 명칭을 바꿔 부르고 있다.

41 서울고법 2013. 9. 13. 선고 2013누3568.

42 서울고법 2010. 4.14. 선고 2009누10149.

43 대법원 2014. 2. 27. 선고 2012다67061, 2013. 4. 25. 선고 2010두25909.

44 최승필, "중소기업의 가업 승계 원활화를 위한 법제 개선 방안", 〈공법연구〉, 제36집 제4호, 2008. 6, 259~282쪽.

45 박훈, "사카모토 료마와 메이지 유신", 국가경영전략연구원, 수요포럼, 제840회 강의.

2부 법을 이용하는 사람들

4장 법과 정치권력

46 독일 의회 건물의 둥근 원형 뚜껑은 유리로 되어 있다. 이를 유리로 된 돔(dom)이라는 의미로 '유리 돔'이라고 부르기도 한다. 유리 돔에는 길이 나 있어 사람들은 그 위를 걸을 수 있는데, 국민들이 의원들을 발 아래에 두고 유리 아래로 내려다보면서 감시한다는 의미가 있다.

47 국회 구성원에 대해서는 다음 자료를 참조했다.

전진영, "한국 국회의원과 미국 연방의원의 집단적 특성 비교", 〈이슈와 논점〉, 제968호, 국회 입법조사처, 2015. 4. 7.

48 방진이라는 것이 있다. 전투를 치르는 부대의 기본 구도를 잡는 것이다. 그리스 중 갑병의 전형적인 방진은 '팔랑크스(phalanx)'. 일사불란하게 방패로 막고 밀어내면서 창은 적의 심장을 향한다. 만약 옆 동료가 사망하면 바로 뒷사람이 바로 그 자리를 채워야 한다. 팔랑크스의 각 구성원을 '팔랑기테스(phalangites)'라고 하는데, 각 팔랑기테스는 서로에게 자신의 생명을 의지하게 되어 가장 연대 의식과 책임 의식을 가졌다. 당시에 그리스의 도시국가에서 공직을 맡으려는 자는 이러한 중 갑병으로서 복무를 한 사람 중에서 선출되었다.

49 헌법재판소 2014. 10. 30. 자 2012헌마190 결정.

50 참고 판례 : 헌법재판소 1991.4.1.선고 89헌마160 결정.

51 "과속 운전 범칙금이 1억3700만원", 〈중앙일보〉, 2013년 10월 16일자, 20면.

52 한병철, 《피로 사회》, 문학과지성사, 2012, 24쪽.

53 최승필, "경쟁법의 역외 적용에 대한 법적 검토 – 역외 적용 이론의 발전 및 적용상의 문제점을 중심으로", 〈외법논집〉, 제33권 제1호, 2009.2, 205~233쪽 참조.

54 참고로 미국 법원에 대한 이야기가 나올 때 번호가 붙어 있는 것이 있다. 지금 제2항소법원과 같은 경우다. 미국은 땅이 워낙 큰 나라라서 전 국토를 쪼개놓고 여기에 관할 항소법원을 설치하고 그 법원 앞에 숫자를 붙여놓았다. 우리 교포들이 가장 많이 사는 LA와 금문교가 있는 샌프란시스코가 속한 캘리포니아는 9번을 받았다. 그래서 캘리포니아의 항소법원을 제9항소법원이라고 한다. 〈CSI〉의 호레이쇼 반장의 근무지인 마이애미는 11번, 텍사스는 5번이다. 2번은 뉴욕이다.

55 John C. Coffee, Jr., "Extraterritorial financial regulation : why E.T. can't come home", 〈Cornell Law Review〉, Vol. 99, pp.1259~1260.

56 Korematsu v. United States, 323 U.S. 214(1944).

57 Marie-Ange Moreau(Ed.), 〈Before and After the Economic Crisis〉, Edward Elgar Publishing Inc., 2011.

5장 법과 시장의 욕망

58 출처 : Marta Olszewska, Tulipmania : Economic Disaster or Artistic Cultivation? URL : https://www.vastari.com/feature_detail.aspx?id=NCfux2Vdl38=.

59 찰스 멕케이, 이윤섭 옮김,《대중의 미망과 광기》, 창해, 2004, 63~64쪽.

60 권석천,《정의를 부탁해》, 동아시아, 2015, 287쪽.

61 〈미래 한국 리포트〉, SBS, 2015, 27~28쪽.

62 최승필, "공공행정/규제개혁 – OECD, World Bank, EU를 중심으로 한 글로벌법제이슈 분석", 〈Global Legal Issues〉, 한국법제연구원, 2014, 278~279쪽.

63 헌법재판소 2001.6.28. 자 2001헌마132 결정.

64 상고 사건 가운데 상고 대상이 아니라고 판단되는 사건은 더 이상 심리하지 않고 상고를 기각하는 제도다. 심리 불속행 처리 결정이 날 경우 선고 없이 간단한 기각 사유를 적은 판결문만 당사자에게 송달되며, 형사 사건은 심리 불속행 대상에서 제외된다.
    위의 설명은 네이버에 제공된 〈시사 상식 사전〉(박문각)의 내용(http://terms.naver.com/entry.nhn?docId=929488&cid=43667&categoryId=43667)이다.

65 1심 법원에 계약 분쟁 사건이 제소된 경우를 상정하고 소송 기간과 비용, 사법절차의 질 등의 요소를 평가하여 점수화하는 방식이다.

66 "변호사 월급까지 주는 법조 브로커", 〈조선일보〉, 2015.11.13일자 기사.

6장 법과 나랏돈

67 다음을 기초로 했다.
    최승필, "총량적 재정 규율 제도 도입에 관한 연구(Ⅳ) – 채무 준칙", 한국법제연구원, 2012. 6, 1~133쪽.

68 Bundesfinanzministerium, Kompendium zur Verschuldungsregel des Bundes gemäß Artikel 115 Grundgesetz, 2012.6.

69 다음을 기초로 했다.
    최승필, "지방공기업의 파산 가능성에 대한 시론적 검토 – 기업 도산 법제의 적용 가능성에 대한 공법적 쟁점을 중심으로", 〈외법논집〉 제39권 제1호, 2015. 2, 187~205쪽.

70 시오노 나나미, 한성례 옮김, 《리더를 위한 로마인 이야기》, 혼미디어, 2014, 35쪽.

71 서울중앙지법 2014회합 100057.

72 대법원 2013.9.26. 선고 2012다60602 판결.
    판례가 나온 김에 판례 번호를 잠깐 설명해보면, 지금처럼 2012다60602이면 민사
    상고 사건이다. 주요 표기를 보면, 가합은 민사 1심 합의 사건, 가단은 민사 1심 단
    독 사건, 나는 민사 항소 사건, 다는 민사 상고 사건, 고합은 형사 1심 합의 사건,
    고단은 형사 1심 단독 사건, 노는 형사 항소 사건, 도는 형사 상고 사건, 드합은 가
    사 1심 합의 사건, 드단은 가사 1심 단독 사건, 르는 가사 항소 사건, 므는 가사 상
    고 사건, 구합은 행정 1심 합의 사건, 구단은 행정 1심 단독 사건, 누는 행정 항소
    사건, 두는 행정 상고 사건, 허는 특허 1심 사건, 후는 특허 상고 사건을 의미한다.
    이러한 번호의 구분은 대법원의 '사건별 부호 문자의 부여에 관한 예규'에 따른다.

73 대법원 2012.8.23. 선고 2010두20690 판결.

74 서울중앙지방법원 2010.2.3. 선고 2007가합16309 판결.

3부 새로운 법의 시대

7장 국제금융 시대의 법

75 과거 리만브라더스의 자회사들 그리고 시티그룹의 구조화 투자 기구(structured
    investment vehicles), 베어스턴스의 헤지펀드 등 많은 미국 금융기관들이 영국 런
    던에서 케이먼으로 옮겨갔다.
    Statement of Chairman Gary Gensler, 78 Fed. Reg. 45,292, 45,371 (July 26, 2013).
    Gary Gensler는 전 선물거래위원회(CFTC) 의장이다.

76 최승필, "공공 행정/규제 개혁", 〈Global Legal Issues〉, 한국법제연구원, 2014, 298
    쪽.

77 최승필, "국제 조세 회피 행위에 대한 조세 법적 검토", 〈외법논집〉 제28집, 2008.2,
    165~172쪽.

78 대법원 2012.1.27. 선고 2010두5950, 2010두19393.

79 최승필(2008), 앞의 논문, 172~182쪽.

80 최승필, "자금 세탁 방지 제도에 대한 법적 검토", 〈중앙법학〉, 제13집 제1호,
    2011.3, 2쪽, 10쪽.

81 U.S.C. Titel 31 §5312.

82 최승필(2011), 앞의 논문, 7-8쪽, 24쪽.

83 OECD, BEPS 2015 Final Reports.

84 최승필, "동아시아 금융 협력 체제의 필요성과 가능성에 대한 법·제도적 접근", 〈국제지역연구〉, 제14권 제2호, 2010, 427쪽.

85 최승필, "한미 자유무역협정(FTA)의 공법적 문제에 관한 소고", 〈공법연구〉, 제36집 제3호, 2008, 528쪽.

86 S&P의 신용등급은 AAA, AA+, AA, AA- 로 내려가며, Moody's는 Aaa, Aa1, Aa2로 내려간다.

87 이성한, 《당신만 몰랐던 국제금융 이야기》, 21세기북스, 2013, 248쪽.

88 이성한(2013), 앞의 책, 242쪽.

89 조준상, "일본, 미국 신용 평가 기관에 맹공", 〈한겨레 21〉, 제242호, 1999.1.21.일자 참조.
    당시 일본에서 발간되었던 보고서의 명칭은 '주요 평가 기관의 특징 및 평가'다.

90 미국의 도드-프랭크 법에 대한 설명에서 이미 이야기한 것과 같이 미국 금융 규제법을 미국과 거래하는 외국의 금융기관에까지 적용하겠다는 것이다.

91 최승필, "거시 건전성 금융 규제 체제의 국제적 동향과 변화", 〈한국법제연구원〉, 2013, 31~32쪽.

92 공매도(short stock selling, 空賣渡)라 함은 현재 가지고 있지 않는 것을 판다는 뜻으로 주식이나 채권을 가지고 있지 않은 상태에서 매도 주문을 하는 것을 말한다.

93 Generally Accepted Principles and Practices - Santiago Principles, Oct. 2008.

94 이성한(2013), 앞의 책, 375~376쪽.

95 최승필, "유럽 재정 규율에 대한 법적 검토", 〈공법학연구〉, 제15권 제4호, 2014.11, 267~298쪽.

96 유럽기능조약 제164조(구 유럽공동체조약 104조).

97 BVerfGE 132, 195.

98 예컨대, 한국의 경우 장단기 외채간 만기 불일치에 따른 유동성 위기였음에도 불구하고 산업과 재정 기반이 취약한 중남미 국가들의 경제 위기에 처방되었던 동일한 조건이 부과되었다는 점도 그 이슈 중 하나다.
    Jeffrey Sachs, The IMF is a power unto Itself, Financial Times, Dec. 11; Martin Feldstein, Refocusing the IMF, Foreign Affairs, vol. 77, no. 2(March/April 1998), pp.26-27.
    최승필, "동아시아 금융 협력 체제의 필요성과 가능성에 대한 법·제도적 접근",

〈국제지역연구〉, 제14권 제2호, 421~422쪽.

99 2015년 5월, 미국 시애틀에서 열린 Law & Society 2015 Annual Meeting에서 발표한 논문인 Choi, Seung Pil, "The legialative responses according to social changes after the Asian Financial crisis and their significance"의 내용을 기초로 하였다.

100 Choi, Seung Pil(2015), 위의 논문.

101 대법원 2013.6.13. 2011다60193.
대법원 2002.7.9. 2001다29452.

102 대법원 2015.2.26. 2010다106436.

103 헌법재판소 1999.12.23. 98헌마363.

104 Choi, Seung Pil(2015), 위의 논문.

8장 안전 · 생존 시대의 법

105 식품에 대한 부분은 최승필, "식품안전관리제도의 구조와 동향에 대한 법제도적 검토", 〈경제 규제와 법〉 제7권 제7호(2014.5), pp.226-243을 기초로 했다.

106 대법원 1989.7.25. 선고 88도1575.

107 대법원 2010.11.25. 선고 2008다67828.

108 최승필, "바이오 안전성 의정서 추가 의정서상의 손해배상에 관한 법적 문제", 〈환경법연구〉, 제34집 제1권에 기초하고 있다.

109 Monsanto Canada Inc v Schmeiser [2004] 1 S.C.R. 902, 2004 SCC 34.

110 앨빈 토플러, 하이디 토플러, 《부의 미래》, 청림출판, 2006, 198쪽.

111 대법원 2013.10.24. 선고 2013다10383.

112 헌법재판소 2012.8.23. 자 2010헌바28 결정.

113 대법원 2012.1.26. 선고 2009다76546.

114 대법원 2006.6.2. 자 2004마1148.

115 서울행정법원 2005.2.4. 선고 2001구합33563.

116 대법원 2010.11.11. 선고 2008다57975.

117 최승필, "탄소 배출권 제도 설계에 대한 법제도적 검토 – 유럽의 탄소 배출권 제도를 통한 고찰을 중심으로", 〈환경법연구〉 제31권 제2호, 2009.8, 171~208쪽.
최승필, "탄소 배출권의 할당과 분쟁 해결에 관한 법적 검토", 〈한국법제연구원〉, 2013.9, 1~102쪽을 기초로 하였다.

118 1987년에 나온 〈Brundtland Report〉에 따른 정의로서, 매우 유명한 문구라서 자주 인용된다.

Joachim Sanden, Die Entwicklung des deutschen Umweltrechts seit 1945 : in Nobert Eschborn(Hrsg.) Umweltpolitik und Umweltrecht in Deutschland und Südkorea, Konrad Adenauer Stiftung, 2013, p.54.

119 이하 독일의 재난 관리 시스템에 대해서는 다음을 기초로 했다.

최승필, "독일의 재난 관리 체계에 대한 법제도적 검토 - 우리나라와 독일의 재난 관리 체계를 중심으로", 〈외법논집〉 제36권 제1호, 2012.2, 17~35쪽.

9장 4차 산업혁명 시대의 법

120 위에서 다룬 각 법 분야별 법 이슈에 대한 사항은 다음을 기반으로 했다.

최승필, "신흥 시장국(MAVINS)의 원자재 개발 협력 법제 연구(VI) - 나이지리아", 〈한국법제연구원〉, 2012.

121 2014년 10월, 샌프란시스코에 있는 UC헤이스팅스(Hastings) 로스쿨에서 열린 미-일 재난법 학술 대회에서 와세다대 법대 교수들이 사례 발표를 했다.

122 그리스 신화에는 없는 로마만의 신이다. 문을 지키는 수호신이다. 뒤통수에도 얼굴이 있어 앞뒤로 문을 잘 지킨다. 문을 통과하면 새로운 것이 시작되며, 그래서 문은 새로운 출발을 의미한다. 1월은 새로운 한 해의 출발이다. 야누스에서 이름을 따와 1월이라는 뜻의 'January'를 사용하기 시작했다.

123 "The Role of Law and Lawyers for Disaster Victims : A UC Hastings-Waseda Symposium on the Legal Aftermath of the Fukushima Daiichi Nuclear Power Station Disaster", UC Hastings College of the Law, Sep. 12. 2014.

필자가 참석했던 학술대회에서 일본 측 학자들에 의해 발표되었던 내용이다.

124 Body Farrow, "Up in the Air", United Heimspheres, May 2015, p.56.

125 5 U.S.C §552(b).

'U.S.C'란 'United States Code'의 약자로 미 연방법전을 의미한다. 혹시 'U.S.C.A' 라고 씌어 있는 것을 볼수도 있다. 이것은 연방법전에 설명이나 관련 판례 그리고 관련 문헌 등이 달아져 있는 것이다. 'A'는 'Annotated'를 의미한다.

126 Freedom of information act §37.

127 Klaus Ferdinand Gärditz, The Ambivalence of Freedom of Information in Environmental Law Public Participation, Transparancy and the Administrative Process, 한국환경법학회 제123차 학술대회(2015.9) 발제문, p.15.

128 최승필, "공공 행정/규제 개혁", 〈Global Legal Issues〉, 한국법제연구원, 2015, 22~23쪽.

129 유럽사법재판소가 판단의 근거로 하고 있는 유럽 법은 유럽연합 기본권 헌장과 'Directive95/96/EC'이다. 당시 해당 판결 이전부터 유럽연합에서는 개인 정보의 보호가 주요한 법적 이슈로 부각되고 있었으며, 일반 가이드라인인 '일반 정보 보호 규정(General Data Protection Regulation)'의 제정이 추진 중이었다.

130 Case C-131/12, Google Spain SL, Google Inc. v. Agencia Espanola de Proteccion de Datos(AEPD), Mario Costeja Gonzalez.

참고 문헌

단행본

권석천, 《정의를 부탁해》, 동아시아, 2015.

로렌스 M. 프리드만, 안경환 옮김, 《미국 법의 역사》, 청림출판, 2008.

시오노 나나미, 한성례 옮김, 《리더를 위한 로마인 이야기》, 혼미디어, 2014.

알랭 드 보통, 정영목 옮김, 《불안》, 이레, 2005.

앨빈 토플러, 하이디 토플러, 《부의 미래》, 청림출판, 2006.

L. 레너드 케스터, 사이먼 정, 《세계를 발칵 뒤집은 판결 31》, 현암사, 2014.

이성한, 《당신만 몰랐던 국제금융 이야기》, 21세기북스, 2013.

조규창, 《독일 법사(상)》, 고려대학교 출판부, 2010.

찰스 맥케이, 이윤섭 옮김, 《대중의 미망과 광기》, 창해, 2004.

최종고, 《서양법제사》, 박영사, 2003.

한병철, 《피로 사회》, 문학과지성사, 2012.

황밍허, 이철환 옮김, 《법정의 역사》, 시그마북스, 2008.

현승종·조규창, 《게르만법》, 박영사, 2001.

Joseph E. Stiglitz, 《The Great Divide》, Norton, 2015.

논문 및 기타 자료

김성용, "디폴트, Pari Passu, 그리고 디폴트 : NML Capital v. Argentian", 〈증권법연구〉, 제15권 제3호, 2004.

김재훈·이화령, 〈사외 이사 제도의 문제점과 개선 방안 : 이사회 구성과 사외 이사 행태를 중심으로〉, 한국개발연구원(KDI), 2015.

박훈, "사카모토 료마와 메이지 유신", 국가경영전략연구원, 수요포럼, 제840회 강의(동영상 자료).

신장섭, "리콴유 수상과 강소국 싱가포르로부터의 교훈", 국가경영전략연구원, 수요포럼 850회 강의(동영상 자료).

SBS, 〈미래 한국 리포트〉, 2015.

전진영, "한국 국회의원과 미국 연방의원의 집단적 특성 비교", 〈이슈와 논점〉, 제968

호, 국회 입법조사처, 2015. 4. 7.

최승필, "중소기업의 가업 승계 원활화를 위한 법제 개선 방안", 〈공법연구〉, 제36집 제4호, 2008. 6,

최승필, "경쟁법의 역외 적용에 대한 법적 검토 – 역외 적용 이론의 발전 및 적용상의 문제점을 중심으로", 〈외법논집〉, 제33권 제1호, 2009. 2.

최승필, "총량적 재정 규율 제도 도입에 관한 연구(IV) – 채무 준칙", 한국법제연구원, 2012. 6,

최승필, "지방공기업의 파산 가능성에 대한 시론적 검토 – 기업 도산 법제의 적용 가능성에 대한 공법적 쟁점을 중심으로", 〈외법논집〉 제39권 제1호, 2015. 2.

최승필, "국제 조세 회피 행위에 대한 조세 법적 검토", 〈외법논집〉 제28집, 2008. 2.

최승필, "자금 세탁 방지 제도에 대한 법적 검토", 〈중앙법학〉, 제13집 제1호, 2011. 3.

최승필, "동아시아 금융 협력 체제의 필요성과 가능성에 대한 법·제도적 접근", 〈국제지역연구〉, 제14권 제2호, 2010.

최승필, "한미 자유무역협정(FTA)의 공법적 문제에 관한 소고", 〈공법연구〉, 제36집 제3호, 2008.

최승필, "거시 건전성 금융 규제 체제의 국제적 동향과 변화", 〈한국법제연구원〉, 2013.

최승필, "유럽 재정 규율에 대한 법적 검토", 〈공법학연구〉, 제15권 제4호, 2014. 11.

최승필, "식품안전관리제도의 구조와 동향에 대한 법제도적 검토", 〈경제 규제와 법〉 제7권 제7호, 2014. 5.

최승필, "바이오 안전성 의정서 추가 의정서상의 손해배상에 관한 법적 문제", 〈환경법연구〉, 제34집 제1권.

최승필, "탄소 배출권 제도 설계에 대한 법제도적 검토 – 유럽의 탄소 배출권 제도를 통한 고찰을 중심으로", 〈환경법연구〉 제31집 제2호, 2009. 8.

최승필, "탄소 배출권의 할당과 분쟁 해결에 관한 법적 검토", 〈한국법제연구원〉, 2013. 9.

최승필, "독일의 재난 관리 체계에 대한 법제도적 검토 – 우리나라와 독일의 재난 관리 체계를 중심으로", 〈외법논집〉 제36권 제1호, 2012. 2.

최승필, "신흥 시장국(MAVINS)의 원자재 개발 협력 법제 연구(VI) – 나이지리아", 〈한국법제연구원〉, 2012.

한국법제연구원, 〈Global Legal Issues〉, 2014.

Bundesfinanzministerium, Kompendium zur Verschuldungsregel des Bundes gemäß Artikel 115 Grundgesetz, 2012. 6.

Choi, Seung Pil, The Legislative Responses According to Social Changes After the Asian

Financial Crisis and Their Significance, Law & Society 2015 Annual Meeting in Seattle, ‘Law’s Promise and Law’s Pathos in the Global North and Global South’, Presentation Paper, 2015. 5.

IWG, Generally Accepted Principles and Practices - Santiago Principles, Oct. 2008.

John C. Coffee, Jr., “Extraterritorial financial regulation : why E.T. can’t come home”, 〈Cornell Law Review〉, Vol. 99.

Junji Nakagawa, Multilateralism and Regionalism in Global Economic Governance〉, Routledge, 2011.

Klaus Ferdinand Gärditz, The Ambivalence of Freedom of Information in Environmental Law Public Participation, Transparancy and the Administrative Process, 한국환경법학회 제123차 학술대회(2015.9) 발제문.

Marie-Ange Moreau(Ed.), 〈Before and After the Economic Crisis〉, Edward Elgar Publishing Inc., 2011.

Martin Feldstein, Refocusing the IMF, Foreign Affairs, vol. 77, no. 2(March/April 1998).

Nobert Eschborn(Hrsg.) Umweltpolitik und Umweltrecht in Deutschland und Südkorea, Konrad Adenauer Stiftung, 2013.

OECD, BEPS 2015 Final Reports.

Oliver Wendell Holmes, Jr., Paulo J. S. Pereira & Diego M. Beltran(ed.), University of Toronto Law School Typographical Society, 2011.

UN(WCED), Brundtland Report, 1987.

법의 지도
The Geography of Law
© 최승필, 2016

펴낸날   1판 1쇄 2016년 5월 20일
           1판 3쇄 2017년 12월 15일

지은이   최승필
펴낸이   윤미경

펴낸곳   헤이북스
출판등록   제2014-000031호(2013년 6월 13일)
주소   경기도 성남시 분당구 수내동 10-1 분당트라팰리스 607호
전화   031-603-6166
팩스   031-624-4284
이메일   heybooksblog@naver.com

편집   김영회 전민지
디자인   류지혜
마케팅   김남희
인쇄   한영문화사

ISBN   979-11-957146-1-2 03300